材料领域
专利审查实践

程三飞 等◎著

知识产权出版社
全国百佳图书出版单位
—北京—

图书在版编目（CIP）数据

材料领域专利审查实践 / 程三飞等著. -- 北京：知识产权出版社，2025.7. -- ISBN 978-7-5130-9934-9

Ⅰ. D923.424

中国国家版本馆 CIP 数据核字第 2025441FN8 号

内容提要

本书全面介绍了材料领域发明专利申请的特点以及实质审查的难点与热点，内容从三个部分展开：材料领域难点问题的审查、材料领域热点问题的审查、材料领域专利申请的撰写建议。希望本书能够对从事材料领域知识产权工作的相关人员具有一定的借鉴作用，以期为材料领域的技术创新与知识产权保护提供有价值的参考。

责任编辑：李 潇 刘晓琳　　　　责任校对：谷 洋
封面设计：邵建文 马倬麟　　　　责任印制：刘译文

材料领域专利审查实践

程三飞　等　著

出版发行：知识产权出版社有限责任公司	网　　址：http://www.ipph.cn
社　　址：北京市海淀区气象路 50 号院	邮　　编：100081
责编电话：010-82000860 转 8025	责编邮箱：191985408@qq.com
发行电话：010-82000860 转 8101/8102	发行传真：010-82000893/82005070/82000270
印　　刷：北京九州迅驰传媒文化有限公司	经　　销：新华书店、各大网上书店及相关专业书店
开　　本：720mm×1000mm　1/16	印　　张：16
版　　次：2025 年 7 月第 1 版	印　　次：2025 年 7 月第 1 次印刷
字　　数：271 千字	定　　价：98.00 元
ISBN 978-7-5130-9934-9	

出版权专有　侵权必究
如有印装质量问题，本社负责调换。

前 言
FOREWORD

材料学，是与工程技术密不可分的应用科学，是研究材料的组织结构、性质、制备、加工和应用以及它们之间的相互关系的科学，是一个多学科交叉的领域，是来源于传统的机电化又服务于机电化的基础性学科。随着科学技术的发展，目前的材料领域与机械、化学、电学领域的关系越来越密切、越来越融合。在专利申请中，材料领域通常包括：制冷、供热、建筑施工、水利工程、污水或污泥处理、挖掘、锁具、运动器材、塑性材料、塑性层状制品与层压工艺、涂料、镀覆、催化剂、表面涂覆、无机非金属、无机金属、液体分离、气体分离和液固分离。因此，材料领域的发明往往内容复杂且涉及面广，导致材料领域的发明专利申请具有如下特点。

一是改进型发明居多。在侧重于机械的材料领域的专利申请中，改进型发明居多，开拓性发明相对较少，主要体现在对现有机械结构的优化。在侧重于化学的材料领域，大部分专利申请是对已知组合物的组分和/或配比的改进，或者是对已知方法的原料配比、步骤和工艺条件、工艺设备的改进等。

二是专利申请文件的主题类型和表征方式多样。材料领域发明专利申请既涉及产品，又涉及产品的制备方法、用途和使用方法。当某些产品的权利要求通过结构特征无法清楚表征时，还会进一步借助用途限定、功能限定、参数限定对其进行表征。特别是材料领域涉及新材料的研发和使用，其专利申请多使用用途限定的方式撰写权利要求。

三是申请人对专利审查质量期待较高。在知识产权助力科技创新的大环境下，申请人对于高效快速授权的需求越来越高，材料领域专利申请的审查质量越来越受到关注，特别集中在材料领域的创造性审查上。

四是申请文件的撰写水平参差不齐。材料领域涉及的专利审查范围小到运动健身器材，大到航空航天材料，既涉及人们的日常生活，又涉及国家安全，受撰写人申请文件撰写水平的影响，有些权利要求过于冗长复杂，既不利于申请获得合理的保护范围，也不利于审查。

五是证据具有多样性。随着信息传播技术的迅速发展，材料领域专利审查过程中采用的证据除涉及专利文献外，还扩展到期刊、论文、视频、网络交易平台、博客、微信朋友圈等，这对证据的真实性和公开性提出了更高的要求。

六是同一件专利申请于相同的日期既申请发明专利又申请实用新型专利的情形较多。重复授权的问题主要涉及材料领域侧重于机械方面的申请。关于重复授权的问题，既涉及实体问题，又涉及形式问题，在判断的过程中需要考虑的方面较多，存在一些困难。

七是存在非正常专利申请。部分申请人利用专利制度，从事一些不诚信的申请行为，试图获得不正当利益。材料领域申请门槛低，存在一定数量的非正常专利申请。

八是多技术融合专利申请增多。随着技术的发展，跨学科、多学科的交叉融合研究和应用越来越多，传统的材料领域技术飞速发展，融合多学科技术的专利申请日益增多。

基于上述材料领域发明专利申请的特点，在材料领域的专利审查中出现了一些难点及热点问题，例如功能性限定、参数限定和用途限定类权利要求的审查，创造性"三步法"中最接近现有技术的选取，重复授权的判断，互联网证据的认定，新颖性宽限期的判定，技术融合类案件的审查等。

因此，熟悉材料领域专利申请的特点、了解材料领域专利申请的审查要点，对于将这些内容复杂且涉及面广的发明撰写成一份好的材料领域发明专利申请文件而言是非常必要的。

围绕上述问题，本书从三个部分展开：材料领域难点问题的审查、材料领域热点问题的审查、材料领域专利申请的撰写建议。

在材料领域难点问题的审查部分，对功能限定、参数限定、用途限定类权利要求的概念、相关规定及审查进行了探讨；通过对"三步法"内在逻辑的分析，探讨了最接近现有技术选取的基本原则以及对审查指南中相关规定的理解；梳理了重复授权有关规定的演进过程，对目前禁止重复授权的相关法条进行剖析，并结合典型案例阐述禁止重复授权相关法条在审查实践中的运用。

在材料领域热点问题的审查部分，整理归纳出了常见的互联网证据类型，对涉及不同互联网证据真实性和合法性的考量进行了分析；分析了新颖性宽限期的各国相关规定，并对其适用进行了探讨。

在材料领域专利申请的撰写建议部分，以实际案例的撰写过程为例，阐述了材料领域专利申请撰写的一般建议，以及功能限定类、参数限定类专利申请权利要求的一般撰写方法。

本书有助于从事材料领域知识产权工作的人员了解和理解材料领域的审查标准和撰写要求，能够为材料领域的技术创新与知识产权保护提供有价值的参考。

本书由程三飞、李大、孙丹、曾春芳、朱静、李艳子、张海成撰写。其中，前言撰写人为张海成；第一章、第十章第一节撰写人为朱静，撰写约3.7万字；第二章、第七章第三节和第四节撰写人为曾春芳，撰写约3.9万字；第三章、第七章第一节和第二节、第八章撰写人为孙丹，撰写约5.2万字；第四章撰写人为程三飞，撰写约5.1万字；第五章、第九章撰写人为李大，撰写约5.6万字；第六章、第十章第二节撰写人为李艳子，撰写约3.4万字。

目 录

第一部分 材料领域难点问题的审查

第一章 功能性限定类案件的审查 ……………………………………… 003

 第一节 功能性限定类权利要求专利审查实践中的难点 / 003

  一、功能性限定的认定还存在疑问 / 004

  二、对功能性限定存在不同的理解 / 004

  三、判断功能性限定的实际限定作用存在难度 / 005

 第二节 功能性限定的一般性概念及相关规定 / 006

  一、功能性限定以及功能性限定类权利要求的定义 / 006

  二、功能性限定类权利要求的表现形式 / 008

  三、功能性限定的相关规定 / 011

  四、功能性限定中"等同"的判定 / 016

 第三节 功能性限定类权利要求的检索 / 017

  一、《专利审查指南》中的规定 / 017

  二、功能性限定的检索策略 / 017

 第四节 功能性限定类权利要求的审查思路探讨 / 018

  一、功能性限定产品的新颖性、创造性以及重复授权判定 / 018

二、功能性限定有关"以说明书为依据"的审查 / 020

三、功能性限定有关"缺少必要技术特征"的审查 / 025

第二章 参数限定类案件的审查 ········· 028

第一节 参数限定产品推定新颖性的相关规定 / 028

一、欧洲专利局对推定新颖性的相关规定 / 028

二、美国专利商标局对推定新颖性的相关规定 / 029

三、日本特许厅对推定新颖性的相关规定 / 030

四、中国国家知识产权局对推定新颖性的相关规定 / 032

第二节 参数限定产品发明推定新颖性的审查思路探讨 / 032

一、通过参数测试方法之间的关联性推定 / 033

二、通过实现该参数的关键控制手段推定 / 036

三、通过制备方法推定 / 037

四、综合考虑各种方式的组合运用 / 040

第三节 参数限定产品发明的创造性审查思路探讨 / 040

一、手段参数和目标参数的定义 / 040

二、手段参数和目标参数在新颖性和创造性的审查中的异同 / 042

第四节 参数限定产品发明推定新颖性与创造性的审查策略选择 / 045

第五节 参数限定产品发明公开不充分和未以说明书为依据的审查 / 046

一、参数限定产品权利要求公开不充分的审查 / 046

二、参数限定产品权利要求未以说明书为依据的审查 / 048

第三章 用途限定类案件的审查 ········· 051

第一节 用途限定的概念、特点以及相关规定 / 051

一、用途限定产品权利要求的概念 / 051

二、用途限定产品发明的保护范围 / 052

三、国外对用途限定产品的相关规定 / 054

四、小结 / 056

第二节 用途限定产品发明的新颖性审查思路探讨 / 058

目 录

　　一、用途未隐含产品具有特定的结构和/或组成 / 059

　　二、用途隐含产品具有特定的结构和/或组成 / 062

第三节　用途限定产品发明的创造性审查思路探讨 / 064

　　一、对比文件已公开相似或相近用途 / 065

　　二、对比文件未公开用途，但用途特征未隐含结构和/或组成区别 / 066

　　三、对比文件未公开用途，且用途特征隐含结构和/或组成区别 / 069

第四节　用途限定产品发明专利的一般审查原则 / 071

第四章　"三步法"内在逻辑探讨及最接近现有技术的选取 …………… 073

第一节　"三步法"的内在逻辑探讨 / 074

　　一、发明创造的过程 / 074

　　二、"三步法"对发明的重塑 / 077

　　三、最接近的现有技术的选取 / 080

第二节　《专利审查指南》中最接近现有技术的相关规定和概念 / 085

　　一、关于"例如"的理解 / 086

　　二、关于"优先考虑"的理解 / 093

　　三、关于技术领域的理解 / 097

　　四、关于技术问题的理解 / 101

　　五、关于技术特征的理解 / 105

第三节　不能作为最接近的现有技术的情形 / 106

　　一、对最接近的现有技术的改进妨碍原技术问题的解决或功能的实现 / 107

　　二、最接近的现有技术不是一个明显的技术方案 / 108

第四节　多篇文件结合时，选取最接近的现有技术的其他考虑因素 / 110

　　一、有利于事实认定和说理 / 111

　　二、符合申请人的实际研发过程 / 114

第五章 重复授权类案件的审查 …… 118

第一节 我国对于禁止重复授权有关规定的演进 / 118

一、禁止重复授权需要关注的两个因素 / 118

二、第一个重要节点 / 119

三、第二个重要节点 / 120

四、第三个重要节点 / 121

五、一个重要阶段 / 122

六、第四个重要节点 / 124

第二节 我国禁止重复授权制度的相关规定 / 127

一、禁止重复授权原则与先申请原则 / 127

二、《专利法实施细则》第四十七条对禁止重复授权例外情况的规定 / 128

三、三个容易混淆的概念 / 130

四、《专利审查指南》对"同样的发明创造的处理"的规定 / 131

第三节 典型案例 / 135

一、关于"申请人异同"的处理方式 / 135

二、关于"申请日异同"的处理方式 / 137

三、关于保护范围是否相同的判断 / 139

四、关于尚未终止的判断 / 147

第二部分 材料领域热点问题的审查

第六章 互联网证据的审查 …… 153

第一节 互联网证据真实性的确定 / 154

一、可信度较高的网站类证据 / 154

二、新闻报道 / 157

三、电子商务平台 / 159

四、社交平台 / 162

五、域外证据 / 167
　　六、其他 / 168
第二节　互联网证据公布日的确定 / 169
第三节　互联网证据的存证 / 174

第七章　涉及宽限期类案件的审查 …………………………………… 176
第一节　关于新颖性宽限期的相关规定 / 176
　　一、美国专利商标局关于新颖性宽限期的规定 / 177
　　二、日本特许厅关于新颖性宽限期的规定 / 177
　　三、欧洲专利局关于新颖性宽限期的规定 / 178
　　四、中国国家知识产权局关于新颖性宽限期的规定 / 178
　　五、小结 / 179
第二节　新颖性宽限期、优先权和现有技术概念之间的关系 / 180
　　一、新颖性宽限期和优先权之间的关系 / 180
　　二、新颖性宽限期和现有技术之间的关系 / 181
第三节　《专利法》第二十四条规定的宽限期 / 181
　　一、在国家出现紧急状态或者非常情况时，为公共利益目的
　　　　首次公开的 / 182
　　二、在中国政府主办或者承认的国际展览会上首次展出的 / 182
　　三、在规定的学术会议或者技术会议上首次发表的 / 183
　　四、他人未经申请人同意而泄露其内容的 / 184
第四节　新颖性宽限期审查实践中的重难点问题 / 187
　　一、声明享受新颖性宽限期的时机 / 187
　　二、证明文件的效力 / 188
　　三、多次公开的情形 / 190

第八章　技术融合类案件的审查：以智能家居为例 …………………… 193
第一节　国内外对人工智能类案件的审查标准对比 / 193
第二节　智能家居创造性审查中存在的主要问题 / 196

第三节　审查中应当把握的基本原则 / 197
第四节　常见问题的指导性做法 / 197
　　一、涉及引入新的控制参数的专利申请 / 197
　　二、涉及公知常识认定的专利申请 / 200
　　三、涉及控制条件组合的专利申请 / 202
　　四、涉及领域转用的专利申请 / 205

第三部分　材料领域专利申请的撰写建议

第九章　材料领域专利申请撰写的一般建议 …… 211

第一节　背景技术和发明内容部分 / 211
　　一、《专利法》《专利法实施细则》和《专利审查指南》的具体要求 / 211
　　二、撰写过程中容易出现的问题及分析 / 213
　　三、案例分析 / 214
　　四、具体建议 / 218
第二节　权利要求部分 / 219
　　一、《专利法》《专利法实施细则》和《专利审查指南》的具体要求 / 219
　　二、撰写过程中应该注意的要点 / 219
　　三、案例分析 / 221
第三节　具体实施方式部分 / 223
　　一、多层次撰写 / 223
　　二、多角度撰写 / 224
　　三、保密与公开充分的平衡 / 224
　　四、可预期性不强的领域重视实验数据 / 225

第十章　特定类型案件的撰写建议 ………………………………… 226
第一节　功能性限定类案件的撰写／226
一、"四步撰写法"——功能性限定类权利要求的一般撰写方法／226

二、撰写功能性限定类权利要求的考虑因素／230

第二节　参数限定类案件的撰写／234
一、涉及克服说明书公开不充分的参数限定类案件的撰写注意事项／234

二、涉及克服权利要求不清楚的参数限定类案件的撰写注意事项／235

三、涉及克服三性的参数限定类案件的撰写注意事项／235

四、涉及克服以说明书为依据的参数限定类案件的撰写注意事项／238

第一部分

材料领域难点问题的审查

第一章

功能性限定类案件的审查

随着专利制度的发展,申请人越来越倾向于采用功能性限定来撰写权利要求。一方面,法律法规并未明文禁止功能性特征的使用;另一方面,随着技术的发展,用结构或者步骤等特征进行限定不足以全面描述技术特征,尤其是新兴技术领域的控制方式类的方案,技术特征的撰写面临巨大挑战。比如,对于一种空调系统的控制模块,使用结构、连接方式来撰写权利要求非常困难,此时将控制模块分成具有各自功能的模块,进而撰写这些模块所要实现的功能,就会很好地解决这一问题。各国专利局最初不允许使用功能性限定权利要求,目前,则以各种规定或解释方式,在有条件限制的前提下,允许采用功能性限定的权利要求。

同样,在材料领域,除了采用结构特征或方法特征来限定发明外,也可采用结构或者方法在发明中所起到的功能来限定发明。例如,"一种除臭吸汗鞋垫,两层防滑层于相对的内面各附设一单向渗透层""一种可折叠的自行车,包括用于连接车座和车架的连接机构""一种具有隔热层的建筑材料",这里的"单向渗透层""连接机构"以及"隔热层"均是功能性限定。可见,材料领域使用功能来限定权利要求越来越普遍。

第一节 功能性限定类权利要求专利审查实践中的难点

对于含有功能性限定的权利要求是否超出发明人对现有技术的贡献,在专利审查实践中仍是一个难点。

一、功能性限定的认定还存在疑问

功能性限定是其以技术特征所实现的功能、效果，而不是以实现该功能、效果的具体技术手段来限定权利要求的保护范围，从而导致"功能性特征"的字面含义非常宽泛。

例如，在一个专利无效行政纠纷案中，某公司主张该案专利说明书中的"锁死机构"是功能性限定，公开不充分。而实际上该案的争议是权利要求是否得到说明书支持的问题，该公司主张的公开不充分与功能性限定并无关联。

又如，某专利申请的权利要求如下：一种用于蒸汽隔离件安装环安装过程的工具。可能存在将"用于蒸汽隔离件安装环安装过程的工具"认定为功能性限定的情况，显然这种理解混淆了功能性限定与用途权利要求，该权利要求属于典型的用途权利要求。

对于什么是功能性限定，我国专利法及其实施细则中并没有任何条款明确给出功能性限定的含义，也未给出其适用的情形。我国各个版本的《专利审查指南》中虽然最早出现了有关功能性限定的表述，但对其概念并未给出明确定义。这导致判断主体对功能性限定的认定还存在疑问，在审查实践中出现了错误地将《专利审查指南》[①] 中关于功能性限定的处理方式张冠李戴的情形。

二、对功能性限定存在不同的理解

《专利审查指南》规定："对于权利要求中所包含的功能性限定的技术特征，应当理解为覆盖了所有能够实现所述功能的实施方式。"《最高人民法院关于审理侵犯专利纠纷案件应用法律问题的解释》第四条中规定："对于权利要求中以功能或者效果表述的技术特征，人民法院应当结合说明书和附图描述的该功能或者效果的具体实施方式及其等同的实施方式，确定该技术特征的内容。"可见，对于功能性限定权利要求保护范围的确定，《专利审查指南》和《最高人民法院关于审理侵犯专利纠纷案件应用法律问题的解释》采取的

---

① 在未作特殊标注时，本书提及的《专利审查指南》均为2023年版本。

规则存在差异。

曾某诉某公司侵犯专利权案，涉及权利要求中"单向渗透层"的解释，该案经历了授权、无效、侵权判定阶段。一审法院认为："实施例是申请人选择的一种公开充分的表现形式，其效果相当于举例说明，在不违反禁止反悔原则的前提下，实施例不能理解为是对必要技术特征的限定。因此，对单向渗透层的保护范围应确定为能够实现水分单向渗透的层面。"可见，一审法院将"单向渗透层"解释为能够实现该功能的所有实施方式，并将所有实施方式均纳入专利权的保护范围内。然而，本案二审法院持与司法解释不同的观点，认为"在侵权判断中应当对功能性限定特征解释为仅仅涵盖了说明书中记载的具体实现方式及其等同方式"。

三、判断功能性限定的实际限定作用存在难度

对于包含性能、参数特征的产品权利要求，应当考虑权利要求中的性能、参数特征是否隐含了要求保护的产品具有某种特定结构或者组成。如果该性能、参数隐含了对产品具有区别于对比文件产品的结构和/或组成，由此判定该性能、参数对权利要求的保护范围产生了影响。功能性限定是否对权利要求的主题产生实际的限定作用，涉及多个实质性法条的运用，如重复授权的判断、新颖性和创造性的判断等。

案例1-1 功能性限定是否对主题有实际限定作用的判断

【案情介绍】

该案例的权利要求1和2如下：

1. 一种导风构件，包括：壳体，上部连通风道，和出风框。

2. 根据权利要求1所述的导风构件，其中：所述上部连通风道设置为自下向上并向前延伸，以减小所述出风框处于打开位置时与所述上部连通风道之间的间隙。

【案例分析】

在权利要求2中，"以减小所述出风框处于打开位置时与所述上部连通风道之间的间隙"是"所述上部连通风道设置为自下向上并向前延伸"进一步

带来的效果，属于效果性描述。申请人在答复审查意见时，合并权利要求 1 和 2，并将原权利要求 2 的效果性描述删除。在判断修改后的权利要求 1 与同日申请实用新型的权利要求 2 是否存在相同的保护范围时，需判断效果性描述是否对要求保护的主题带来实际限定，而审查实践中对于其是否有实际限定的判定还存在疑问。

第二节　功能性限定的一般性概念及相关规定

一、功能性限定以及功能性限定类权利要求的定义

（一）功能性限定的一般定义

《辞海》中认为，功能与"结构"相对，指有特定结构的事物和系统在内部和外部的联系和关系中表现出来的特性和能力。

《专利审查指南》第二部分第二章第 3.2.1 节对功能性特征或者效果性特征作出如下解释："通常，对产品权利要求来说，应当尽量避免使用功能或者效果特征来限定发明。只有在某一技术特征无法用结构特征来限定，或者技术特征用结构特征限定不如用功能或效果来限定更为恰当，而且该功能或者效果能通过说明书中规定的实验或者操作或者所属技术领域的惯用手段直接和肯定地验证的情况下，使用功能或者效果特征来限定发明才可能是允许的。"

北京市高级人民法院在《专利侵权判定指南（2017）》第十八条中，对功能性特征的认定作出了具体划分。《最高人民法院关于审理侵犯专利权纠纷案件应用法律若干问题的解释（二）》第八条规定："功能性特征，是指对于结构、组分、步骤、条件或其之间的关系等，通过其在发明创造中所起的功能或者效果进行限定的技术特征……"由此可得出，功能性限定是指在产品或方法权利要求中，与结构或方法相对应，用于描述该结构和方法在其外部联系和关系中表现出来的特性和能力的技术特征。

（二）最高人民法院关于功能性限定的公知特征除外原则

如何判定某个技术特征是否属于通过功能来进行限定的技术特征，对于案件的审理结论往往会产生重要的偏差性影响。

最高人民法院在侵权案件的审理过程中，对功能性限定外围边界的认定逐渐清晰，确定了功能性限定具有公知特征除外原则。

最高人民法院在关于 SMC 株式会社与上海宇耀五金模具有限公司、乐清市博日气动器材有限公司专利侵权案件的审理中，就采用了公知特征除外原则。具体如下：基于专利申请日前本领域普通技术人员的知识水平和认知能力，判断实现争议技术特征所述功能或者效果的具体实施方式是否属于本领域技术人员所认定的公知常识，如果是，则认定该争议技术特征属于本领域技术人员通过阅读权利要求即可直接、明确地确定实现该功能或者效果的具体实施方式的情形，不属于功能性特征。

> **案例 1-2**　功能性特征的认定应重点考察其在权利要求所限定的技术方案中所起到的功能和效果

【案情介绍】

杭州骑客智能科技有限公司（以下简称骑客公司）与浙江波速尔运动器械有限公司侵害实用新型专利纠纷案中，争议的焦点在于判断"转动机构，固定于第一内盖与第二内盖之间，第一内盖与第二内盖通过该转动机构实现转动连接"是否属于功能性限定。浙江波速尔运动器械有限公司认为涉案专利的转动机构特征为功能性特征，其保护范围应当限于说明书实施例及其等同的实施方式，而杭州骑客智能科技有限公司则认为涉案专利权利要求 1 中转动机构特征不属于功能性限定，该种描述已经足够清楚，仅通过阅读权利要求即可以直接、明确地确定实现其功能或者效果的具体实施方式，因此其只是功能性描述。

【案例分析】

最高人民法院认为，对功能性特征的认定，除了争议特征在权利要求中的具体限定方式以外，还应当重点考察其在权利要求限定的技术方案中所起到的功能和效果。本案中，关于转动机构特征，权利要求 1 中限定其位置"固定于第一内盖与第二内盖之间"，其功能是"第一内盖与第二内盖通过该转动机构实现转动连接"。但是，对于两内盖之间如何通过转动机构实现转动连接，权利要求1并未作进一步描述。涉案专利说明书的"背景技术"部分记载："目前平衡车的脚踏平台一般是一块板状的平板，其在使用过程中始终是保持水平状态，无法相对转动，所以无法让使用者仅仅通过利用脚部即可对平衡车进行控制。"而涉案专利加以改进，设置为与之不同的左、右内盖结构，并通过转动机构将左右内盖转动连接，从而实现了电动平衡车左右两侧结构的相对转动。虽然骑客公司主张转动连接在机械领域的含义是众所周知的，本领域技术人员仅通过阅读权利要求即可以清楚实现转动连接的具体方式，但是转动机构在涉案专利中起到的功能是使得第一内盖、第二内盖能够转动连接。因此，在判断本领域技术人员仅阅读权利要求是否能够直接确定如何实现权利要求1中的转动连接时，还必须考虑其所连接的左右内盖的具体情况。即使现有技术中已经有转动机构的连接方式，但是将已有的连接方式与涉案专利中的左右内盖结构相配合，实现权利要求1中的左右内盖的转动连接，并不是本领域技术人员仅通过阅读权利要求即可直接、明确地确定的。对此，关于涉案专利的第36457号无效宣告请求审查决定认为，本专利所述内盖结构与其左右可相互转动的设置方式是紧密相连、密切配合的，即使某些特征是现有技术中存在的，但是以特定方式将其有机结合在一起从而得到特定的结构，也需要付出创造性劳动才能获得。综上所述，涉案专利权利要求1的转动机构特征属于功能性特征。

（三）功能性限定类权利要求的定义

本书认为，在由必要技术特征组成的权利要求中，对现有技术作出贡献的技术特征是采用功能性特征限定的。在具有功能性特征的权利要求中，该类功能性限定类权利要求是具有讨论意义的一类权利要求。

二、功能性限定类权利要求的表现形式[*]

根据权利要求中的功能性技术特征与其他技术特征之间的关系，可以将功能性限定类权利要求分为以下三类：单纯的功能性限定类权利要求、作为定语

---

[*] 黄翀．关于功能性限定的审查［J］．审查业务通讯，2010，16（12）：20．

限定的功能性限定类权利要求和功能性特征与结构及方法特征相互分离的功能性限定类权利要求。这也是审查以及专利申请文件撰写中常见的几类功能性限定类权利要求，针对不同类型的权利要求，在审查中应采用不同的策略。

（一）单纯的功能性限定类权利要求

在单纯的功能性限定类权利要求中，除了所要求保护的技术主题外，没有任何的结构或方法的特征，其具有的仅是与所保护的产品或方法对应的功能。

案例 1-3　单纯的功能性限定类权利要求的示例

【案情介绍】

该案例的权利要求 1 如下：

1. 一种便携式自行车，其特征在于：车架能够折叠。

【案例分析】

这个权利要求只描述了"车架能够折叠"的功能，这种方式过于上位地概括了技术方案，缺少了实现该功能的具体技术手段，以及实现该功能的形状、构造特征，是一种单纯的功能性限定。这种撰写方式难以将该名称与技术方案中的具体内容建立确定的联系，从而导致审查实践中对该技术方案的理解产生偏差。

（二）作为定语限定的功能性限定类权利要求

作为定语限定的功能性限定类权利要求既具有结构或方法的特征，也具有与之对应的出现表述该结构或方法特征或效果特征的功能性限定，采用表述功能的语言作为定语，用来限定权利要求中的结构特征或者方法特征。

案例 1-4　作为定语限定的功能性限定类权利要求的示例[*]

【案情介绍】

该案例的权利要求 1 如下：

---

[*] 陈书香. 关于"功能性限定"和"方法限定"的权利要求的分析判定 [J]. 审查业务通讯，2004，10（9）：2.

1. 一种发电机,包括机架、发电机、变速器、离合器,其特征在于:一个当重锤升到所需高度能释放重锤的装置;一个能将来回摆动的运动形式转换成同一方向转动的摆动力的摆动力变转换机;一个能在重锤升起时进行限位的限位离合档杆。

【案例分析】

在该案例中,"当重锤升到所需高度能释放重锤"这一功能性限定用作"装置"的定语,"能将来回摆动的运动形式转换成同一方向转动的摆动力"用作"摆动力变转换机"的定语,"能在重锤升起时进行限位"用作"限位离合档杆"的定语,是一种典型的定语限定的功能性限定类权利要求。

(三)功能性特征与结构及方法特征相互分离的功能性限定类权利要求

一项权利要求中,既具有结构或步骤的技术特征,也具有功能性技术特征,但是,这些功能性技术特征不是用于限定权利要求中已有的结构或者步骤的。

案例 1-5 功能性特征与结构及方法特征相互分离的功能性限定类权利要求的示例

【案情介绍】

该案例的权利要求 1 如下:

1. 一种货架系统,包括 A 和 B,其中 A、B 均与 C 连接,其特征在于:在可动部件的作用下,实现了受控运动。

【案例分析】

在该案例中,"A、B 均与 C 连接"是结构特征,而"在可动部件的作用下,实现了受控运动"是与上述结构特征相互分离的功能性特征。

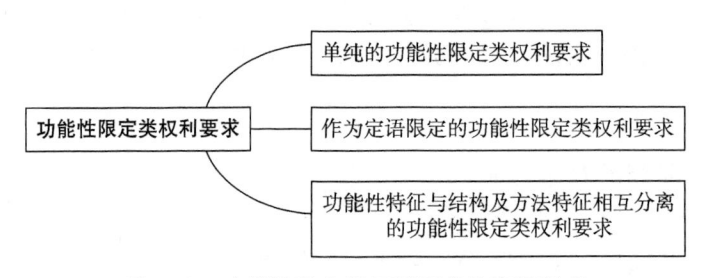

综上所述,功能性限定类权利要求的表现形式如图 1-1 所示。

图 1-1 功能性限定类权利要求的表现形式

三、功能性限定的相关规定

有关功能性限定的法律规定存在差异。例如，美国专利法明确规定了允许采用"功能性限定"，并规定了"功能性限定"的撰写形式；而其他国家也对权利要求中的"功能性限定"进行了相关规定。

（一）中国国家知识产权局对功能性限定权利要求的认定和解释

《专利审查指南》第二部分第二章第 3.2.1 节指出："通常，对产品权利要求来说，应当尽量避免使用功能或者效果特征来限定发明。只有在某一技术特征无法用结构特征来限定，或者技术特征用结构特征限定不如用功能或者效果特征来限定更为恰当，而且该功能或者效果能通过说明书中规定的实验或者操作或者所属技术领域的惯用手段直接和肯定地验证的情况下，使用功能或者效果特征来限定发明才可能是允许的。"我国虽然没有禁止在产品权利要求中使用功能性特征，但是对其使用采取的是非常严格的限制方式，一般原则是"应当尽量避免使用"，在不得已情况下的使用是要受到严格条件限制的。

就功能性限定权利要求的解释而言，《专利审查指南》和《最高人民法院关于审理侵犯专利权纠纷案件应用法律问题的解释》对于功能性限定权利要求保护范围的确定采取不同的规则。

一般而言，我国在专利授权、确权程序中，对权利要求的解释采用最大合理解释原则，即基于权利要求的文字记载，结合对说明书的理解，对权利要求作出最广义的合理解释。因此，《专利审查指南》第二部分第二章第 3.2.1 节指出："对于权利要求中所包含的功能性限定的技术特征，应当理解为覆盖了所有能够实现所述功能的实施方式。"而最高人民法院知识产权庭认为，专利保护的是技术方案，而不单单是功能或者效果，而且目前的专利审查实践，实际上也难以按照《专利审查指南》的规定，对所有实现所述功能的实施方式进行检索和审查。因此，在《最高人民法院关于审理侵犯专利权纠纷案件应用法律问题的解释》第四条中规定："对于权利要求中以功能或者效果表述的技术特征，人民法院应当结合说明书和附图描述的该功能或者效果的具体实施方式及其等同的实施方式,确定该技术特征的内容。"实施方式或实施例通常是详尽而具体的,如果以实施例记载的实现所述功能或效果的全部技术特征作为确定功能性特征保护范围的依据,那么,对功能性特征的保护范围将过度地限缩,不利于保护专利权人的合法权益,也与功能性特征的制度价值不符。为此,《最高人民法院关于审理侵犯专利权纠纷案件应用法律若干问题的解释(二)》第八条中规定:"与说明书及附图记载的实现前款所称功能或者效果不可缺少的技术特征相比,被诉侵权技术方案的相应技术特征是以基本相同的手段,实现相同的功能,达到相同的效果,且本领域普通技术人员在被诉侵权行为发生时无需经过创造性劳动就能够联想到的,人民法院应当认定该相应技术特征与功能性特征相同或者等同。"即应当以说明书及附图记载的实现所称功能或效果的"不可缺少的技术特征"作为侵权对比的基础。可见,授权和确权标准选择了覆盖所有能够实现所述功能的实施方式的保护范围,侵权标准选择了具体实施方式及其等同的实施方式的保护范围。

(二)美国专利商标局对功能性限定权利要求的认定和解释

功能或者效果表述技术特征的撰写方式起源于美国。功能性限定的法律适用大致分为萌芽阶段、争论阶段以及统一阶段。各个阶段的时间节点和主要观点如表1-1所示。

表1-1 美国专利商标局关于功能性限定的三个阶段划分

阶段	时间	观点
萌芽阶段	1952年以前	对功能性描述的权利要求持否定态度,不能清楚地限定发明主题本身(《美国专利法》第一百一十二条第二款)
争论阶段	1952—1994年	美国联邦巡回上诉法院认为:功能性特征受到说明书具体特征的限制,应解释为覆盖了说明书所记载的具体结构、材料、步骤及其等同物; 美国专利商标局认为:将功能性特征解释为覆盖所有实现该功能的实施方式
统一阶段	1994年以后	在专利侵权诉讼和专利审查程序中,将功能性描述的权利要求解释为说明书中记载的相应结构、材料或者动作及其等同物(《美国专利法》第一百一十二条第六款)

在美国专利商标局现行的处理方式中，对功能性描述的权利要求适用《美国专利法》第一百一十二条第六款。对于采用"用于实现某种特定功能的机构或者步骤"的方式撰写的权利要求，应当解释为覆盖了说明书中记载的相应结构、材料或者动作及其等同物。

对功能性限定权利要求如何去解释，美国专利商标局分为三个步骤进行判定。

步骤一：确定功能。将功能性限定权利要求中的功能解释为包含权利要求所记载的术语的限制，不可扩大或者缩小功能的范围。

步骤二：确定对应的功能的结构。确定说明书中所记载的与权利要求中的功能相对应的结构或者方法。

步骤三：根据对应的功能确定对应结构的等同范围。

（三）欧洲专利局对功能性限定权利要求的认定和解释

对于"手段+功能"限定的产品专利，欧洲专利局规定功能性限定特征应该与其所要保护的产品的结构、组成具有直接关联性，否则认为该功能性限定特征不具备限定作用，适用的法条是《欧洲专利公约》第八十四条有关"清楚"的规定。

对于功能性权利要求的解释，《欧洲专利局审查指南》规定，即使在说明书中提供了一个有关这一特征的实例，只要使熟悉该项技术的人知道利用其他方法也可以得到相同功能即可。可见，欧洲专利局采用"涵盖实现该功能的所有方式"的观点来解释功能性权利要求的保护范围。

（四）德国专利商标局对功能性限定权利要求的认定和解释

德国在"丙烯酸纤维案"中明确了专利权利要求可以有功能性的技术特征，但是对使用这种权利要求提出了限制，只有在通过直接的特征在权利要求中不可能或者不能完全实质性地表达时，才可使用功能性权利要求[①]。

现行《德国专利法》第十四条对功能性权利要求解释进行了规定，专利或者专利申请的保护范围应当根据权利要求的术语确定，但是，权利要求书或者说明书可以用于解释权利要求。可见，德国对于功能性限定并不限定为

---

① 尹新天. 专利权的保护［M］. 2版. 北京：知识产权出版社，2005：329.

说明书中所公开的具体结构,而是将其一般化到能实现所属功能的全部结构。也就是说,将功能性限定解释为覆盖所有实施方式,德国对于功能性限定权利要求给予了较宽的范围。

(五)日本特许厅对功能性限定权利要求的认定和解释

《日本专利法》中没有关于功能性限定的专门规定。日本专利审查指南中规定的"违反专利法第三十六条第六项(Ⅱ)的典型情形"包括:通过功能或特点来定义产品使发明的范围变得不清楚。日本特许厅审查基准室编写的指南中指出,当专利权利要求中包含通过功能界定物的记载时,本领域普通技术人员通过参考专利权利要求以外的说明书、附图以及申请时的技术常识,该权利要求有关的发明外延仍不明确的情况下,也就是说,对于该权利要求的外延是否包括某一具体物无法作出判断时,这一权利要求就不清楚。日本特许厅将功能性限定规定在"有关权利要求应当清楚的"条款下进行审查,并将功能性限定解释为覆盖了所有实施方式。

东京高等法院在"部件自动选别及组装装置案"的判决书中指出[①]:即使功能性的、抽象的技术特征的技术意义和内容不能通过说明书的记载和技术常识加以明确,说明书和附图中也会公开发明,因此,基于该具体结构和功能所指示的技术思想,发明应当被解释为具有明确内容的结构……虽然将发明限定于某一实施例中的具体结构和作用是不适当的,但很明显,以功能性的、抽象的权利要求为幌子,不将说明书公开到本领域普通技术人员可以容易实施的程度,不将技术思想包含在专利发明的范围内,也是不对的。由此可见,日本的法院系统中并非将功能性限定解释成日本特许厅所认为的覆盖所有实施方式,而是解释为说明书的具体实施方式,再加上本领域普通技术人员可以从说明书公开的具体结构很容易想到的等同替代方式。

(六)《专利合作条约》对功能性限定权利要求的认定和解释

对于权利要求中是否允许出现"功能性限定特征",根据《专利合作条约》规定,一般情况下,只要所属领域技术人员不需花费创造性劳动就能找

[①] 闫文军. 专利权的保护范围:权利要求解释和等同原则适用 [M]. 北京:法律出版社,2007:311.

到实现该功能的某种方式，或者只要这种方式在该申请中已经充分公开，审查员就不应该反对在权利要求中包含功能性限定[①]。《专利合作条约》对于权利要求中的功能性限定特征并未持反对态度。

对于功能性权利要求的解释，根据《专利合作条约》规定，如果权利要求的限定用其功能或特性来定义一个装置或步骤，而没有具体的结构或材料或操作支持，除非在权利要求中作了进一步说明，否则这种限定应该被解释为表述能够实现所述功能或具有所述特性的任何结构或材料或操作。

功能性限定权利要求的解释中，有两种认定，第一种是将功能性限定解释为涵盖了所有能够实现该功能的方式，也称为全面覆盖原则；第二种是将功能性限定解释为涵盖了说明书中具体实现方式及其等同方式，简称其为限定原则。这两种解释的范围大小关系如图1-2所示，全面覆盖原则所圈定的保护范围比限定原则所圈定的保护范围大，且限定原则的保护范围落在全面覆盖原则内。

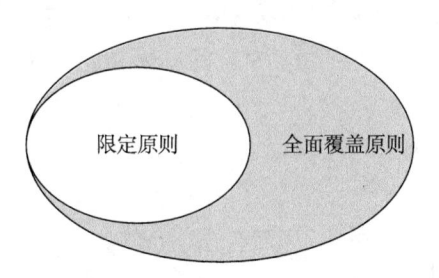

图1-2　全面覆盖原则和限定原则的保护范围

不同做法分别代表了三种典型的观点。第一种是美国的做法，即在授权和侵权两个阶段对功能性限定应当解释为仅仅涵盖了说明书中记载的具体实现方式及其等同方式。第二种是中国和日本的做法，即在授权（确权）和侵权阶段对功能性限定解释不同。在授权阶段，将功能性限定解释为所有能够实现所述功能的方式；而在侵权阶段，将功能性限定解释为具体实现方式及其等同方式。第三种是欧洲专利局和德国的做法，即在授权（确权）和侵权阶段对功能性限定均解释为所有能够实现所述功能的方式。表1-2是对功能性限定解释的对比。

[①] 何越峰．PCT法律文件汇编：2004［M］．北京：知识产权出版社，2005：359．

表 1-2　对功能性限定的解释

主体	审查阶段的解释	侵权判定阶段的解释
中国国家知识产权局	全面覆盖原则	限定原则
美国专利商标局	限定原则	限定原则
欧洲专利局	全面覆盖原则	全面覆盖原则
德国专利商标局	全面覆盖原则	全面覆盖原则
日本特许厅	全面覆盖原则	限定原则
《专利合作条约》	全面覆盖原则	—

四、功能性限定中"等同"的判定

《最高人民法院关于审理侵犯专利权纠纷案件应用法律问题的解释》第四条规定："对于权利要求中以功能或者效果表述的技术特征，人民法院应当结合说明书和附图描述的该功能或者效果的具体实施方式及其等同的实施方式，确定该技术特征的内容。"而关于"等同的实施方式"，我国对功能性限定的侵权判断适用"一次等同"。《最高人民法院关于审理侵犯专利权纠纷案件应用法律若干问题的解释（二）》第八条中则进一步明确了功能性特征的定义以及"等同的实施方式"的认定原则："功能性特征，是指对于结构、组分、步骤、条件或其之间的关系等，通过其在发明创造中所起的功能或者效果进行限定的技术特征，但本领域普通技术人员仅通过阅读权利要求即可直接、明确地确定实现上述功能或者效果的具体实施方式的除外。与说明书及附图记载的实现前款所称功能或者效果不可缺少的技术特征相比，被诉侵权技术方案的相应技术特征是以基本相同的手段，实现相同的功能，达到相同的效果，且本领域普通技术人员在被诉侵权行为发生时无需经过创造性劳动就能够联想到的，人民法院应当认定该相应技术特征与功能性特征相同或者等同。"在以具体实施例为基点的"一次等同"之后，功能性特征的保护范围即已划定，不存在对于功能性特征所述功能或效果的二次等同问题。

第三节　功能性限定类权利要求的检索

权利要求中如果出现功能性限定的技术特征，在检索过程中是否需要对这一技术特征予以考虑，这是审查实践中常见的问题。基于功能性特征与权利要求中其他技术特征之间的关系，检索采用不同的方法。

一、《专利审查指南》中的规定

检索的目的是找出与本申请的主题密切相关的现有技术中的对比文件，或者找出相抵触的申请文件和防止重复授权的文件，以确定申请的主题是否具备《中华人民共和国专利法》（以下简称《专利法》）第二十二条第二款和第三款规定的新颖性和创造性，或者是否符合《专利法》第九条第一款的规定。在检索时，应当把重点放在权利要求的发明构思上。

《专利审查指南》第二部分第三章第3.2.5节对于包含性能、参数的产品权利要求的审查有如下规定："对于这类权利要求，应当考虑权利要求中的性能、参数特征是否隐含了要求保护的产品具有某种特定的结构和/或组成。如果该性能、参数隐含了要求保护的产品具有区别于对比文件产品的结构和/或组成，则该权利要求具备新颖性；相反，如果所属技术领域的技术人员根据该性能、参数无法将要求保护的产品与对比文件产品区分开，则可推定要求保护的产品与对比文件产品相同，因此申请的权利要求不具备新颖性，除非申请人能够根据申请文件或者现有技术证明权利要求中包含性能、参数特征的产品与对比文件产品在结构和/或组成上不同。"

可见，功能性限定最终落实到产品的结构上，关键在于判断产品的结构是否由于功能性限定而发生变化。

二、功能性限定的检索策略

第一种情况：仅涉及功能性限定，没有使用任何结构和方法来对该功能性限定进行详细的阐述和说明。此类情况需要针对功能进行检索，且容易检索到公开了这一功能的技术方案的，除非该功能是特殊的功能。

第二种情况：涉及的功能性限定是由结构或者方法带来的。针对此类情况，可针对实现该功能的结构或者方法的技术特征进行检索，在对基本检索要素进行表达时，可将功能作为该结构或者方法的基本检索要素的一种表达方式。

第三种情况：既有结构和方法的特征，也具有表述效果特性的功能性限定，但是，该功能性限定不是由于前面的结构和方法带来的。此时，需要针对方法、结构特征和功能性限定分别构建基本检索要素，并分别进行表达。

第四节 功能性限定类权利要求的审查思路探讨

与结构、方法特征限定的权利要求相比，通过功能性特征来限定权利要求，能使权利要求获得最大的保护范围。

关于功能性限定类权利要求的审查，《专利审查指南》在两个章节提及，分别是第二部分第二章第3.2.1节提到的"对于含有功能性限定的特征的权利要求，应当审查该功能性限定是否得到说明书的支持"，以及第二部分第三章3.2.5节提到的对于包含性能、参数特征的产品权利要求"应当考虑权利要求中的性能、参数特征是否隐含了要求保护的产品具有某种特定结构和/或组成"。

在考虑功能性限定类权利要求的审查时，需要重点关注以下两个方面。

（1）功能性限定对权利要求的主题是否产生了实际限定作用，涉及新颖性、创造性的判断以及重复授权问题的判定。

（2）功能性限定所概括的保护范围是否合适，是否概括了一个较大的保护范围，涉及不支持以及缺少必要技术特征的审查。

一、功能性限定产品的新颖性、创造性以及重复授权判定

对于采用功能性特征来限定产品结构特征的情形，本领域技术人员应根

据具体的技术方案，确定这种限定是否隐含产品具有特定的结构和/或组成，以进一步判断技术方案是否具备新颖性、创造性以及是否构成重复授权。在涉及功能性特征的新颖性、创造性以及重复授权问题的判定时，需要考虑的因素有：所述功能是否为产品的固有特性；所述功能可否导致产品的结构不同；现有技术能否实现与发明相同的功能。

对于新颖性和创造性的判定，如果该性能隐含了要求保护的产品具有区别于对比文件的产品结构或者组成，那么该权利要求具有新颖性或者创造性；相反，如果本领域技术人员根据该性能无法将要求保护的产品与对比文件的产品区分开，则可推定该权利要求不具备新颖性或者创造性。也就是说，如果功能性特征不能使申请要求保护的产品在结构上与现有技术有所区别，则无需考虑功能性特征。

对于重复授权的判定，如果该性能隐含了要求保护的产品与对比文件的权利要求中的产品不相同，那么该权利要求与对比文件权利要求的保护范围不相同，两者不构成重复授权；相反，如果本领域技术人员根据该性能无法区分该申请权利要求的产品与对比文件的权利要求的产品，则可断定该权利要求与对比文件的权利要求保护范围相同，两者构成重复授权。

案例 1-6　功能性限定是否隐含了要求保护的产品区别于对比文件的产品结构或组成

【案情介绍】

该案例的权利要求 1 和 2 如下：

1. 一种透析溶液制备用水，其溶解氢的浓度为 100~150 ppb、pH 值为 8.5~9.5、并且满足 ISO 13959 中定义的水质量标准，用以通过稀释包括至少 50 ng/ml 葡萄糖降解产物的透析基础试剂来制备透析溶液。

2. 一种透析设备，其包括：用于提供溶解氢的浓度为 100~150 ppb、pH 值为 8.5~9.5、并且满足 ISO 13959 定义的水质量标准的透析溶液制备用水的装置，用于储存透析基础试剂的装置，所述透析基础试剂包括至少 50 ng/ml 葡萄糖降解产物，并且由包含电解盐的透析浓缩液和包含碳酸氢钠的透析浓缩液形成，以及用于通过用所述透析溶液制备用水稀释所述透析基础试剂来制备透析溶液的装置，所述制备过程包括使包含碳酸氢钠的透析浓缩液与所述透析溶液制备用水混合，然后再混合包含电解盐的透析浓缩液。

【案例分析】

在权利要求1具有新颖性、创造性的前提下，确定该申请的发明点在于制备过程中的稀释方式。

权利要求2请求保护一种透析设备，对透析设备各个组件均采用了类似于功能性限定的方式，在判断功能性限定对产品权利要求的影响时，应按照《专利审查指南》的相关规定，具体分析功能性限定是否隐含该产品具有特定的结构和/或组成。对于本案，"用于提供……透析溶液制备用水的装置""用于储存透析基础试剂的装置""用于通过……稀释……来制备透析溶液的装置"，这些限定并未隐含装置具有特定的结构和/或组成，普通的/常规的透析液容器也可实现上述功能。因此，权利要求1的透析溶液制备用水具有新颖性、创造性，并不意味着权利要求2也具有新颖性、创造性。

二、功能性限定有关"以说明书为依据"的审查

《专利法》第二十六条第四款中规定："权利要求书应当以说明书为依据，清楚、简要地限定要求专利保护的范围。"《专利审查指南》第二部分第二章第3.2.1节规定："对于权利要求中所包含的功能性限定的技术特征，应当理解为覆盖了所有能够实现所述功能的实施方式。对于含有功能性限定的特征的权利要求，应当审查该功能性限定是否得到说明书的支持。如果权利要求中所限定的功能是以说明书实施例中记载的特定方式完成的，并且所属技术领域的技术人员不能明了此功能还可以采用说明书中未提到的其他替代方式来完成，或者所属技术领域的技术人员有充分理由怀疑该功能性限定所包含的一种或几种方式不能解决发明或者实用新型所要解决的技术问题，并达到相同的技术效果，则权利要求中不得采用覆盖了上述其他替代方式或者不能解决发明或实用新型技术问题的方式的功能性限定。此外，如果说明书中仅以含糊的方式描述了其他替代方式也可能适用，但对所属技术领域的技术人员来说，并不清楚这些替代方式是什么或者怎样应用这些替代方式，则权利要求中的功能性限定也是不允许的。"所谓权利要求应该以说明书为依据，基本含义是指每一项权利要求所要求保护的技术方案在说明书中都应该有清楚、充分的记载，同时也允许申请人从说明书公开的内容中进行适当的概括，但是概括的保护范围不宜过宽，以至于与发明人所作的技术贡献不一致。

以下分别举例，对三种不同类别的功能性限定类权利要求是否需要审查不支持问题进行说明。

（一）单纯的功能性限定类权利要求

案例 1-7　单纯的功能性限定得不到说明书的支持

【案情介绍】

该案例的权利要求 1 如下：

1. 一种放电灯，其特征在于：放电灯包括结构布置，这样制造该结构布置，使得与对应的不具有结构布置的气体放电灯相比，具有该结构布置的无汞气体放电灯的放电电弧扩散增加 dD 0.01~1.5 mm。

【案例分析】

该权利要求书当中除了要求保护的技术主题外，没有针对其所属的结构布置加以描述，而是以由这种结构布置给放电灯所带来的效果进行描述，这种单纯的功能性限定类权利要求是不允许的，无法得到说明书的支持。

与美国联邦上诉法院认为"纯功能性限定的专利是抽象概念，因而不符合专利客体的要求"的认定不同，我国《专利审查指南》认为纯功能性的权利要求得不到说明书的支持，因而也是不允许的。可见，虽然我国与美国对纯功能性限定所适用的法条不同，但最终结果都确定了这种撰写方式是不被允许的。

（二）功能性特征作为定语限定的功能性限定类权利要求

案例 1-8　作为定语限定的功能性限定类权利要求能够得到说明书的支持

【案情介绍】

该案例的权利要求 1 如下：

1. 一种带加热机构的离心式煤浆泵，包括泵座、泵架、叶轮、进水段、出水段，其特征在于：还包括一加热装置，该装置包括进水管加热机构、前加热机构、中加热机构和后加热机构，上述各机构包括一个进口管、一个出口管和一个加热腔，该加热装置可对泵的各部分进行加热和保温。

材料领域专利审查实践

【案例分析】

该权利要求中详细写明了加热装置的各个组成部分,并对该装置要实现的功能"可对泵的各部分进行加热和保温"进行了说明。在说明书中也给出了该泵的上述结构的具体实施例,上述结构的加热装置可以实现该功能,这种"功能性限定"允许存在于权利要求中,即这种功能性限定能够得到说明书的支持。上述权利要求是定语限定的功能性限定类权利要求,加热装置对泵的各部分进行加热和保温,实际上是由加热腔的结构带来的功能。

(三)功能性特征与结构及方法特征相互分离的功能性限定类权利要求

案例 1-9 功能性特征与结构及方法特征相互分离的功能性限定类权利要求未得到说明书的支持

【案情介绍】

该案例的导风叶片结构及齿轮组传动机构如图 1-3 所示,权利要求 1 如下:

1. 一种空调器的齿轮组传动机构,所述空调器包括驱动电机、第一导风板和第二导风板,其特征在于,所述齿轮组传动机构包括:

第一驱动杆;

传动轮组,其与所述第一驱动轮啮合;

所述传动轮组设置成能够在所述驱动电机无动力输出的情形下调整所述第一导风板与所述第二导风板之间的相对角度。

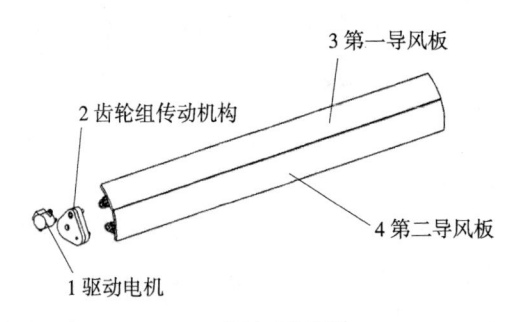

(a)导风叶片结构

图 1-3 导风叶片结构及齿轮组传动机构示意图

(b) 齿轮组传动机构

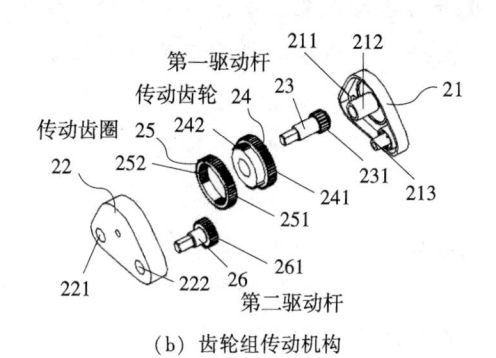

图 1-3　导风叶片结构及齿轮组传动机构示意图（续）

【案例分析】

该权利要求中的最后一句话"所述传动轮组设置成能够在所述驱动电机无动力输出的情形下调整所述第一导风板与所述第二导风板之间的相对角度"是功能性限定。该权利要求所限定的技术方案的技术目的在于，使驱动电机在无动力输出的情形下可调整导风板之间的角度，从而实现导风板之间的间隙调整。根据说明书的记载，实现该技术目的有具体的实施方式，即通过再次装配传动轮与内齿圈错位啮合后，内齿圈和外齿圈齿的夹角存在角度差，才可以使得第一传动轮和外齿圈存在角度错位，而权利要求 1 中没有关于传动轮组的传动轮与内外齿圈的啮合以及内外齿圈存在角度差的记载，没有记载可以产生角度错位的相关结构，因此，权利要求 1 得不到说明书的支持，不符合《专利法》第二十六条第四款的规定。

上述权利要求属于功能性特征与结构及方法特征相互分离的功能性限定类权利要求，需要考虑是否以说明书为依据的问题。而具体是否产生了未以说明书为依据的问题，可从两方面考虑，一是要判断其是否以说明书实施例中记载的特定的方式完成；二是要判断该功能性限定所包含的一种或几种方式是否能解决发明或者实用新型所要解决的技术问题。

案例 1-10　功能性特征与结构及方法特征相互分离的功能性限定类权利要求得到说明书的支持

【案情介绍】

该案例的权利要求 1 如下：

1. 一种胶粉微波脱硫设备的介质片清洗系统，其特征在于：包括微波振幅监测仪、在线微波等离子清洗装置及介质片自动更换清洗装置，所述微波振幅监测仪通过控制器分别与在线微波等离子清洗装置及介质片自动更换清洗装置相连；所述微波振幅监测仪能够检测微波导管内介质片上下两侧微波振幅的幅值，当两者差值大于设定值时，控制器驱动在线微波等离子清洗装置对微波导管内的介质片进行线上微波等离子清洗，当介质片两端微波振幅的差值小于设定值时，在线清洗结束；当在线清洗后介质片两端微波振幅的差值仍然大于设定值时，控制器向胶粉微波脱硫设备发出停机信号并驱动介质片自动更换清洗装置对介质片进行自动更换，并线下清洗污染的介质片。

权利要求10进一步限定了在线微波等离子清洗装置的具体结构，其包括放电部以及伸缩结构，且具体限定了放电部的具体结构。

【案例分析】

上述权利要求也属于功能性特征与结构及方法特征相互分离的功能性限定类权利要求，需要考虑是否以说明书为依据的问题。

该案背景技术中指出了现有技术中胶粉微波脱硫设备中介质片需要人工更换与清洁，存在装卸操作烦琐、费时费力的技术问题。该申请通过微波振幅监测仪监测介质片两侧的微波振幅的差值，从而判断介质片的污染程度，若差值大于设定值，则采用在线微波等离子清洗装置的微波等离子清洗方式对介质片进行不停机线上清洗；若差值小于设定值，则在线清洗结束。伴随生产的进行，清洗次数的增多，不容易被清洗的顽固污染物逐渐累积，当微波等离子清洗方式达不到理想的清洁效果时，即在线清洗后介质片两端微波振幅的差值仍然大于设定值时，胶粉微波脱硫设备停机，利用介质片自动更换清洗装置对介质片进行自动更换，线下清洗，权利要求1已经能够解决背景技术中的技术问题。同时，通过检索现有技术发现，在线清洗装置的具体结构并非解决技术问题的关键技术手段，诸多现有技术也公开了微波等离子清洗装置的相关结构。

（四）小结

对于单纯的功能性限定类权利要求，由于功能效果特征包括了所有能够实现的方案，且缺少结构形状特征，通常是得不到说明书支持的，应该从严把关；对于功能性特征作为定语限定的功能性限定类权利要求，即"结构+功能"的情况，由于功能是由结构带来的，因此能够得到说明书的支持；而对于功能性特征与结构及方法特征相互分离的功能性限定类权利要求，则需要结合说明书实施例，具体问题应具体对待，在没有明确证据证明权利要求不能得到说明书支持的情况下，则认为功能性限定类权利要求能得到说明书的支持。

对于三种不同类型的功能性限定类权利要求，是否需要审查以说明书为依据的问题，以及如何审查的问题，总结如表1-3所示。

表1-3 不同类型的功能性限定是否得到说明书支持的判断

类型	是否符合《专利法》第二十六条第四款的要求	如何审查
单纯的功能性限定类权利要求	不符合	—
作为定语限定的功能性限定类权利要求	符合	—
功能性特征与结构及方法特征相互分离的功能性限定类权利要求	需要考虑，具体情况应具体对待	结合两方面进行判定，一是该功能性限定是否能够解决专利申请所要解决的问题；二是看该功能是否能用说明书实施方式中未提到的其他方式实现

三、功能性限定有关"缺少必要技术特征"的审查

《中华人民共和国专利法实施细则》（以下简称《实施细则》）第二十三条第二款中规定："独立权利要求应当从整体上反映发明或者实用新型的技术方案，记载解决技术问题的必要技术特征。"

由于必要技术特征是与发明的背景技术区分开来的技术特征，其与发明所要解决的技术问题密不可分。而所要解决的技术问题必然会带来一定的技术效果或有利作用，某些申请就会在独立权利要求中对这部分技术内容采用功能性限定的方式加以记载。就某项权利要求来说，如果其中包含了表达其所要解决技术问题的功能性特征，可以分以下两种情况确定该权利要求是否缺少必要技术特征。

（一）与功能性特征适应的结构和方法特征写在独立权利要求中

（1）如果功能性特征与专利申请背景技术中的技术问题是相适配的，且该功能性特征对应的结构和方法也都在权利要求中有所体现，可以确定，该权利要求已经记载了解决背景技术中声称的技术问题的技术手段，该独立权利要求不存在缺少必要技术特征的问题。

（2）如果功能性特征与背景技术中的技术问题不相适配，而是解决了其他技术问题，与其对应的结构和方法特征，也是解决了其他问题，这种情况需忽略功能性特征及其相应的结构和方法特征，重新判定独立权利要求是否记载了解决背景技术中所声称技术问题的相应技术手段。

（二）与功能性特征适应的结构和方法特征未写在独立权利要求中

（1）如果功能性特征与专利申请背景技术中的技术问题相适配，而与其对应的结构和方法特征没有记载，此时独立权利要求缺少解决该背景技术中的技术问题的相应技术特征，缺少必要技术特征。

案例 1-11 与功能性特征相适应的结构和方法未写入独立权利要求书中时，独立权利要求缺少必要技术特征

【案情介绍】

该案例的权利要求 1 如下：

1. 将连接臂固定到天花板风扇叶片上所用的一种定位装置，具有一个基体，基体包括至少一个弹性部件，在边缘部配合在接合部后面时，该弹性部件产生弹性变形，通过摩擦与叶片上的相反表面配合，从而保持基体而防止其在与第一方向相反的第二方向中相对于所述叶片滑动。

【案例分析】

根据该发明的背景技术的记载，其提供一种改进的这种类型的定位装置，消除或减少该固定装置的结构和操作的复杂性。在独立权利要求的特征部分，描述了弹性部件发生弹性变形时与其他部件的相互位置关系的结构特征。

在该发明的技术方案中描述了该装置的许多相关部件的形状、构造和其他部件之间的相互连接关系和位置关系。这些都是现有技术，已写入独立权利要求的前序部分，该发明的技术特征就在于该装置中基体中的弹性部件的

形状、构造的技术特征，在说明书的技术方案和实施例中对弹性部件的形状、构造进行了描述，正是由于采用的所述弹性部件的形状、构造从而引起了弹性力，使得弹性部件通过摩擦与叶片上的相反表面配合，产生一种新的相互位置关系，也就是新的状态，从而保持基体而阻止其在与第一方向相反的第二方向中相对于叶片滑动。这是一种新的效果功能。根据《专利法实施细则》第二十一条的有关规定，应当将弹性部件和引起弹性部件弹性变形的形状构造技术特征作为该发明的必要技术特征写入该独立权利要求的特征部分。现独立权利要求的特征部分描述的是由于采用改进形状构造的弹性部件而产生弹性变形后，所产生的新的和其他部件相互位置的状态和功能效果，这种间接技术特征的描述实质上还是功能性的描述，应将从属权利要求中有关弹性部件的形状、构造特征写入独立权利要求的特征部分。

（2）如果功能性特征与专利申请背景技术中的技术问题不相适配，在判断独立权利要求是否缺少必要技术特征时，不需要考虑该功能性特征，重新判定独立权利要求是否记载了解决背景技术中所声称技术问题的相应技术手段。

综上所述，功能性限定是否缺少必要技术特征的审查逻辑如图1-4所示。

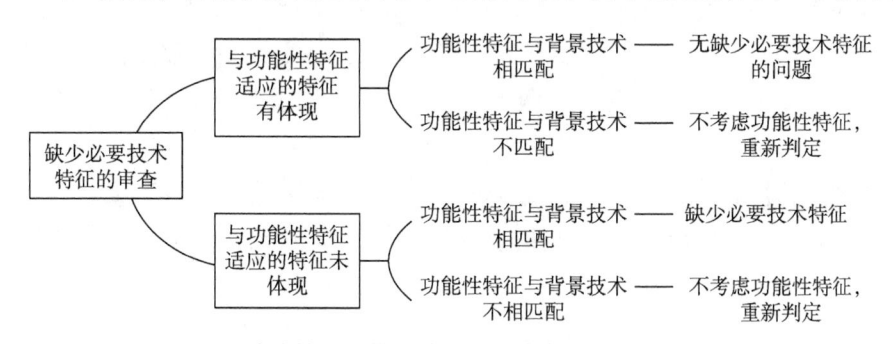

图1-4 功能性限定是否缺少必要技术特征的审查逻辑图

第二章

参数限定类案件的审查

在专利审查领域，参数的一般定义有以下两种：①参数也叫参变量，在所讨论的某个数学或物理问题中，于给定条件下取固定值的变量；②表明任何现象、机构、装置的某种性质的量，如导电率、导热率、膨胀系数等。

《欧洲专利局审查指南》中对参数的定义：参数是特性数值，其可以是能直接测量的性能数值（如物质的熔点、钢的挠曲强度、电导体的电阻），或者可被定义为公式形式的几个变量的简单或复杂的数学组合。

从参数的各种定义中可以看出，参数仅是具有特性的数值，其与产品的结构本身不具有绝对意义上的某种对应关系。在化学领域中，一般可以通过化学方法测定产品的一些性能参数。但是，反之，由性能参数并不必然可以推测出产品的结构和/或组成，因此，二者并不是作用力与反作用力的等效对等关系。这种不对等的关系导致在实际的审查实践中，对新颖性和创造性判断中技术特征的认定存在困难。例如，现有技术与发明的参数测试方法上的差异导致没有可比性；或者现有技术中没有对发明中所涉及的相应参数进行测量。

第一节 参数限定产品推定新颖性的相关规定

一、欧洲专利局对推定新颖性的相关规定

《欧洲专利局审查指南》明确涉及新颖性问题和参数特征关系的规定有

两处：

对采用不常用的参数或者使用无法得到的测量参数的情形，显然可以以不清楚的理由加以反对，因为不能与现有技术进行有意义的比较。这种情形还可能掩饰了新颖性的缺乏。

就现有文件而言，从该文件本身所明确记载的内容中可能可以明显看出缺乏新颖性。或者，在实施现有文件的教导中，其可能隐含了这样的意思：技术人员将必然获得落入权利要求术语中的结果。仅仅在可能对现有教导的实际效果没有合理怀疑的情况下，审查员才应该提出这种缺乏新颖性的反对意见。当权利要求通过参数限定发明或发明的特征时，也可能出现这种情形。在相关现有技术中可能提及不同的参数，或者完全没有提及参数。如果已知的产品和所要求保护的产品在所有其他方面相同（例如，起始原料和制备方法相同，则预期是相同的），就首先提出缺乏新颖性的反对意见。如果申请人能够通过合适的比较试验表明相对于这些参数确实存在不同，就可以提出疑问：该申请说明书是否公开了制备具有权利要求中限定的参数的产品所必需的全部特征。

二、美国专利商标局对推定新颖性的相关规定

根据美国专利商标局《专利审查操作指南》35 U.S.C 102 的规定，现有技术与所要求保护的发明主题之间没有区别时，就可以认为发明没有新颖性。但现有技术中并不总是能够按照权利要求所描述的方式公开全部的特征，在美国专利商标局《专利审查操作指南》中判断权利要求是否具有新颖性就是看发明与现有技术相比是否具有可预见性，其对组合物、产品和设备权利要求有如下的相关规定。

（一）产品和设备权利要求：当在对比文件中叙述的结构与权利要求中的结构实质上相同时，请求保护的特性或功能被认为是固有的

在请求保护的产品在结构或成分上与现有技术的产品相同或实质相同，或者由相同或实质相同的方法制造的情况下，已经确定了预见性或者显而易见性的表面上证据确凿的案例。如果美国专利商标局出示了关于认为申请人的产品与现有技术的产品相同的证据时，申请人有证明它们不相同的责任。

因此，申请人可以通过指出现有技术的产品不一定具有所请求保护产品的特征来反驳该表面上证据确凿的案例。

（二）组合物权利要求：如果组合物在物理上是相同的，则它必定具有相同的特性

"相同化学成分的产品不会具有相互排斥的特性。"化学成分与它的特性是不可分割的。因此，如果现有技术教导了相同的化学结构，则必然呈现申请人公开的和/或请求保护的特性。例如，申请人争论请求保护的组合物是包含发黏聚合物的压敏黏结剂，而对比文件中的产品是硬的并且耐磨。"申诉与抵触委员会准确地发现单体与过程的有效等同足以支持专利权人的聚合物胶乳由于缺乏新颖性而丧失可专利性的表面上证据确凿的案例。"

（三）产品权利要求：非功能性的文字内容不使请求保护的产品区别于另外相同的现有技术产品

在现有技术产品与请求保护的产品之间的唯一区别是与该产品非功能相关的文字内容的情况下，文字描述的内容将不使请求保护的产品区别于现有技术。

三、日本特许厅对推定新颖性的相关规定[*]

（一）《日本发明·实用新型审查指南》关于参数表征产品权利要求新颖性的原则性规定

当"功能或特性等"属于产品的固有属性时，这样的表述不能作为该产品的限定而应当理解为该产品本身。

（二）《日本发明·实用新型审查指南》关于参数表征产品权利要求新颖性的规定

当一项权利要求包括由"功能或特性等"定义产品的表述，并且其功能或特性等为特殊参数时，有时可能很难将该发明与对比文件进行对比。这时，

---

[*] 国家知识产权局专利局审查业务管理部. 日本发明·实用新型审查指南 [M]. 北京：知识产权出版社，2020：156.

审查员无需将要求保护的产品与对比文件的产品进行严格对比就有理由根据初步印象怀疑要求保护的产品与对比文件中的产品是相同的产品而没有其他区别，可以以不符合特许法第 29（1）条为理由发出通知书。申请人可以针对上述通知书通过提交书面意见或实验结果证据等进行争辩或澄清，申请人的反对理由至少要得到能改变审查员的判断至无法根据初步印象怀疑要求保护的产品与对比文件的产品属于相同产品的程度，才算是克服了不符合特许法第 29（1）条的缺陷。

但是，如果定义对比文件的要素也属于特殊参数时，不能应用以上处理方法。

（三）可质疑参数特征表征产品权利要求新颖性的几种具体情形

《日本发明·实用新型审查指南》具体列举了以下五种情形可以质疑参数特征表征的产品与对比文件的产品相同。

（1）通过将"功能或特性等"转换成具有相同含义的不同定义，或者测试、测量相同"功能或特性等"的不同方法，审查员发现现有技术的产品与要求保护发明的产品是相同的。

（2）该发明和对比文件的测试或评估方法是在不同的条件之下的，且它们之间存在一定关系的相同或相似定义，并且如果定义对比文件的"功能或特性等"用与要求保护发明相同的测试条件或相同的评估方法测试或评估，有很大可能性会被包括在定义要求保护发明的"功能或特性等"当中。

（3）要求保护发明的产品与申请日之后的一种特定产品结构相同，并且审查员发现该特定产品在申请日以前是公知的。

（4）审查员发现现有技术产品的制备方法与要求保护发明的一种实施方式相同或相似。例如，审查员发现了一种与要求保护发明产品制备原料相似、制备过程相同的现有技术产品，或者审查员发现了一种与要求保护发明产品制备原料相同、制备过程相似的现有技术产品等。

（5）该发明和对比文件除了都通过"功能或特性等"定义产品以外，还具有其他定义发明的相同要素，并且对比文件与"功能或特性等"定义产品这个要素具有相同的目的或效果，并且有很大可能性定义对比文件的"功能或特性等"被包含在定义要求保护发明的"功能或特性等"当中。

四、中国国家知识产权局对推定新颖性的相关规定*

对于包含性能、参数特征的产品权利要求新颖性的审查，应当按照以下原则进行：对于这类权利要求，应当考虑权利要求中的性能、参数特征是否隐含了要求保护的产品具有某种特定结构和/或组成。如果该性能、参数隐含了要求保护的产品具有区别于对比文件产品的结构和/或组成，则该权利要求具备新颖性；相反，如果所属技术领域的技术人员根据该性能/参数无法将要求保护的产品与对比文件产品区分开，则可推定要求保护的产品与对比文件产品相同，因此申请的权利要求不具备新颖性，除非申请人能够根据申请文件或现有技术证明权利要求中包含性能、参数特征的产品与对比文件产品在结构和/或组成上不同。例如，专利申请的权利要求为用 X 衍射数据等多种参数表征的一种结晶形态的化合物 A，对比文件公开的也是结晶形态的化合物 A，如果根据对比文件公开的内容，难以将两者的结晶形态区分开，则可推定要求保护的产品与对比文件产品相同，该申请的权利要求相对于对比文件而言不具备新颖性，除非申请人能够根据申请文件或现有技术，证明申请的权利要求所限定的产品与对比文件公开的产品在结晶形态上的确不同。

第二节 参数限定产品发明推定新颖性的审查思路探讨

根据上述国内外对推定新颖性的相关规定，可以初步将审查思路分为以下几类：第一类是通过参数测试方法之间的关联性来进行推定；第二类是通过实现该参数的关键控制手段推定；第三类是通过制备方法进行推定。以下对这三类进行详细说明。

---

* 国家知识产权局. 专利审查指南［M］. 北京：知识产权出版社，2024：175.

一、通过参数测试方法之间的关联性推定

在这种情形下,参数的获得并不依赖于制备方法。获得参数的方式有多种方法,不同的方法可能得到相同的参数,只是参数测试所采用的手段不同,而且这些测试手段之间存在一定的关联性。

案例 2-1　通过参数测试方法之间的关联性推定

【权利要求】

一种高热稳定性氧化铝,其特征在于:它由氧化铝与氧化镧组成,氧化镧重量百分比含量为 3%～5%,余量为氧化铝,所述高稳定性氧化铝在 1000 ℃ 焙烧 12 h 后得到比表面积 175～200 m^2/g。

【事实调查】

该发明的目的是提供一种高热稳定性氧化铝及其制备方法,制备方法采用溶胶凝胶法,具体如下。

(1) 氧化铝改性:将硝酸镧与水混合,得到澄清透明的水溶液,加入活性氧化铝中,用硝酸调节 pH 值至 2～3,加入分散剂,经球磨 2～4 h,得改性氧化铝前驱体。

(2) 焙烧:将得到的改性氧化铝前驱体进行焙烧。

(3) 粉碎:将焙烧后的改性氧化铝进行破碎,得到所述的高热稳定性氧化铝。

【类型判断分析】

从权利要求记载的程度来看,具体的比表面积是由产品和方法综合带来的。从本领域技术人员的认知来看,该比表面积的范围属于本领域的常规的比表面积的范围。同时,不同的方法也可以带来该比表面积。

根据以上分析,可以判断该比表面积是基本上不依赖于具体的制备方法的。

【推定新颖性的分析】

根据该案的情况,在检索对比文件时,可能会遇到如下几种情形。

情形(A):产品公开+与之类似的溶胶凝胶法。

情形(B):产品公开+共沉淀法+950 ℃ 焙烧 12 h 后得到的比表面积

175~220 m²/g。

情形（C）：产品公开+共沉淀法。

对于情形（A），与后述章节讨论的内容相似，在此不详细分析。

对于情形（B），本领域技术人员知晓，焙烧温度升高，焙烧时间延长会降低比表面积。在这种情形下，该发明和对比文件是由不同测试条件或不同评估方法测试或评估的，且它们之间存在一定的关系，并且定义对比文件的"功能或特性等"用与要求保护发明相同的测试条件或相同的评估方法测试或评估，很可能会被包括在定义要求保护发明的"功能或特性等"当中。因此在这种情形下，即使方法完全不同，即一种是溶胶凝胶法，另一种是共沉淀法，其也可以推定新颖性。

在这种情形下，可能还会存在下述更具体的本领域技术人员的认知。

情形（B1）：焙烧温度每升高100 ℃，比表面积降低约50 m²/g。

情形（B2）：焙烧温度每升高100 ℃，比表面积降低约100 m²/g。

对于情形（B1），根据本领域技术人员的该认知，将对比文件1进行换算之后，其很有可能与该发明的比表面积范围相同。因此在这种情形下，应该推定新颖性。

对于情形（B2），根据本领域技术人员的该认知，将对比文件1进行换算之后，其很可能与该发明的范围不同，因此在这种情形下，不适宜推定新颖性。但是基于本领域技术人员的认知，应该考虑采用创造性进行评述。

为了更清晰地表示其差异，对于情形（B）、（B1）和（B2）的推定分析具体见表2-1。

表2-1　不同情形下的推定分析

对比项	能否推定新颖性	分析
情形（B）：本领域技术人员知晓，焙烧温度升高，焙烧时间延长会降低比表面积	可以	两者的测试存在关联性，换算之后很有可能落入发明的保护范围
情形（B1）：焙烧温度每升高100 ℃，比表面积降低约50 m²/g	可以	对比文件进行换算之后，其很可能与本发明的范围相同
情形（B2）：焙烧温度每升高100 ℃，比表面积降低约100 m²/g	不适宜	对比文件进行换算之后，其很可能与本发明的范围不同，考虑采用创造性进行评述

对于情形（C），由于方法差异比较大，本领域技术人员无法预知具体由该方法带来的比表面积值具体是多少，除非本发明权利要求限定的比表面积范围特别大，以至于一般的氧化镧改性的氧化铝的比表面积均大致在该范围内，否则，一般情形下，不适宜直接推定新颖性。

【申请人意见陈述的考虑】

根据上述分析可知，情形（B）和（B1）一般可以进行新颖性的推定，在此对这两种情形下申请人的回复情形作出分析。

对于情形（B），申请人的回复可能会有如下几种。

（1）未修改申请文件，意见陈述提供现有技术的证据，证明焙烧温度每升高 100 ℃，比表面积降低约 100 m^2/g。在这种情形下，审查实践中一般应该接受，并且不适宜再推定新颖性，应该考虑采用创造性进行评述。

（2）未修改申请文件，补充对比实验，证明该发明与对比文件的比表面积数值不同。在这种情形下，则可接受克服了新颖性的缺陷，但是同时还要考虑创造性的缺陷。

（3）修改申请文件，根据修改情况进行考虑。

对于情形（B1），申请人的回复可能会有如下几种情况。

（1）补充对比实验，证明该发明与对比文件的比表面积数值不同。在这种情形下，考虑到审查实践中认知的现有技术可能无法完全与该发明和对比文件进行匹配，仅仅是现有技术的一个经验的认知，因此可接受克服了新颖性的缺陷，但是同时还要考虑创造性的缺陷。

（2）修改申请文件，根据修改情况进行考虑。

从上述分析可以看出，在评述中能够举证得更充分，则申请人克服的方式也会更有限。

由上述分析可知，在这种情况下的推定，一般来说需要满足以下几个条件：①该发明和对比文件的微观结构存在一定的关联性，如案例中不同条件下的比表面积；②本领域技术人员对这个关联性有一定的定性认识，如案例中本领域技术人员能够了解时间和温度对比表面积的影响，且该影响能够与具体数值的趋势对应上；③最好能够对关联性有基本定量的认识，如案例中时间和温度对比表面积影响程度的认知。上述三个条件是依次递进的关系，且前两个条件缺一不可，加上第三个条件能够更加准确地判断是否能够推定。

二、通过实现该参数的关键控制手段推定

在这种情况下,参数并不是由方法整体带来的,只是对制备方法的某个关键技术手段依赖性较高。

案例 2-2　通过实现该参数的关键控制手段推定

【权利要求】

一种 Co-Cr-Pt-B 型合金溅射靶,其特征在于,100 μm×100 μm 视野内的富 B 相中的 0.1~20 μm 的裂纹数为 10 个以下,相对于溅射面,水平方向的最大磁导率为 20 以下。

【事实调查】

说明书中记载了通过包含精密的轧制或锻造的加工方法的控制和热处理来调节包含 Co-Cr-Pt-B 型合金的锭组织,制造包含无微裂纹的微细且均匀的轧制组织的 Co-Cr-Pt-B 型合金溅射靶,由此,能够形成品质良好的溅射膜,并且能够显著提高制造成品率。存在若干抑制 0.1~20 μm 的微裂纹的方法,均需要精密地控制 Co-Cr-Pt-B 型合金靶材料的加热和轧制。其中之一为如下方法:将 Co-Cr-Pt-B 型合金铸锭加热至 800~1100 ℃,以 15% 以下的压下率反复进行热锻或热轧后进一步对其进行机械加工,制成 Co-Cr-Pt-B 型合金溅射靶。

【推定新颖性的分析】

对比文件 1 公开了一种 Co-Cr-Pt-B 型合金溅射靶,并公开了:Co-Cr-Pt-B 类合金是硬且脆的材料,所以通过反复热轧和热处理实施规定的轧制,热轧率优选为 15%~40%,且可以得到最大磁导率(μmax)在 20 以下的溅射靶(可以确定相对于溅射面,水平方向的最大磁导率必然为 20 以下)。虽然对比文件 1 没有明确公开 100 μm×100 μm 视野内的富 B 相中的 0.1~20 μm 的裂纹数,但对比文件 1 公开了将溅射靶加热至 900 ℃ 以 10% 的压下率进行热锻。因而本领域技术人员可以推定对比文件 1 公开的溅射靶能够有效抑制微裂纹,即能够使得 100 μm×100 μm 视野内的富 B 相中的 0.1~20 μm 的裂纹数为 10 个以下。

【申请人意见陈述的考虑】

申请人可能的争辩情形有以下几种。

(1) 只提供意见陈述:虽然对比文件 1 公开了热锻的工艺过程,但是其余的方法特征均没有公开,因此不能断定 100 μm×100 μm 视野内的富 B 相中的 0.1~20 μm 的裂纹数为 10 个以下。

在这种情形下,因为申请文件明确记载了有效抑制裂纹的方式,且对比文件 1 公开了该关键技术手段,可以继续坚持推定权利要求不具备新颖性。

(2) 提供意见陈述并补充对比文件 1 的实验数据,按照对比文件 1 的方式得到的裂纹数不在上述范围内。

在这种情形下,由于申请人已经做了对比实验,证明了裂纹数不在上述范围内,则关于新颖性的推定不再成立。但是仍然要考虑可能存在的不支持情形。

通过上述分析可知,该种推定方式对实现参数的关键技术手段的依赖性较强,但是推定之后,申请人克服的方式也比较简单。

三、通过制备方法推定

在这种情况下,参数的获得依赖于相应的制备方法,不同的方法得到的是不同的参数,方法与参数的关联性比较强。因此,在对参数进行评述时,优先采用公开该方法的对比文件。

案例 2-3　通过制备方法推定

【权利要求】

一种表面处理铜箔,其一或两表面经过表面处理,上述经过表面处理的表面的 TD 的十点平均粗糙度 Rz 为 0.20~0.80 μm,上述 TD 对压延铜箔而言为与压延方向垂直的方向,对电解铜箔而言为与电解铜箔的制造装置中的电解铜箔的前进方向垂直的方向;并且,上述表面的三维表面积 D 与二维表面积 C 的比为 1.0~1.7,上述二维表面积为俯视表面时获得的表面积;将上述铜箔自经过表面处理的表面侧贴合于聚酰亚胺树脂基板的两面后,利用蚀刻将上述两面的铜箔去除,将印刷有线状标记的印刷物铺设于露出的上述聚酰亚胺基板的下方，利用 CCD 摄影机，隔着上述聚酰亚胺基板对上述印刷物进行拍摄时，对由上述拍摄获得的图像，沿着与所观察的上述线状标记延伸方向垂直的方向，对每个观察点的亮度进行测定而制作的观察点—亮度曲线中，将自上述标记的端部至未绘制上述标记的部分所产生的亮度曲线的顶部平均值 B_t 与底部平均值 B_b 的差设为 ΔB（$\Delta B = B_t - B_b$），于观察点—亮度曲线中，将表示亮度曲线与 B_t 的交点内最接近上述线状标记的交点的位置的值设为 t_1，将表示在以 B_t 为基准自亮度曲线与 B_t 的交点至 $0.1\Delta B$ 的深度范围内，亮度曲线与 $0.1\Delta B$ 的交点内最接近上述线状标记的交点的位置的值设为 t_2 时，下述（1）式所定义的 S_v 为 3.5 以上，$S_v = (\Delta B \times 0.1)/(t_1 - t_2)$（1）。

【事实调查】

说明书中记载了铜箔的制备方法为："于本发明中使用的铜箔亦可为电解铜箔或压延铜箔中的任一种……亦可对铜箔的与树脂基板附着的面，即表面处理侧的表面，实施对脱脂后的铜箔表面进行疙瘩状的电镀的粗化处理……于本发明中，该粗化处理可通过镀铜—钴—镍合金或镀铜—镍—磷合金、镀镍—锌合金等镀合金而进行……用以形成上述三元系镀铜—钴—镍合金的镀浴及电镀条件是如下所述。镀浴组成：Cu 10~20 g/L、Co 1~10 g/L、Ni 1~10 g/L；pH 值 1~4；温度：30~50 ℃；电流密度 D_k：25~50 A/dm^2；电镀时间：0.2~3 s。"

【推定新颖性的分析】

对比文件 1 公开了一种印刷电路用铜箔，并具体公开如下：

本发明中使用的铜箔可以是电解铜箔或压延铜箔……作为粗化前的预处理，有时也进行正常的镀铜等……本发明中，也包括上述的预处理和精加工处理，根据需要包括与铜箔粗化相关的公知处理，而总称为粗化处理。

……作为本发明中的粗化处理的铜—钴—镍合金镀通过电镀来进行……用于形成该三元系铜—钴—镍合金镀层的一般的镀液和镀敷条件如下所述：（铜—钴—镍合金镀）

Cu：10~20 g/L，Co：1~10 g/L，Ni：1~10 g/L，pH 值：1~4，温度：30~40 ℃，电流密度 D_k：20~30 A/dm^2，时间：1~5 s。

如上所述，本发明为一种在铜箔的表面形成由包含铜、钴和镍的三元系合金电镀层的印刷电路用铜箔。

可见，对比文件1公开了一种粗化处理（一种具体的表面处理）的铜箔，没有公开该铜箔的表面的 TD 的十点平均粗糙度 Rz、三维表面积 D 与二维表面积 C 的比 D/C、根据贴合并蚀刻去除铜箔后聚酰亚胺树脂基板的亮度曲线获得的 Sv，而权利要求1包含上述三项参数特征，仅根据上述参数特征，无法将权利要求1要求保护的铜箔与对比文件1的粗化处理的铜箔区分开。

在根据参数特征无法区分该发明的铜箔和对比文件1的铜箔的情况下，判断两种产品是否相同，主要的考虑因素就在于产品的制备方法。该发明的说明书中记载了其铜箔的制备方法为："于本发明中使用的铜箔亦可为电解铜箔或压延铜箔中的任一种……亦可对铜箔的与树脂基板附着的面，即表面处理侧的表面，实施对脱脂后的铜箔表面进行疙瘩状的电镀的粗化处理……于本发明中，该粗化处理可通过镀铜—钴—镍合金或镀铜—镍—磷合金、镀镍—锌合金等镀合金而进行……用以形成上述三元系镀铜—钴—镍合金的镀浴及电镀条件是如下所述。镀浴组成：Cu 10～20 g/L、Co 1～10 g/L、Ni 1～10 g/L；pH 值：1～4；温度：30～50 ℃；电流密度 D_k：25～50 A/dm^2；电镀时间：0.2～3 s。"对比可知，该发明的粗化处理方法与对比文件1的粗化处理方法相同，因此推定对比文件1获得了与权利要求1相同的铜箔，权利要求1不具备《专利法》第22条第2款规定的新颖性。

【申请人意见陈述的考虑】

在这种情况下，申请人可能的争辩点是：该发明与对比文件1的粗化处理方法不相同，有一些差异。该发明的粗化处理电镀时间短于先前的条件，电流密度高于先前的条件，于铜箔表面形成比先前微细的粗化粒子。具体而言，比较该发明公开文本第0117段记载的粗化处理中的"镀铜—钴—镍合金的电镀条件"与对比文件1说明书第0054～0062段的"镀铜—钴—镍合金的电镀条件"，该发明电镀时间 0.2～3 s 短于对比文件1的 1～35 s，电流密度 25～50 A/dm^2 高于对比文件1的 20～30 A/dm^2。

然而，根据《专利审查指南》关于新颖性的审查基准，其中关于数值和数值范围，对比文件公开的数值范围与上述限定的技术特征的数值范围部分重叠或者有一个共同的端点，将破坏要求保护的发明或者实用新型的新颖性。该发明的电镀时间 0.2～3 s 与对比文件1的 1～35 s 部分重叠，电流密度 25～50 A/dm^2 也与对比文件1的 20～30 A/dm^2 部分重叠。因此，该发明的粗化处理电镀时间和电流密度与对比文件1并无不同。

由上述分析可知,在这种情况下的推定,参数的获得与方法的关联性比较强,比如电镀的时间、电流密度、电镀浴对最终的参数的影响与参数的获得相对应,需要采用公开了方法的对比文件来进行推定。

四、综合考虑各种方式的组合运用

对于通过参数测试方法之间的关联性、实现该参数的关键控制手段以及制备方法推定新颖性这三种情形,根据上述分析可知,通过制备方法进行推定的方式申请人比较难以克服,通过测试方法之间的关联性进行推定的次之,而通过实现该参数的关键控制手段进行推定是最好克服的。在审查实践中,可以根据具体案件的情况组合使用各种策略,以使说理方式更加能让申请人信服,从而提升审查意见通知书的效能。

第三节 参数限定产品发明的创造性审查思路探讨[*]

参数最大的特点是复杂性。虽然形式上同为参数,但参数的表现形式多种多样。有表征产品结构和/或组成的参数、表征产品功能和/或效果的参数,也有标准参数、通用参数、不常见参数等。参数本身的复杂性,使得实际审查变得更加困难。因此,基于参数的上述特点,在讨论创造性的审查时,本书试图将参数分为手段参数和目标参数,并对其定义方式做初步的阐述。

一、手段参数和目标参数的定义

手段,为获得某种目的而采取的方式。发明所要解决的技术问题与参数限定所对应的效果不相同,则为手段参数。如表2-2所示,对于手段参数,

---

[*] 曾春芳. 参数限定的产品权利要求的审查思路探讨[J]. 中国发明与专利, 2018, 15(A01): 4.

示例1中，该发明将相互接触的、所述气体阻隔层的表面与所述保护膜的表面的算术平均粗糙度的相对值进行限定，所解决的技术问题是抑制气体阻隔层的表面或保护膜的表面的带电，其结果能够抑制异物附着于膜，进而抑制气体阻隔膜的劣化。示例2中，该发明通过对具有表面膜的固化复合材料物的G't 25和G's 25的相对值进行限定从而得到良好的抗微裂纹性能。从上述两个示例可以看出，虽然权利要求限定的参数本身也能对应某种技术效果，但是其并不是发明的最终目的，发明的最终目的是通过控制这个参数而达到其他的技术效果。因此，本书将这种参数归为手段参数。

目标，是最终想要达到的结果。发明要解决的技术问题与参数所对应的效果一致，则为目标参数。如表2-2所示，示例3中，该发明所要解决的技术问题之一是耐击穿性，而相应的权利要求中限定的也是静态耐击穿性参数。示例4中，该发明所要解决的技术问题之一是改善的机械性能，包括高韧性和冲击强度，而权利要求中限定的也是多层聚合物膜具有根据ASTM D882测量为大于400%的断裂伸长率；根据ASTM D7192测量为大于7 lb的穿刺强度；根据ASTM D3420测量为大于800 mJ的Spencer冲击强度；低于或等于120 ℃的密封起始温度；根据ASTM F88-07a测量为100~2000 gf/in的密封强度和大于30 ℃的密封窗口。从上述两个案例可以看出，其权利要求限定的参数特征和发明所要解决的技术问题是一致的。因此，这种参数在本书中被归为目标参数。

表2-2 手段参数和目标参数示例

序号	参数类型	权利要求	解决的技术问题
示例1	手段参数	一种气体阻隔膜，其特征在于，其为在基材的一面上具有气体阻隔层、在所述基材的相反侧的面上具有保护膜的气体阻隔膜，所述保护膜具有黏合层、以此黏合层配设于所述基材，在将长尺寸状的气体阻隔膜卷绕成卷状时，将相互接触的、所述气体阻隔层的表面与所述保护膜的表面的算术平均粗糙度分别设为Ra_1及Ra_2时，该Ra_2的值为该Ra_1的值的3倍以上，所述长尺寸状的气体阻隔膜的总厚为60 μm以上	抑制气体阻隔层的表面或保护膜的表面的带电，其结果能够抑制异物附着于膜，进而抑制气体阻隔膜的劣化

续表

序号	参数类型	权利要求	解决的技术问题
示例2	手段参数	一种在25℃下具有储能模量 G't 25 的分层结构,该分层结构包括:a)固化的聚合物复合材料,该聚合物复合材料在25℃下具有储能模量 G's 25;和 b)结合在其上的固化的表面膜;其中 G't 25 不高于 G's 25 的118%。	具有表面膜的固化复合材料物的抗微裂纹性能
示例3	目标参数	双轴向取向的单层或多层的多孔薄膜,它包含至少一个多孔层,并且所述多孔层包含至少一种丙烯聚合物,(i)所述多孔薄膜的孔隙度为30%~80%,和(ii)所述多孔薄膜的渗透性≤800 s(Gurley值),和(iii)纵向上的弹性模量≥300 N/mm²,和(iv)横向上的弹性模量≥300 N/mm²,和(v)密度为至少0.35 g/cm³,和(vi)静态耐击穿性为至少0.3 N/μm,和(vii)厚度为10~150 μm	一方面满足了对高孔隙度和极低厚度的要求,另一方面也具有出色的机械性能,特别是耐击穿性
示例4	目标参数	多层聚合物膜,所述膜包含:一个或多个熔体流动速率为0.5~10 MFR 的均聚聚丙烯的结构层,一个或多个熔体流动速率为0.5~10 MFR 的无规共聚聚丙烯的结构层……其中所述多层聚合物膜具有根据 ASTM D882 测量为大于400%的断裂伸长率;根据 ASTM D7192 测量为大于7 lb 的穿刺强度;根据 ASTM D3420 测量为大于800 mJ 的 Spencer 冲击强度;低于或等于120℃的密封起始温度;根据 ASTM F88-07a 测量为100~2000 gf/in 的密封强度和大于30℃的密封窗口	具有与传统聚乙烯的密封结构相当的密封性能,且具有改进的性能,如提高的光学性能(高透明度/低雾度),改善的成型性以及机械性能

二、手段参数和目标参数在新颖性和创造性的审查中的异同

《专利审查指南》第二部分第三章第3.2.5节对于包含性能、参数的产品权利要求的审查有如下规定:"应当考虑权利要求中的性能、参数特征是否隐含了要求保护的产品具有某种特定结构和/或组成。"如果隐含了区别于对比文件产品的结构和/或组成,则该权利要求具备新颖性。如果所属技术领域的技术人员根据该性能、参数无法将要求保护的产品与对比文件产品区分开,则可推定要求保护的产品与对比文件产品相同,权利要求则不具备新颖性,除非申请人能够根据申请文件或现有技术证明权利要求中包含性能、参数特

征的产品与对比文件产品在结构和/或组成上不同。上述基准同样适用于创造性判断中对该类技术特征是否相同的对比判断。

根据《专利审查指南》第二部分第十章第 5.3 节的规定，对于用物理化学参数表征的化学产品权利要求，如果无法依据所记载的参数对由该参数表征的产品与对比文件公开的产品进行比较，那么不能确定采用该参数表征的产品权利要求不具备新颖性。

（一）以手段参数为主要发明点的技术方案的新颖性和创造性的审查

1. 手段参数新颖性的审查

手段参数的新颖性审查，根据上述示例 1 和 2 分析可知，权利要求所限定的参数并不是发明要解决的技术问题，因此，在新颖性的推定审查中，除了审查其他特征是否被公开之外，还需要核查对比文件中是否公开了获得该参数手段相应的本源手段。如果对比文件公开了相应手段，则可以采用该对比文件来推定新颖性。可见，在推定新颖性的审查过程中重点关注的是如何实现该参数，关于这一点在前文已经有详细的说明，在此不再赘述。

2. 手段参数创造性的审查

虽然《专利审查指南》中规定了推定的标准同样适用于创造性判断中对该类技术特征是否相同的对比判断，但是当该手段参数构成区别时，上述新颖性和创造性的推定均不再适用。然而在创造性的显而易见性的判断中，《专利审查指南》有如下规定："判断过程中，要确定的是现有技术整体上是否存在某种技术启示，即现有技术中是否给出将上述区别特征应用到该最接近的现有技术以解决其存在的技术问题（即发明实际解决的技术问题）的启示，这种启示会使本领域的技术人员在面对所述技术问题时，有动机改进该最接近的现有技术并获得要求保护的发明。"可见，在寻找对比文件 2 时，审查的重点在于需要寻找相应的手段参数和该手段参数所解决的技术问题与该发明是否相同，而并不在于如何调整得到该手段参数，如果将该手段参数确定成该发明实际解决的技术问题，则会出现形式上的未带入技术手段而实质上带入技术手段的情况，从而容易导致事后诸葛亮，造成创造性审查结论的错误。

如示例 2 中，该发明和对比文件 1 的区别技术特征在于：$G'_t 25$ 不高于 $G'_s 25$ 的 118%。驳回决定中认为：根据不同的应用或使用情况的不同，需要的分层结构的性能不同，本领域技术人员经过有限的常规实验便能得出 G'_t

25 不高于 G's 25 的 118% 的数据，这属于对分层结构的储能模量的常规性设置。储能模量是本领域常用的表征材料变形后的回弹指标，换句话说，就是该发明的分层结构采用的固化的表面膜的柔性较好。而根据实际应用或使用情况的不同，当需要更为柔软的分层结构时，本领域技术人员完全能够想到采用更为柔软的固化表面膜。而合议组则认为：首先，上述区别技术特征实际要解决的技术问题是避免分层结构形成微裂纹，对比文件1所要解决的技术问题是降低黏合剂的吸湿性，提供高性能的黏合连接结构，因此，其没有给出利用 G't 25 和 G's 25 的特定数量关系来解决避免分层结构形成微裂纹这一技术问题的技术启示；此外，对于本领域技术人员来说，越柔软的膜，其形成微裂纹的可能性越小，这是本领域的公知常识，但是并没有证据证明 G't 25 和 G's 25 之间的定量关系对分层结构形成微裂纹的影响是本领域的公知常识。而驳回决定和复审决定结果相反的根本原因就在于，驳回决定分析的逻辑是得到该发明所要求保护的参数是显而易见的，而忽视了该参数本身实际上是解决技术问题的手段，其最终要解决的技术问题是避免分层结构形成微裂纹。如果并没有证据表明 G't 25 和 G's 25 之间的定量关系对分层结构形成微裂纹的影响的情况下，并不能得出该发明不具备创造性的决定。

（二）以目标参数为主要发明点的技术方案的新颖性和创造性的审查

对于目标参数的新颖性和创造性审查，如上述示例3和4所述，权利要求限定的参数本身和发明所要解决的技术问题是一致的，因此在审查过程中的重点在于如何达到该参数。目标参数的新颖性推定与手段参数的新颖性推定类似，在此不再赘述。而对于目标参数限定的产品权利要求的审查，则需要重点关注说明书中相应的手段和目标参数的对应关系。

如示例3中，权利要求中限定"静态耐击穿性为至少为 $0.3\ N/\mu m$"，其而根据该发明说明书中的记载，通过将热定型期间的温度和时间控制在特定的范围内，可以明显改善聚烯烃隔膜的耐击穿性。因此，在体系与之类似的情况下，如果对比文件公开了温度和时间，则可以推定对比文件也有相应的耐击穿性。但是如果现有技术中并没有公开热处理的温度和时间与耐击穿性之间的关系，若后续申请人修改后避开了对比文件公开的热处理温度和时间，则应该认可其创造性。

(三)手段参数和目标参数审查的异同点比较

前文通过示例对新颖性和创造性的审查做了分析,通过以上分析可以归纳出如表 2-3 所示的异同点。

表 2-3　不同参数类型新颖性和创造性审查的异同点

参数类型	新颖性的审查	创造性的审查
手段参数	需要关注达到该参数本身的上一级的手段	需要关注该参数与该发明要解决的技术问题之间的关系 (为什么要控制该参数——WHY)
目标参数	参数本身相对应的就是该发明所要解决的技术问题,需要关注达到该参数本身的上一级的手段	参数本身相对应的就是该发明所要解决的技术问题,需要关注该参数本身和上一级的手段之间的关系 (如何实现该参数——HOW)

可见,不同种类的参数其新颖性和创造性审查有异同点,在审查过程中最重要的是需要分清哪种属于手段参数,哪种属于目标参数,从而得出正确的结论。

尝试性地引入手段参数和目标参数的概念,结合具体的案例说明手段参数和目标参数的区别。手段参数是解决技术问题的技术手段,目标参数是发明所要解决的技术问题。两种参数的新颖性推定思路相同,均是关注达到该参数的上一级的手段。但是两种参数在创造性的审查中却存在很大差异,对于手段参数,需要关注该手段参数与发明所要解决的技术问题的关系;而对于目标参数,需要关注该目标参数与达到该参数的上一级的手段的关系。

第四节　参数限定产品发明推定新颖性与创造性的审查策略选择

前文详细阐述了参数限定的产品权利要求的推定新颖性与创造性的审查思路,在上述不同的事实情形下选择合适的审查策略对于高效结案是非常重要的。前述所归纳的三种推定方式分别为通过参数测试方法之间的关联性推定（方式1）、通过实现该参数的关键控制手段推定（方式2）和通过制备方法推定（方式3）。同时具有能够很好评述创造性的对比文件的情形下，对于方式1和2，优先选择采用创造性的审查策略，而对于方式3则优先使用推定新颖性的审查策略。这主要是因为前两者克服推定新颖性的方式比较容易，而且后续更可能要继续采用创造性进行评述，因此为了减少通知书的次数以及增加对申请人的说服力，优选直接采用创造性的评述方式。具体归纳如表2-4所示。

表2-4 不同推定方式的审查策略选择

推定方式（同时具有创造性对比文件时）	倾向性的审查策略
方式1：通过参数测试方法之间的关联性推定	创造性
方式2：通过实现该参数的关键控制手段推定	创造性
方式3：通过制备方法进行推定	推定新颖性

第五节 参数限定产品发明公开不充分和未以说明书为依据的审查

一、参数限定产品权利要求公开不充分的审查

《专利法》第二十六条第三款中规定："说明书应当对发明或者实用新型作出清楚、完整的说明，以所属技术领域的技术人员能够实现为准。"说明书应当清楚地记载发明的技术方案，详细地描述实现发明的具体实施方式，完整地公开对于理解和实现发明必不可少的技术内容，达到所属技术领域的技术人员能够实现该发明的程度。如果说明书给出了技术手段，但对所属技术领域的技术人员来说，该手段是含糊不清的，根据说明书记载的内容无法具体实施，则其对于发明的描述不完整，将因缺乏解决技术问题的技术手段而被认为无法实现，不符合《专利法》第二十六条第三款的规定。

案例2-4 涉及说明书公开不充分的参数限定

【权利要求】

一种生产多晶硅的方法,所述方法包括将除了氢气之外还包含硅烷和/或至少一种卤代硅烷的反应气体引入气相沉积反应器的反应空间中,其中所述反应空间包括至少一个加热的细丝棒,通过沉积在所述细丝棒上的沉积硅形成多晶硅棒,其中在所述沉积过程中,为了确定硅棒的形态,

——产生所述棒的包括测量面积 A_{max} 的表面的至少一个热成像图像,

——通过图像处理将测量面积 A_{max} 分割为第一面积分数和第二面积分数,其中所述第一面积分数 A_t 对应于与局部平均温度值相比较高的温度 T_t,所述第二面积分数 A_p 对应于与局部平均温度值相比较低的温度 T_p,并且

——根据下式确定形态指数 M:

$$M = (T_t - T_p) \times \frac{(A_t + A_p)}{A_{max}} \times \frac{A_t}{(A_t + A_p)} \qquad (\text{式 I})$$

其中,通过改变选自 U、I、表面温度 T_{OF}、反应气体组成和体积流量的至少一个参数来控制所述沉积,使得 M 值为 0~4,其中 U 为 50~500 V,I 为 500~4500 A,T_{OF} 为 950~1200 ℃,体积流量为 1500~9000 m³/h,进入反应室之前的反应气体包含比例为 50%~90% 的氢气。

【申请事实调查】

说明书中记载了:M 的确定可以整合到用于工艺控制的现有系统中,而无需付出太多努力。使用形态指数 M 进行工艺控制为质量保证和生产率最大化提供了巨大的潜力。特别地,对形态的永久监控和根据形态进行工艺控制使得生产者可以精确地根据客户要求生产多晶硅。M 是无因次指数,多晶硅棒若是裂缝/多孔的,则其值增加。例如,M 值大于 3 的多晶硅棒具有相当一部分的"爆米花"。当 M 值为 0 时,棒具有非常光滑的表面,即非常致密沉积的多晶硅。例如,为了生产 A 型多晶硅,优选控制沉积使得 M 值为 0~0.1。A 型通常非常致密,旨在用于半导体的生产,尤其是用于 CZ 工艺,目的是使无位错晶体产量最大化。为了生产 B 型多晶硅,优选控制沉积使得 M 值为 0.1~1。B 型通常具有中等的致密性,并且特别用于成本优化、坚固的半导体

应用以及使用单晶硅的苛刻太阳能应用（CZ 工艺）。对于使用单晶硅的坚固太阳能应用特别需要的 C 型多晶硅的生产，优选控制沉积使得 M 值为 1～3。C 型不如 B 型致密，更便宜，特别适用于 CZ 工艺中的充电过程。为了生产 D 型多晶硅，优选控制沉积使得 M 值为 3～5。D 型具有高比例的"爆米花"，具有相对裂缝的表面和高孔隙率，特别用于通过定向凝固或块铸生产太阳能应用的多晶硅。M 优选在沉积期间保持基本恒定。特别地，"基本"应理解为相对于 M 的设定值可能出现±0.1 的暂时偏差，该偏差也可以任选地为±0.2。指数 M 的确定可以在整个沉积过程中连续进行，或者在沉积过程中的各个时间点不连续进行，优选以相等的时间间隔进行。优选地连续确定 M，以确保特别精确地控制沉积。M 的确定可以进一步以一定时间间隔离散地进行，其中该时间间隔可以特别地对应于硅棒直径的特定生长。这提供了关于以特定时间间隔生长的硅棒的区域（同心区域）的形态的信息。以一定时间间隔计算 M，要求形成 M 的相应时间积分。

【案例分析】

该发明所要解决的技术问题是如何在沉积过程中控制多晶硅的形态以使多晶硅的生产和加工更加高效，主要是通过实时监控形态指数 M 来调控多晶硅的形态，其中 A 型多晶硅的 M 值为 0～0.1，B 型多晶硅的 M 值为 0.1～1，C 型多晶硅的 M 值为 1～3，D 型多晶硅的 M 值为 3～5。然而，根据上述说明书中的内容可知，仅文字记载了 M 值的大小可以通过改变 U、I、表面温度 T_{OF}、反应气体组成和体积流量的至少一个参数来调控，但说明书中并未给出清楚的说明或详细的示例告知具体如何通过调整上述参数来调控 M 值，虽然说明书中给出了 M 的计算公式，但该公式中也并未包含上述控制参数。可见，该案说明书并未清楚地给出使所属技术领域技术人员能够实施的技术手段，即该技术手段是模糊不清的，本领域技术人员无法依据该模糊的技术手段实施该方案，因此说明书对技术方案的说明不符合《专利法》第二十六条第三款的规定。

二、参数限定产品权利要求未以说明书为依据的审查

对于不支持参数限定的产品权利要求的审查思路，往往借鉴以说明书为依据中关于功能性限定的相关内容。《专利审查指南》规定："对于权利要求

中所包含的功能性限定的技术特征,应当理解为覆盖了所有能够实现所述功能的实施方式。对于含有功能性限定的特征的权利要求,应当审查该功能性限定是否得到说明书的支持。如果权利要求中限定的功能是以说明书实施例中记载的特定方式完成的,并且所属技术领域的技术人员不能明了此功能还可以采用说明书中未提到的其他替代方式来完成,或者所属技术领域的技术人员有充分理由怀疑该功能性限定所包含的一种或几种方式不能解决发明或者实用新型所要解决的技术问题,并达到相同的技术效果,则权利要求中不得采用覆盖了上述其他替代方式或者不能解决发明或实用新型技术问题的方式的功能性限定。此外,如果说明书中仅以含糊的方式描述了其他替代方式也可能适用,但对所属技术领域的技术人员来说,并不清楚这些替代方式是什么或者怎样应用这些替代方式,则权利要求中的功能性限定也是不允许的。"

案例 2-5　涉及没有以说明书为依据的参数限定

【权利要求】

1. 一种经碳组织增强的气凝胶材料,该气凝胶材料具有:
a) 密度为 0.0936~0.15 g/cc;
b) 常温常压下的热导率为 18.5~30 mW/m·K;以及
c) 挠曲强度为 150~264.3 psi。

【申请事实调查】

该发明所要解决的技术问题是:提供一种强度、热导率和密度优异的适合用于航空航天面板的绝缘材料。

采取的技术手段:聚酰亚胺气凝胶可优化以具有特定的物理性质和化学性质,具体地,该发明的气凝胶层可优化以具有挠曲强度、挠曲模量、密度和热导率的特定组合:(a) 密度为 0.20 g/cc 或更低,0.15 g/cc 或更低,或 0.10 g/cc 或更低;(b) 常温常压下的热导率为 30 mW/m·K 或更低,25 mW/m·K 或更低,20 mW/m·K 或更低,或 15 mW/m·K 或更低;(c) 挠曲强度为 150 psi 或更大,200 psi 或更大,或 250 psi 或更大;以及 (d) 挠曲模量为 5000 psi 或更大,20000 psi 或更大,或 40000 psi 或更大。

【案例分析】

该案中的参数类似于功能性限定,是该发明要达到的效果,但在说明书中仅记载了具有特定物理和化学性质的增强聚酰亚胺系气凝胶材料。本领域技术人员知晓，气凝胶材料分为无机气凝胶和有机气凝胶，有机气凝胶又包括碳气凝胶和聚合物气凝胶。无机气凝胶性脆，这一点由该发明说明书附图也能看出：对于同一密度的聚酰亚胺气凝胶和二氧化硅气凝胶，聚酰亚胺气凝胶的强度明显高于二氧化硅气凝胶，说明不同种类的气凝胶性能差异较大；对于同一类的有机气凝胶，不同聚合物形成的有机气凝胶的结构如孔径、比表面积和性质（如密度）也是不同的。

可见，即使采用相同的增强体碳组织对不同前驱体聚合而成的聚合物气凝胶进行增强，所得到的增强气凝胶材料的性能也不可能完全相同，而这种由于形成气凝胶前驱体的不同所导致的增强气凝胶材料的性能差异是本领域技术人员无法预期的。依据该发明文件所记载的内容，本领域技术人员难于预见除该发明所采用的碳组织增强的聚酰亚胺气凝胶以外的所有碳组织增强的其他种类的气凝胶材料均能达到该发明权利要求中所限定的低密度、低热导率以及高挠曲强度的组合。因此，权利要求没有以说明书为依据，不符合《专利法》第二十六条第四款的规定。

本章主要从基本定义，国内外对参数的相关规定，参数限定的产品推定新颖性、创造性、公开不充分和以说明书为依据的审查思路探讨，重点阐述了推定新颖性和创造性的部分。对于推定新颖性，可以通过参数测试手段之间的关联性、实现该参数的关键控制手段以及制备方法推定。通过前述的分析可知，通过制备方法进行推定的方式，申请人比较难以克服；通过测试手段之间的关联性进行推定的次之；而通过实现该参数的关键控制手段进行推定是最好克服的。在实际过程中，可以根据具体案件的情况组合使用各种策略，以使说理方式更加能让申请人信服。在创造性方面，尝试性地引入手段参数和目标参数的概念，结合具体的案例说明手段参数和目标参数的区别。手段参数是解决技术问题的技术手段，目标参数是发明所要解决的技术问题。两种参数的新颖性推定思路相同，均需要关注达到该参数的上一级的手段。但是两种参数在创造性的审查中却存在着很大的差异，对于手段参数，需要关注该手段参数与发明所要解决的技术问题的关系；而对于目标参数，需要关注该目标参数与达到该参数的上一级手段的特征的关系。

第三章
用途限定类案件的审查

在材料领域，经常出现由用途限定的产品发明专利申请权利要求。这类申请涵盖了广泛的应用领域，如化学、环保、能源等。其中，由于材料化学发明领域主要涉及新材料的研发和应用，因此，用途限定的产品权利要求的专利申请尤为常见。例如，用于丙烷氧化脱氢制丙烯的催化剂、用于降解有机污染物的吸附剂、用于电池活性物质的石墨烯、水处理试剂以及除氧剂、除锈剂等。然而，对于用途限定的产品发明专利申请，不同国家和地区在专利保护方面存在不同的观点和做法，不同国家和地区的专利法规对用途限定的产品发明专利申请也有不同的审查标准。一方面，创新主体希望在专利申请中明确产品的应用领域，以保护其创新成果；另一方面，专利审查员需要确保专利申请符合法律规定，兼顾公共利益和社会需求。用途限定的产品发明专利申请在实际审查中，特别是新颖性和创造性审查过程中，也面临一定的难点和争议。因此，有必要对用途限定的产品发明专利申请进行深入的分析和探讨。

第一节 用途限定的概念、特点以及相关规定

一、用途限定产品权利要求的概念

用途限定产品权利要求，顾名思义，是在产品权利要求中明确限定产品

的用途。包含这类权利要求的发明通常采用用途特征对产品权利要求主题名称进行限定，并通过在权利要求中引入用途特征，实现对产品应用领域或应用方向的进一步限定。通过用途限定产品权利要求这种撰写方式，申请人以期进一步强调和明确请求保护的产品的应用领域，以明确界定专利的保护范围，增强专利保护的针对性。

另外，还需要注意区分用途限定产品权利要求与用途权利要求。用途权利要求属于方法权利要求，用于已知产品的新用途发明，这类发明是将已知产品用于新的目的的发明。同时，应当注意从权利要求的撰写措辞上区分用途权利要求和用途限定产品权利要求。例如，"用化合物 X 作为杀虫剂"或者"化合物 X 作为杀虫剂的应用"是用途权利要求，属于方法权利要求；而"用化合物 X 制成的杀虫剂"或者"含化合物 X 的杀虫剂"，则不是用途权利要求，而是用途限定产品权利要求。通过《专利审查指南》的规定可以看出，虽然用途限定产品权利要求和用途权利要求在撰写上存在相似性，但是两者实质的保护范围有所不同。用途限定产品权利要求涉及包含用途特征的产品，实质是保护产品；而用途权利要求则更关注将现有技术的已知产品应用于特定的技术领域，实质上保护产品的应用方法。

综上所述，在实际操作中，要注意区分用途限定产品权利要求和用途权利要求，把握这两类权利要求的区别，撰写出结构清晰、逻辑严谨的权利要求，只有这样才能确保专利保护的范围得以明确，为发明创造提供有效的法律保护。

二、用途限定产品发明的保护范围

对于用途限定的产品权利要求，在确定该产品权利要求的保护范围时，审查中应当如何判断它们对该权利要求的范围所起的限定作用，一直有两种不同的观点。一种观点认为：对产品的保护是绝对保护，既然用途限定的产品权利要求属于产品权利要求，提出要求保护一种新产品，则产品本身应当享有产品专利的绝对保护，其保护范围不应当受到用途特征的限定，即该用途限定对权利要求的保护范围没有限定作用，在新颖性、创造性的审查中不考虑其中的用途限定。显然，这一观点过分关注权利要求的类型，而与现代"保护范围由权利要求书的内容确定"这一原则相悖。另一种观点认为：专利的保护范围由权利要求的内容确定,产品权利要求的主题名称前的用途限定,是对应用领域的限定,既然权利要求中包含了用途限定的技术特征,在确定保护范围时就不能不考虑该用途的限定作用。也就是说,申请人享受的是限定用途的产品保护。那么,应用《专利法》第十一条,就是只有将专利产品用于该限定的用途,制造、使用、许诺销售、销售、进口该专利产品才构成侵权。相应地,在新颖性、创造性的审查中,应当考虑产品的用途特征,并考虑对比文件的技术领域是否相同或相近。

《专利审查指南》第二部分第二章第3.1.1节对于用途限定产品权利要求在确定权利要求范围的考虑原则时指出:"对于主题名称中含有用途限定的产品权利要求,其中的用途限定在确定该产品权利要求的保护范围时应当予以考虑,但其实际的限定作用取决于对所要求保护的产品本身带来何种影响。例如,主题名称为'用于钢水浇铸的模具'的权利要求,其中'用于钢水浇铸'的用途对主题'模具'具有限定作用;对于'一种用于冰块成型的塑料模盒',因其熔点远低于'用于钢水浇铸的模具'的熔点,不可能用于钢水浇铸,故不在上述权利要求的保护范围内。然而,如果'用于……'的限定对所要求保护的产品或设备本身没有带来影响,只是对产品或设备的用途或使用方式的描述,则其对产品或设备是否具有新颖性、创造性的判断不起作用。例如,'用于……的化合物 X',如果其中'用于……'对化合物 X 本身没有带来任何影响,则在判断该化合物 X 是否具有新颖性、创造性时,其中的用途限定不起作用。"

用途特征对产品的限定作用,具体包括以下两种情况。

第一,用途特征是对权利要求已经记载的某个技术特征的进一步限定,即对已有特征的进一步限定。例如,权利要求的主题为"用作血管支架的 X 材料,其成分为……以及不可避免的杂质"。这里作为血管支架的用途会不会对产品产生影响?可以进行如下分析:血管支架是植入人体的,植入人体的产品和日常使用的工业产品相比在某些方面要求是不一样的,植入人体的产品对安全性、杂质的要求更高,对安全性、杂质的要求虽然没有写在权利要求中,但实际上是这个用途所隐含的。假设现有技术有一个日常使用的工业用合金作为对比文件,其限定了 A、B、C、D 等几种杂质,但是发现,其中有几种杂质不可能出现在植入人体的产品中,或者该杂质的量已经高到足以危害人体健康,是国家明令禁止的,那么在这种情况下,用于血管支架的该用途特征实际上对产品的组成有一定的限定作用，这样的限定也足以使其区别于现有技术，这种情况是对权利要求已有特征"杂质"的进一步的限定。即用途特征"用作血管支架"对"杂质"具有进一步的限定作用。

第二，用途特征是对权利要求中没有出现的特征的进一步的限定。例如，用于起重机的吊钩，权利要求只限定了吊钩的形状，用于起重机会对吊钩的尺寸和强度有限定作用，长度不可能是几厘米，其强度也是与鱼竿的吊钩存在较大差异的。再例如，一种主题名称是"用于吸声的材料"，其成分为A、B、C。要用于吸声，肯定是要有一定孔隙的材料，而不是非常平滑的材料，对于该权利要求，用于吸声在密度或孔结构上对权利要求做了进一步的限定，但密度或孔结构并没有明确地体现在权利要求所记载的文字中，则该用途特征是对权利要求其他未提及的特征做了进一步的限定。

三、国外对用途限定产品的相关规定

随着全球经济一体化的深入发展，各个国家和地区的专利制度的实践亦日趋国际化，在专利审查与司法保护层面呈现出越来越多的相互影响与借鉴态势。然而，各个国家和地区的专利制度间仍存在着差异。针对用途限定产品发明这一问题，各个国家和地区采取了不同的做法。例如，德国、欧盟等国家和地区在药物发明产品权利要求中并不强制要求限定用途；而中国、日本等国家则将药物的用途视为药物产品权利要求的必要组成部分。以下就美国、日本和欧洲对用途限定产品的相关规定进行详细介绍。

（一）美国专利商标局的相关规定

"用于……的产品"和"用于……的装置"等用语属于权利要求的前序部分，而美国专利商标局《专利审查操作指南》第2100章可专利性部分指出，权利要求前序部分必须在整个权利要求的内容中解读。要确定权利要求前序部分是对结构的限定还是仅对目的或用途的说明。如果权利要求的主体完全地、本质上列出了要求保护的发明的所有限定，前序部分仅表述该发明的目的或预期用途，而不是限定发明的任何区别性定义，则不认为前序部分具有限定作用，并且对权利要求的解释没有意义。美国专利商标局认为，应当评价产品权利要求中的用途限定，以确定其是否导致要求保护的发明与已知产品之间存在结构上的差异。若已知产品已经公开了权利要求限定的所有结构，用途限定并未对结构进一步限定，则已知产品破坏该权利要求的新颖性。此外，《专利审查操作指南》指出，基于已知结构的未知性质发现了已知结构的新用途时，发现者可以获得作为用途的方法的专利。然而，当权利要求的表述使用了已知组合物或已知结构，并且用途是上述组合物或结构所指向的结果或性质时，则该权利要求是可预期的。

（二）日本特许厅的相关规定

对于用途限定的产品权利要求，日本特许厅规定应当对背景技术、发明内容、具体实施方式和附图进行整体考虑，以确定该用途对产品的限定作用。即使该产品与现有技术的所有技术特征中仅存在用途的区别，如果该用途特征导致产品的结构或组成不同，则该用途限定被考虑，该产品权利要求具备新颖性；如果通过说明书的理解不能得出该产品尤其适合于该用途，认为该用途对产品没有限定意义，则该用途限定不被考虑，该产品权利要求不具备新颖性；如果该用途与现有技术中该产品用途的记载仅存在表述上的区别，通过现有技术可以确定两者在用途方面没有区别，则该用途限定亦不被考虑，该产品权利要求不具备新颖性。对于化合物采用用途限定的情形，例如"用作Y的化合物Z"，用途限定通常仅表明化合物的固有性质，因而权利要求应被理解为不带有用途限定的化合物本身，如化合物Z；这种情形也适用于微生物。

值得注意的是，日本特许厅对于此类权利要求还作出了特殊规定：对于已知产品，发现了该产品的新性质，从而发现该产品由于新性质存在而适合于新的用途时，那么此时采用用途限定的产品发明可以被视为用途发明，即使产品本身是已知的，该发明也能作为用途发明而具有新颖性。该特殊规定通常适用于通过产品的结构或名称难以了解如何使用该产品的领域（如包含化学物质的组合物），但不适用于机械、装置、工件和设备，因为这些产品通常有固定的用途。然而，即使发现了未知性质，如果通过考量申请日前的现有技术，认为其不能为该产品提供新的用途，则该产品不具有新颖性。

（三）欧洲专利局的相关规定

欧洲专利局规定，对于用途限定的产品权利要求，如果用途没有带来与已知产品有所区别的特征，则该用途限定不被考虑；然而，对于区别特征，即使没有明确指出而只是通过特定用途来暗示，也应当被考虑。用于特定用途的物质或组合物权利要求应被理解为该物质或组合物适合该用途；如果已知产品与权利要求中限定的物质或组合物相同，但是其形态致使它不适合于所述用途，则不能破坏权利要求的新颖性；如果已知产品的形态适合于所述用途，即使该用途未被公开，也破坏了权利要求的新颖性。对于涉及物理实体的权利要求，作为具体预期用途的非独有特征不予考虑，例如，用作催化剂的物质 X 相对于已知用作染料的物质 X 不具有新颖性，除非涉及的用途意味着该物质的特定形态（如某种添加剂的存在）不同于该物质的已知形态。同时还应注意《欧洲专利局审查指南》第 54 条（4）和（5）规定的只有绝对的新产品才能获得产品权利要求的专利这一普遍原则的例外，不排除第 53 条（c）提及的用于医药用途的、包含在现有技术中的任何物质或组合物的可专利性，只要医药用途未包含在现有技术中。此外，第 53 条（c）关于"医药用途"限定的产品的特殊规定，尽管欧洲专利局禁止对疾病的治疗和诊断方法授权，但是该禁止不涉及用于这些方法的产品，尤其是物质或组合物。也就是说，对于采用医药用途限定的物质或组合物，如果该医药用途是新颖的，那么该产品就是新颖的。

此外，欧洲专利局扩大申诉委员会于 2010 年 2 月 19 日作出决定，今后不再承认瑞士型权利要求的合理性（如"化合物 X 在制备治疗疾病 A 的药物中的应用"）。该委员会表示，根据修订后的《欧洲专利局审查指南》第 54 条（5），在第 54 条（4）中提到用于第 53 条（c）所指方法中特殊使用的物质或合成物符合可专利性权利要求，只要该使用具有新颖性，如"合成物 Y 用于 Z 的治疗"。在这种权利要求中，合成物 Y 是一种已知药剂，并不专门用于治疗 Z。可见，欧洲专利局不排除与用途相关的产品取得专利的可能性，从而已为已知药物的第二种或其他特殊医学用途给予了可专利性的保护。

同样，欧洲专利局也不认为机械等物理实体产品的新用途限定能使该权利要求具备新颖性，这一观点与日本特许厅相同。

四、小结

前文探讨中国与国外关于用途限定产品发明的规定，可以发现，各个国家和地区之间存在的差异。表 3-1 对部分国家和地区在用途限定产品发明方面的规定进行了对比。

表 3-1 用途限定产品发明相关规定对比

国家和地区	相关规定	具体适用	与中国的相关规定相比
中国	对于主题名称中含有用途限定的产品权利要求,其中的用途限定在确定该产品权利要求的保护范围时应当予以考虑,但其实际的限定作用取决于对所要求保护的产品本身带来何种影响	需进一步判断用途特征是否隐含了所要求保护的产品具有某种特殊的结构和/或组成。若是,则需考虑用途特征;若否,则无须考虑用途特征	—
美国	权利要求前序部分必须在整个权利要求的内容中解读。确定权利要求前序部分是对结构的限定还是仅对目的或用途的说明	应评价产品权利要求中的用途限定,以确定其是否导致要求保护的发明与已知产品之间存在结构上的差异。若已知产品已公开权利要求限定的所有结构,用途限定并未限定结构,则无须考虑。反之,则需考虑	无差异
日本	应当对背景技术、发明内容、具体实施方式和附图进行整体考虑以确定该用途对产品的限定作用	如果用途特征导致产品的结构或组成不同,则该用途限定被考虑。如果不能得出该产品尤其适合于该用途,认为该用途对产品没有限定意义,则该用途限定不被考虑	对于已知产品,发现了该产品的新性质,从而发现该产品由于新性质存在而适合于新的用途时,此时采用用途限定的产品发明可以作为用途发明。但上述规定不适用于机械、装置、工件和设备
欧洲	对于用途限定的产品权利要求,如果用途没有带来与已知产品有所区别的特征,则该用途限定不被考虑;然而,对于区别特征,即使没有明确指出而只是通过特定用途来暗示,也应当被考虑。用于特定用途的物质或组合物权利要求应被理解为该物质或组合物适合该用途	如果已知产品与权利要求中限定的物质或组合物相同,但是其形态致使它不适合于所述用途,则不能破坏权利要求的新颖性;如果已知产品的形态适合于所述用途,即使该用途未被公开,也破坏了权利要求的新颖性	采用医药用途限定的物质或组合物,如果该医药用途是新颖的,那么该产品就是新颖的。但不认为机械等物理实体产品的新用途限定能使权利要求具备新颖性

从上述内容可以看出，尽管关于用途限定的产品权利要求的相关规定在文字表述上存在差异，但是中国与美国、日本、欧洲的共同点在于均需要考虑用途特征，并基于用途特征对产品结构是否存在限定作用，进一步判断用途特征对权利要求保护范围是否存在限定作用，从而确定是否需要考虑用途特征。此外，中国与美国相比无明显差异，而欧洲与日本均对医药或化学等特定领域作出了特殊规定，认为对于医药或化学领域，如用途限定的产品权利要求是基于产品的新性质或新的医药用途，则用途限定具有限定作用，需要在确定权利要求保护范围时予以考虑，若现有技术未公开用途特征，则具备新颖性。欧洲与日本也否定了上述特殊规定在机械领域的适用。

第二节　用途限定产品发明的新颖性审查思路探讨

通过对我国专利制度的简析和国内外对用途限定产品发明的不同要求，可以看出，用途限定产品发明权利要求的形式，具有其特殊性和必要性，是当今专利制度中必不可少的一类权利要求。以下将主要以我国的专利行政审查和司法实践中的思路，对用途限定产品发明进行分析、研究。

《专利审查指南》第二部分第三章第3.2.5节"包括性能、参数、用途或者制备方法等特征的产品权利要求"中指出，对于包含用途特征的产品权利要求，"应当考虑权利要求中的用途特征是否隐含了要求保护的产品具有某种特定结构和/或组成。如果该用途由产品本身固有的特性决定，而且用途特征没有隐含产品在结构和/或组成上发生改变，则该用途特征限定的产品权利要求相对于对比文件的产品不具有新颖性……但是，如果该用途隐含了产品具有特定的结构和/或组成，即该用途表明产品结构和/或组成发生改变，则该用途作为产品的结构和/或组成的限定特征必须予以考虑"。

《专利审查指南》第二部分第十章关于化学领域发明专利申请审查的若干规定部分，第5.4节"化学产品用途发明的新颖性"中指出："一种已知产品不能因为提出了某一新的应用而被认为是一种新的产品。例如，产品X作为洗涤剂是已知的，那么一种用作增塑剂的产品X不具有新颖性。"

从《专利审查指南》的上述规定可看出，在判断用途特征限定的产品权利要求中,应当考虑用途特征,并判断用途特征是否隐含了产品具有特定的结构和/或组成。因此,对于用途限定的产品权利要求,在专利审查过程中不能认为用途特征对产品均没有限定作用,而是应该站位本领域技术人员客观分析用途特征对产品结构和/或组成的影响。

一、用途未隐含产品具有特定的结构和/或组成

案例 3-1　用途未隐含产品具有特定的结构和/或组成(一)

【权利要求】

1. 一种用于蒽醌氢化制过氧化氢的催化剂,其特征在于载体为 γ-氧化铝,活性组分为 0.2 wt% ~0.4 wt% 的 Pd。

【申请事实调查】

该案权利要求 1 涉及一种用于蒽醌氢化制过氧化氢的催化剂,根据申请文件记载,现有的用于蒽醌加氢制备过氧化氢的催化剂存在催化活性和选择性差、催化剂金属钯的负载量大、成本较高等问题。因此,需要研究开发一种蒽醌加氢制备过氧化氢的催化剂,其催化活性和选择性高、结构稳定,可以重复利用,且成本较低。

【现有技术】

检索到一篇对比文件 1,其公开了一种烃氧化催化剂,催化剂具体为负载有 0.25 wt% 贵金属钯的 γ-氧化铝载体。

【案例分析】

将该案请求保护的权利要求 1 与对比文件 1 进行对比,可知该案和对比文件 1 的催化剂载体和活性组分均相同,且对比文件 1 的活性组分含量落入权利要求 1 的含量范围内,两者的区别仅在于催化剂的用途不同。该案的催化剂用于蒽醌氢化制备过氧化氢催化剂,对比文件 1 的催化剂用于烃氧化催化剂。

该案权利要求 1 请求保护的是用途限定的催化剂产品,需要进一步判断用途限定是否隐含了产品具有特定的结构和/或组成。然而在催化领域,同一催化剂通常可以用于催化多种化学反应,也就是说,一种催化剂可能存在多种用途,能够用于催化多种不同的化学反应。基于此,本领域技术人员可以

合理判断权利要求1涉及的"用于蒽醌氢化制备过氧化氢"这一用途特征是由催化剂产品本身的物理化学性质所带来的,并没有隐含催化剂具有特定的结构和/或组成。即权利要求1请求保护的催化剂产品与对比文件1所公开的催化剂产品相同。因此,可以得出该案权利要求1要求保护的技术方案相对于对比文件1不具备新颖性。

案例3-2　用途未隐含产品具有特定的结构和/或组成（二）

【权利要求】

1. 一种人工关节用合金,其成分按重量百分比为：Ni 35%～65%、Co 15%～30%、Cr 15%～30%、Ti 0.0%～5.5%、Mo 0.0%～6.0%、Nb 0.0%～6.0%、Fe 0.0%～5.5%、C 0.0%～1.0%；该合金的晶体结构均为稳定的立方奥氏体晶体结构。

【申请事实调查】

该案权利要求1涉及一种人工关节新型合金。该合金与现有钴基人工关节合金相比,大幅度降低了钴的含量,提高了镍的含量,获得了稳定的、无磁性的面心立方奥氏体晶体结构。现有的人工关节合金虽然有的也是这种晶体结构,但是不稳定,在加工成为人工关节最终产品的时候,会转变为有磁性的体心立方马氏体晶体结构或者两相共存,考虑到镍元素的单质体只有一种可能存在的面心立方晶体结构,在合金中有强烈的FCC晶体结构促进作用,而钴元素的单质体是面心立方和体心立方两种可能存在的晶体结构,使得其形成的合金的晶体结构具有不稳定性。因此,该案设计出一种完全无磁和稳定无磁的符合植入人体各项要求的合金。该合金因为有镍元素的加入,合金生产成本和生产难度降低,合格率提高,最终使人工关节生产成本降低。该合金的所有元素都是在现有人工关节合金中早有应用的,因此,可用于医用植入物。

【现有技术】

为了提供容易朝廷结晶控制的Co-Ni基合金以及Co-Ni基合金的结晶控制方法,对比文件1公开了一种Co-Ni基合金,其组成以质量比计含有28%～42%Co、10%～27%Cr、3%～12%Mo、15%～40%Ni、0.1%～1%Ti、0.0%～1.5%Mn、0.1%～26%Fe、0.1%以下C以及不可避免的杂质,同时含有选自由3%以下的Nb、5%以下的W、0.5%以下的Al、0.1%以下的Zr、

0.01%以下的 B 组成的组中的至少一种；并且该合金的晶体结构为稳定的面心立方奥氏体晶体结构。该 Co-Ni 基合金在硬度以及拉伸强度等机械特性方面表现优异。

【案例分析】

权利要求 1 要求保护一种人工关节用合金，在主题名称中限定了用途特征"人工关节用"，即用于人工关节；特征部分采用开放式撰写方式，进一步限定了合金的成分、含量以及组织结构。由于权利要求 1 采用了开放的撰写方式，并未排除对比文件 1 中其他组分，如 W、Al、Zr 等，并且在对比文件 1 上述组分的含量下限均可以取零点。因此，将权利要求 1 请求保护的技术方案与对比文件 1 进行比较可知，对比文件 1 公开了合金的组成、含量以及组织结构等技术特征，唯一的区别在于用途特征。对于用途特征，通常限定了合金应具有满足用途要求的性能，而合金的性能是由组成和结构所限定的。当合金的组成和结构完全相同时，可以推定合金可用于相同的用途。对于该案，由于对比文件 1 的 Co-Ni 基合金同时公开了权利要求 1 合金的组成和结构，因此，在此案例中，用途限定"用于人工关节"同样并未隐含产品具体特定的结构和/或组成。权利要求 1 请求保护的技术方案相对于对比文件 1 不具备《专利法》第二十二条第二款规定的新颖性。

此外，需要进一步说明的是，由于权利要求 1 限定了合金的用途是用于人工关节，本领域人员知晓用于人工关节的合金一般要求无磁性且无毒性。因此，尽管权利要求 1 采用开放式撰写，也不能认为其包含除权利要求 1 限定范围外的其他任意元素，因为上述用途特征已经隐含了上述合金排除了具有磁性以及毒性的元素种类。例如，假设上述对比文件 1 所公开的合金组成中还包括有毒元素铊（Tl），而有毒元素铊属于权利要求 1 所记载的用途限定"人工关节用"所明显排除的范围，因此，权利要求 1 相对于对比文件 1 具备新颖性。

又如，假设上述对比文件 1 所公开的合金组成中还包括 0.05%~0.1% 铅（Pb）。尽管铅属于有毒元素，但其含量需要在一定范围以上才会无法用于人体，对比文件 1 中铅含量位于较低范围，这种情况下难以界定对比文件 1 的合金能否用于人工关节，即本领域技术人员无法判断用途特征能否将权利要求 1 请求保护的合金产品与对比文件 1 区分开。此种情况下，可先推定权利要求 1 请求保护的技术方案相对于对比文件 1 不具备新颖性，后续将举证责任交给申请人，通过与申请人进一步就用途特征的限定作用进行交流沟通，明确案件走向。

二、用途隐含产品具有特定的结构和/或组成

案例3-3　用途隐含产品具有特定的结构和/或组成

【权利要求】

1. 一种高温烃类蒸汽转化催化剂，包括载体、活性组分和助剂，其特征在于：以镍为活性组分，以氧化铝为载体，以稀土金属的氧化物和/或碱土金属的氧化物为促进剂，以氢氧化钾和氢氧化钙的混合物为抗碳剂；其中，以NiO计，催化剂中活性组分含量为6 wt%～20 wt%；催化剂中促进剂的含量为0.6 wt%～12 wt%；其余为复合载体和抗碳剂，其中复合载体和抗碳剂的质量比为1.0∶1～3.6∶1。

【申请事实调查】

该案涉及一种烃类蒸汽转化催化剂及其制备方法。氢气逐渐成为世界主要工业原料和重要的工业气体，广泛应用于石油化工、电子工业、冶金工业、食品加工、航空航天等领域，其中用量最大的是石油化工工业。目前，工业上大规模制取氢气的方法主要有烃类蒸汽转化制氢、煤气化制氢等，而由于煤炭资源的区域性限制，现阶段烃类蒸汽转化制氢工艺在我国制氢装置中明显占据了主导地位。转化催化剂是烃类蒸汽转化制氢装置的核心，生产过程中，各种操作条件的变化最终都体现在对转化催化剂的影响上，进而影响装置的正常运行。因此，优良的转化催化剂不仅要具有较高的机械强度和热稳定性、适宜的转化活性，还要具有良好的抗积碳性能和还原再生性能。

为了解决现有蒸汽转化催化剂抗碳性能和活性稳定性能的不足，该发明研发了一种抗碳性能好、活性稳定性高的蒸汽转化催化剂。该发明的烃类蒸汽转化催化剂，包括载体、活性组分和助剂，其以镍为活性组分，以氧化铝、氧化锆为复合氧化物载体，以稀土金属的氧化物和/或碱土金属的氧化物为促进剂，以氢氧化钾和氢氧化钙的混合物为抗碳剂。该发明的催化剂采用了氢氧化钾和氢氧化钙生成的复合钾盐作为抗碳组分，减少钾流失，其抗碳性能高于工业催化剂的抗碳性能。该发明的催化剂具有高抗积碳性、高活性和良

好的物化性能，机械强度好，催化剂的孔向破碎强度可达 300 N/颗以上。与工业催化剂相比，该催化剂能够在系统压力为 3.0 MPa、碳空速为 6000 h^{-1}，H_2O 和 C 的摩尔比为 2.0、床层入口温度为 480 ℃、床层出口温度为 750 ℃时，具有更好的活性和稳定性。

【现有技术】

对比文件 1 公开了一种用于加氢脱硫的催化剂，包括载体、活性组分和助剂，其特征在于：以镍为活性组分，以 γ-氧化铝为载体，同时还包括助剂 1——稀土金属的氧化物和/或碱土金属的氧化物，以及助剂 2——氢氧化钾和氢氧化钙的混合物，且催化剂的组分含量比例均落入权利要求 1 的保护范围内。

【案例分析】

该案中，权利要求 1 请求保护一种高温烃类蒸汽转化催化剂。权利要求 1 的催化剂与对比文件 1 相比，除了用途特征不同之外，催化剂组成还存在不同的技术特征：权利要求 1 限定了载体为氧化铝，对比文件 1 载体则为 γ-氧化铝。针对载体的不同，依据新颖性判断原则，由于 γ-氧化铝是氧化铝的下位概念，下位概念公开上位概念，破坏了包含上位概念的技术方案的新颖性。因此，如果暂时不考虑用途特征，首先判断催化剂产品的组成和结构是否相同，很容易得出结论：该申请的产品不具备新颖性。但对于包括用途特征的产品权利要求，还应当考虑用途特征对产品的实际限定作用。

具体到该案，本领域技术人员知晓，对于烃类蒸汽转化催化剂，通常其用于烃类蒸汽转化反应的使用温度是 1000 ℃ 左右，甚至是更高的温度。然而对于 γ-氧化铝而言，其在 1000 ℃ 以上会发生晶型转变，热稳定性差，并不适用于反应温度在 1000 ℃ 以上的烃类蒸汽转化反应。因此，本领域技术人员基于上述技术知识，可以确定烃类蒸汽转化这一用途特征的限定实质上排除了催化剂的载体为 γ-氧化铝的技术方案，即权利要求 1 所限定的氧化铝应理解为非 γ-氧化铝的其他类型氧化铝，如 θ-氧化铝或 α-氧化铝。即该用途特征对该催化剂的高温热稳定性提出要求，从而进一步隐含了催化剂的组成存在不同，基于此，也就将权利要求 1 的催化剂产品与对比文件 1 的催化剂产品区分开。因此，权利要求 1 的用途特征对于产品带来了实际限定作用，隐含了催化剂产品中的载体是具有高温稳定性的载体，该用途特征限定的产品相对于对比文件 1 具备新颖性。

从该案可以看出，对于包含用途特征的产品权利要求，实际审查中的难点在于判断用途特征是否隐含了产品具有某种特定的结构和/或组成。而想要对用途特征进行正确判断，则必须站位本领域技术人员，依赖于扎实的本领域普通技术知识，如果不知晓烃类蒸汽转化反应条件，不知晓γ-氧化铝在1000℃以上会发生晶型转变、热稳定性差、不适用于烃类蒸汽转化反应这一本领域的普通技术知识，就会得出截然相反的结论。

第三节　用途限定产品发明的创造性审查思路探讨

《专利审查指南》中并未在第二部分第四章创造性部分就用途限定产品权利要求的创造性审查给出具体审查标准，但在第二部分第二章第3.1.1节涉及用途限定产品发明的创造性判断，并指出需要考虑或判断用途限定对产品或设备本身是否有限定作用。第二部分第三章新颖性部分第3.2.5节"包括性能、参数、用途或者制备方法等特征的产品权利要求"中的判断原则指出："上述第3.2.1至3.2.5节中的基准同样适用于创造性判断中对该类技术特征是否相同的对比判断。"

然而，相对于新颖性审查而言，用途限定产品发明的创造性审查情况更为复杂，对于用途限定产品发明的创造性审查一般存在如下四种情形。

第一种情形是对比文件已经公开了相同的用途，用途特征未构成区别特征。

第二种情形是虽然用途特征构成区别特征，但对比文件已经公开了相似或相近的用途。

第三种情形是对比文件未公开用途，但由于用途特征未隐含产品具有特定的结构和/或组成，因此无需将用途特征列为区别特征。

第四种情形是对比文件未公开用途，并且用途特征隐含了产品具体特定的结构和/或组成，或者用途特征与其他区别技术特征具有相关性，因此，应当将用途特征列为区别特征。

对于第一种情形，由于对比文件公开的产品的用途与申请完全相同，用途特征未构成区别，因此无需考虑用途特征对于产品的实际限定作用，按照

"三步法"进行常规创造性评述即可,在此不再赘述。下面将针对其他三种情形,进一步进行讨论分析。

一、对比文件已公开相似或相近用途

案例3-4 用途特征构成区别特征,对比文件已公开相似或相近用途

【权利要求】

1. 一种异丁烷脱氢制异丁烯的催化剂,以催化剂重量分数计,包括以下组分:a) 0.1%~0.5% Pt 或其氧化物;b) 0.1%~5% Sn 或其氧化物;c) 90%~99% 复合氧化物 M1-M2-Al-O 载体,M1 选自 IIA 和 VIIB 元素的混合物、M2 选自镧系元素的至少一种。

【申请事实调查】

该案涉及一种异丁烷脱氢制异丁烯的催化剂。异丁烯醚化生产的甲基叔丁基醚(MTBE)作为低污染和高辛烷值汽油添加剂,已成为世界上发展最快的大宗化工产品,异丁烯需求与日俱增。因此,利用异丁烷脱氢生产异丁烯工艺在丙烷、异丁烷资源丰富的地区备受青睐。由于热力学因素的限制,异丁烷脱氢催化反应都在高温下进行,催化剂积炭失活严重,开发高活性、高选择性和高稳定性的催化剂成为该技术的关键。该发明所要解决的是现有技术中异丁烷脱氢催化剂活性较低的技术问题。采用 M1-M2-Al-O 为载体负载 Pt-Sn 催化剂改进了催化剂的性能,提供一种高活性的异丁烷脱氢制异丁烯催化剂。

【现有技术】

对比文件1公开了一种用于低碳烷烃脱氢制低碳烯烃的催化剂,催化剂载体为 $Mg_{0.6}Mn_{0.4}La_{0.3}Al_{1.7}O_x$,活性组分为 0.5% Pt,助剂为 8% Sn。采用该方法得到的催化剂在 550 ℃、常压、丙烷质量空速 $4.6\ h^{-1}$、$H_2O:C_3H_8$ 为 8:1 的条件下使用,初始转化率高于 50%,选择性稳定,高于 94%,具有优异的催化活性以及选择性。

【案例分析】

该案权利要求1请求保护一种异丁烷脱氢制异丁烯的催化剂,对比文件1公开了一种用于低碳烷烃脱氢制低碳烯烃的催化剂,并且其说明书中记载了应用于丙烷脱氢制丙烯的具体实施方式。将该案权利要求1请求保护的技术

方案与对比文件1进行比较可知，区别技术特征在于助剂Sn的含量以及催化剂的用途具体为异丁烷脱氢制异丁烯。对于催化剂用途的差异，本领域技术人员知晓异丁烷属于本领域常见的低碳烷烃，异丁烷脱氢与低碳烷烃脱氢属于相近技术领域，并且对比文件1采用类似的低碳烷烃脱氢催化剂同样提高了催化剂的活性和选择性，基于此，本领域技术人员容易想到将对比文件1的低碳烷烃脱氢催化剂应用于异丁烷脱氢制异丁烯，并预期能够提高异丁烷脱氢反应的催化活性和选择性。

此外，对于除用途特征外的其他区别技术特征，本领域技术人员知晓助剂Sn是低碳烷烃脱氢领域常见的助剂，其含量本领域技术人员为改善低碳烷烃脱氢催化效果通过常规试验调节后即可获得。无论是该申请的异丁烷脱氢技术领域，还是对比文件1的低碳烷烃脱氢技术领域均是相同的。同时，无论是基于本领域常规技术知识，还是该申请的说明书记载，均没有证据证明该案权利要求1所限定的助剂Sn含量是异丁烷脱氢技术领域所专用，会使之区别于对比文件1的低碳烷烃脱氢技术领域。因此，助剂Sn的含量属于本领域公知常识。基于此，该案权利要求1不具备创造性。

基于该案可以看出，对于用途特征构成区别，但对比文件的用途与本申请属于相似或相近技术领域，并且除用途之外的其他区别技术特征与上述用途的差异不存在相关性（即上述用途的差异并非其他区别技术特征带来的），在创造性评述中，建议将用途特征列为区别技术特征，从技术领域的相似或相近性进行评述，在此基础上进行创造性判断。

二、对比文件未公开用途，但用途特征未隐含结构和/或组成区别

案例3-5 未公开用途特征，但其未隐含产品具有特定的结构和/或组成

【权利要求】

1. 一种制备环己烷二甲酸二甲酯的催化剂，其特征在于：催化剂由主活性组分金属钯、助剂金属锡和载体氧化铝三部分组成，组分及重量百分比如下：

金属钯 0.1%~10%，

助剂金属锡 0.01%~2.0%，

余量为载体 γ-氧化铝。

【申请事实调查】

该案涉及一种对苯二甲酸二甲酯加氢制备1,4-环己烷二甲酸二甲酯的催化剂。1,4-环己烷二甲酸二甲酯工业规模的生产均由对苯二甲酸二甲酯催化加氢制得，通常采用钯、钌、镍等负载型催化剂。现有技术有用对苯二甲酸二甲酯作原料制备1,4-环己烷二甲酸二甲酯和1,4-环己烷二甲醇的方法。该方法在对苯二甲酸二甲酯加氢生成1,4-环己烷二甲酸二甲酯的过程中使用钯/氧化铝催化剂，反应压力高达34 MPa。整体来讲，现有技术中催化剂存在催化活性不高、1,4-环己烷二甲酸二甲酯收率不高、无法满足工业化生产要求的问题。

该案所研制的催化剂的主活性组分是金属钯，助剂是金属锡，载体为氧化铝。通过添加金属锡，可明显改善反应的选择性，反应副产物减少。同时提供了两个对比例，分别证明仅包括钯或者锡，催化剂性能均不好，使用该发明的催化剂进行对苯二甲酸二甲酯加氢生产1,4-环己烷二甲酸二甲酯时，反应器的温度维持在190 ℃，反应压力为6.0 MPa，对苯二甲酸二甲酯转化率98%~100%，1,4-环己烷二甲酸二甲酯选择性为96%~99%。该催化剂组成简单，制备容易，在对苯二甲酸二甲酯加氢制备1,4-环己烷二甲酸二甲酯的反应中，具有加氢反应压力低、催化活性高、副产物少等特点。

【现有技术】

对比文件1公开了一种催化剂，其组成为：Al_2O_3为载体，以催化剂总重量为100%计，含有活性组分Pd：0.01%~3.0%、助剂Sn：0.10%~20%；其中活性组分Pd含量最好为0.1%~1.0%、Sn最好为1.0%~10%；所述催化剂可用于脱除工业二氧化碳中微量烃类及一氧化碳。

【案例分析】

该案权利要求1请求保护一种对苯二甲酸二甲酯加氢制备1,4-环己烷二甲酸二甲酯的催化剂，对比文件1公开了一种用于脱除工业二氧化碳中微量烃类及一氧化碳的催化剂。将权利要求1请求保护的技术方案与对比文件1相比，可以看出，两者催化剂的用途存在不同，并且在催化剂的组成上也存在载体γ-氧化铝的差异。

针对该案，实际审查实践中可能存在两种不同的评述方式，具体如下。

1. 评述方式一

不考虑用途特征对所要保护的产品是否具有限定作用，而直接将其列为区别技术特征。即认为权利要求1与对比文件1相比，其区别在于：①将催化剂用于制备环己烷二甲酸二甲酯；②将载体氧化铝限定为γ-氧化铝。基于上述区别特征，权利要求1实际所要解决的技术问题是如何提供一种具有良好加氢性能的催化剂。而后在现有技术中寻找技术启示，基于现有技术是否能给出将对比文件1的Pd基催化剂用于制备环己烷二甲酸二甲酯的方案。如现有技术中存在上述技术启示，则该案不具备创造性；如现有技术不存在上述技术启示，则无法评述该案的创造性。

2. 评述方式二

首先考虑用途特征对产品权利要求的限定作用。权利要求1中包含了用途特征"制备环己烷二甲酸二甲酯"，该用途特征实际的限定作用应当取决于其对所要求保护的产品本身带来了何种影响，即是否隐含了产品结构和/或组成的不同。然而基于现有技术以及包括该申请和对比文件1在内的记载内容来看，所述用途特征本身并没有隐含所述催化剂具有某种不同于对比文件1的催化剂的特定组成和/或结构，因而上述用途特征不能构成该申请与对比文件1的区别技术特征。在此基础上，可以确定权利要求1与对比文件1相比，区别特征在于：限定为γ-氧化铝。基于上述区别特征，权利要求1实际所要解决的技术问题是提供了一种替代的催化剂。而γ-氧化铝是对本领域技术人员在选择氧化铝作载体时的常规选择。

对于以上两种评述方式，由于对用途特征是否认定为区别特征的处理方式存在差异，导致可能带来不同的创造性结论。

对于评述方式一，权利要求1保护的主题为用途限定的产品发明，但评述过程未考虑用途特征对产品的限定作用，在其他区别特征的基础上，一律将用途特征列为区别特征，并没有将产品权利要求与用途权利要求区分开。同时，采用该评述方式，仅在本领域技术人员基于现有技术能够想到将已知产品转用于该申请的应用领域的情况下，才能进行创造性评述。如上述用途确实为申请人对现有技术作出的贡献，现有技术不存在技术启示的基础上，则无法进行创造性评述。但是，上述评述方式的优点是对于申请人来说，更易于接受。

对于评述方式二，评述过程考虑了用途特征的限定作用，先对用途特征是否隐含了产品具有特定的结构和/或组成进行分析，然后根据结论再决定是否将用途特征列为区别技术特征，在创造性评述中予以评述。该评述过程更符合《专利审查指南》对用途特征限定产品发明的相关规定。然而，在采用

"三步法"评述创造性时,第一步是选择最接近的现有技术,采取的是综合考量原则,需要综合考虑多个因素,包括技术领域、要解决的技术问题、技术效果或用途以及技术特征被公开数量的多少等,但首先考虑技术领域相同或相近的现有技术。可见,该评述方式的不足之处在于,由于对比文件与该申请在技术领域存在差异,对比文件的选择并不满足最接近现有技术选取时首先考虑技术领域相同或相近的现有技术的要求。同时,以技术领域存在差异的对比文件作为最接近的现有技术时,确定实际解决的技术问题需要避开该申请中产品的用途,对技术问题的概括会比较上位。此外,相对于评述方式一,申请人对评述方式二的接受程度比较低,通常会对对比文件的技术领域提出疑问。

对于该案,审查实践中采用评述方式二发出审查意见通知书。随后,申请人在意见陈述中指出,该申请与对比文件1最大的区别在于将催化剂Pd/Sn使用在完全不同的化学反应里,虽然催化剂主要组成相同,但应用方向完全不同。该申请最大的发明点在于将Pd/Sn催化剂用于加氢生产环己烷二甲酸二甲酯。同时,也未证明催化剂的用途对产品有限定作用。如现有技术的确无将上述催化剂产品用于加氢生产环己烷二甲酸二甲酯的技术启示,并且申请人将用途限定的产品权利要求修改为用途权利要求,则可在此基础上予以授权。

三、对比文件未公开用途,且用途特征隐含结构和/或组成区别

案例 3-6 未公开用途特征,且用途特征隐含了产品具体特定的结构和/或组成或者用途特征与其他区别技术特征具有相关性

【权利要求】

1. 一种用于蓖麻油制备生物航空煤油的加氢异构和裂化催化剂,其特征在于该催化剂以Al改性的钛硅分子筛为载体,以Ni_xMo为活性组分,其中x为Ni与Mo的原子比,x为5~10。

【申请事实调查】

该案涉及一种用于蓖麻油制备生物航空煤油的加氢异构和裂化催化剂。近年来,以动植物油脂通过加氢方法制备生物柴油和航空煤油的研究不断出现。蓖麻是一种易生长、产油量高的油品作物,蓖麻油不可食用,而是可作为很好的制备生物航空煤油的原料,具有广阔的应用前景。现有技术虽然提

供了以生物质为原料制备生物航空煤油的可能性，但是仍然存在生产工艺复杂、催化剂的活性低和产物的选择性差、成本较高与催化效率不高等问题，特别是难以得到高产率的生物航空煤油。为了克服上述现有技术的缺点与不足，该发明的目的在于提供一种用于蓖麻油制备生物航空煤油的加氢异构和裂化催化剂，以 Al 改性的钛硅分子筛（TS-1）作为载体，Ni_xMo（x 为 5~10）为活性组分，以得到高产率的生物航空煤油。其中，该发明采用 Al 改性的 TS-1，可以调节 TS-1 的酸性，有助于提高催化剂的活性和产物的选择性。

【现有技术】

对比文件 1 公开了一种由萘一步制备 1,5-二氨基萘的催化剂，并公开了其以 TS-1 为载体，Ni_xMo 为活性组分，其中 x 为 Ni 与 Mo 的原子比，x 为 5~10，活性组分的质量占催化剂总质量的 5%~30%。萘在氨水、过氧化氢和该催化剂的作用下，在有机溶剂中一步生成 1,5-二氨基萘。

对比文件 2 公开了一种改性的 TS-1 分子筛，并具体公开了采用 Al 对 TS-1 进行改性，可以提高分子筛的耐磨性能。

【案例分析】

该案请求保护一种用于蓖麻油制备生物航空煤油的加氢异构和裂化催化剂，对比文件 1 公开了一种由萘一步制备 1,5-二氨基萘的催化剂。将权利要求 1 请求保护的技术方案与对比文件 1 相比，可以看出，两者催化剂的用途存在不同，并且在催化剂的组成上也存在载体的差异，权利要求 1 还限定了采用 Al 对 TS-1 进行改性。同时，说明书还记载了"本发明采用 Al 改性的 TS-1，可以调节 TS-1 的酸性，有助于提高催化剂的活性和产物的选择性"。即该案中催化剂载体采用 Al 改性是为了提高蓖麻油制备生物航空煤油的加氢异构和裂化催化剂的活性和产物的选择性。经过上述分析可知，该案中产品组成的区别特征是针对具体应用领域（用途）所作出的改进，产品组成的区别特征与用途特征之间存在相关性。在此基础上，应当将用途特征和产品组成上的区别特征一同列为区别技术特征进行评述。

因此，权利要求 1 与对比文件 1 相比，其区别在于：①将催化剂用于蓖麻油制备生物航空煤油的加氢异构和裂化反应；②采用 Al 对 TS-1 进行改性。基于上述区别特征，权利要求 1 实际所要解决的技术问题是提高蓖麻油制备生物航空煤油的加氢异构和裂化反应的催化活性以及产物的选择性。然而，现有技术对比文件 2 采用 Al 改性 TS-1 的作用为提高耐磨性能，并未给出能够解决该申请上述技术问题的技术启示。因此，无法采用对比文件1结合对比文件2评述该案权利要求1的创造性。

第四节　用途限定产品发明专利的一般审查原则

用途限定的产品权利要求的审查难点主要在于判断用途限定是否隐含了产品具有特定的结构和/或组成，是否需要将用途特征列为区别技术特征，基于上述案例分析可以看出，主要包含以下两种情形。

第一种情形，基于现有证据可以确定权利要求中的用途特征没有隐含产品具有特定的结构和/或组成，无需将用途特征列为区别技术特征。在该情形下，本领域技术人员根据其所掌握的普通技术常识和相关现有技术可以确定权利要求中的用途特征没有隐含产品具有不同的结构和/或组成（具体可参见案例3-1）；或者本领域技术人员根据其所掌握的普通技术常识和相关现有技术无法确定所述用途特征隐含了产品具有不同的结构和/或组成，并且申请人在说明书中对此也没有进行具体的说明和描述，即基于本领域技术知识以及说明书记载的内容，均无法看出所述用途特征会导致要求保护的产品具有不同的结构和/或组成（具体可参见案例3-2、案例3-5）。基于以上的初步判断，可以先认定或推定所述用途特征没有给所要求保护的产品带来实质性的限定作用，没有隐含所要求保护的产品具有某种特定结构和/或组成，不将用途特征列为区别技术特征。如果申请人对于上述关于区别技术特征的判断持有异议，其可以在意见陈述过程中对其进行说明和解释以及补充证据等，表明用途特征究竟隐含了产品在结构和/或组成上发生了何种变化。那么根据禁止反悔原则，由于申请人已经对此作出了明确的意见表述，则可以避免后续程序中申请人对保护范围进行扩大化的解释，从而减少关于权利要求保护范围方面引发的争议。

第二种情形，可以确定用途特征隐含了要求保护的产品在结构和/或组成上与对比文件不同，应当将用途特征导致的产品在结构和/或组成上的变化列为区别技术特征（具体可参见案例3-3、案例3-6）。在该情形下，本领域技术人员根据其所掌握的普通技术常识、相关现有技术或申请的说明书的相关记载，可以认定，该申请的用途特征确实隐含了要求保护的产品具有特定的结构和/或组成，例如，酸性要求、孔径大小、组成中必须含有哪类组分或必须排除哪类组分等。也就是说，基于所述用途特征能够确定所要求保护的产品具有了某种特定的结构和/或组成。在这种情况下，如果能表述出所述结构和/或组成上的具体变化，则应将所述用途特征列为区别技术特征，并进一步阐述由其引起的产品在结构和/或组成上的变化。

在实际审查过程中，判断用途特征对产品是否具有限定作用，是否隐含了产品具有特定的结构和/或组成，需要注意以下内容：①判断用途特征对产品是否具有限定作用实际上是一个技术问题，只有准确站位本领域技术人员，提升本领域的技术素养，才能准确界定用途特征是否有限定作用；②只有站位本领域技术人员确定了用途特征对产品的结构和/或组成有明确的要求或条件时，才能认为用途特征对产品具有限定作用；③与上述第②点相对应的是，当无法确定用途特征对产品的结构和/或组成的限定作用时，例如，很难确定用途特征对产品的影响具体体现在哪个结构和/或组成上，也不好判断用途特征对产品的影响程度以及影响范围，建议先推定用途特征对产品没有限定作用。

在以上操作方式下，一方面能够对权利要求保护范围进行最大化的理解，相应地，现有技术的范围也是最大的，最大可能找到影响新颖性或创造性的对比文件，以便在实审阶段克服新颖性和创新性问题，避免后续权利不稳定；另一方面，在实审过程中，申请人负有主要的举证责任，将举证责任交给申请人，申请人可以对用途所具有的限定作用进行举证。

此外，还需要注意：无论判断结论如何，都应当体现于审查意见。审查意见应该能体现对用途特征是否具有限定作用的判断结论，并以适当的方式告知申请人，比如将用途特征列为区别特征，实际上是告知申请人该用途特征具有限定作用；或者认为该用途特征没有限定作用，也应适当地分析并将具体的原因告知申请人；无论判断结论如何，审查意见的逻辑应当自洽。当用途特征的限定作用难以界定时，应当准确站位本领域技术人员进行判断。不应出现"区别特征包括用途特征，而在评述区别特征时又推定该用途无限定作用，未隐含能够区别于对比文件的特征"的做法，使得审查意见前后矛盾。

第四章
"三步法"内在逻辑探讨及最接近现有技术的选取

在发明实质审查中,创造性是运用最为广泛的法条。其中,最接近的现有技术作为创造性评判的第一步,其选取直接关系到创造性判断结论的正确性、准确性,也直接影响审查工作的效率以及申请人的满意度。在当前知识产权助力科技创新的大环境下,特别是在申请人对高质量、高效率审查的需求日益强烈的大背景下,选择最为恰当的最接近的现有技术进行创造性评判,对于显著提升审查效率及申请人满意度具有极其重要的意义。

《专利审查指南》中,关于最接近的现有技术的选取标准规定具体如下:"最接近的现有技术,是指现有技术中与要求保护的发明最密切相关的一个技术方案,它是判断发明是否具有突出的实质性特点的基础。最接近的现有技术,例如可以是,与要求保护的发明技术领域相同,所要解决的技术问题、技术效果或者用途最接近和/或公开了发明的技术特征最多的现有技术,或者虽然与要求保护的发明技术领域不同,但能够实现发明的功能,并且公开发明的技术特征最多的现有技术。应当注意的是,在确定最接近的现有技术时,应首先考虑技术领域相同或者相近的现有技术,其中,要优先考虑与发明要解决的技术问题相关联的现有技术。"

《专利审查指南》中虽然对"三步法"做了详细的规定(见后文),但是没有对规定的原因及本质进行深入阐述,这在一定程度上导致在选取最接近的现有技术时存在对上述规定的错误理解。在适用这些规定时,审查员可能会出现错误选取最接近的现有技术的情形,例如,过度关注技术特征的数量,而忽视对技术领域和技术问题的考量。

为了正确选取最接近的现有技术,有必要了解"三步法"的内在逻辑,以便准确理解和适用《专利审查指南》中关于最接近的现有技术的相关规定。

第一节 "三步法"的内在逻辑探讨

利用"三步法"进行创造性判断的内在逻辑是还原发明创造的过程。该观点已经得到了普遍的共识,例如,"三步法"评判创造性的过程本质上是还原发明创造的过程,是具有普适性的逻辑推演方法;"三步法"最科学的一面在于永远从整体性出发去努力还原技术人员进行技术创新的过程。[①]

本章通过探讨发明创造的过程和重塑发明的过程,来尝试解释"三步法"的内在逻辑及所遵循的客观规律。

一、发明创造的过程

(一)发明创造的一般过程

发明可以分为两种类型:开拓性发明和改进性发明。开拓性发明,是指一种全新的技术方案,在技术史上未曾有过先例,它为人类科学技术在某个时期的发展开创了新纪元。开拓性发明同现有技术相比,具有突出的实质性特点和显著的进步,具备创造性。例如,中国的四大发明——指南针、造纸术、活字印刷术和火药。此外,作为开拓性发明的例子还有:蒸汽机、白炽灯、收音机、雷达、激光器、利用计算机实现汉字输入等[②]。改进性发明是对已有技术进行改进和完善的发明。就目前而言,发明多是在现有技术的基础上进行改进所形成的改进型发明。本节针对改进性发明探讨其发明创造的过程。

发明创造的过程与实际的技术研发过程相符合。其一般包括发现问题、分析问题、解决问题等环节。具体流程如图4-1所示。

[①] 白光清,郭震宇,孙红要,等. 机械领域创造性判断及典型案例评析[M]. 北京:知识产权出版社,2017:34.

[②] 国家知识产权局. 专利审查指南:2023[M]. 北京:知识产权出版社,2024:191-192.

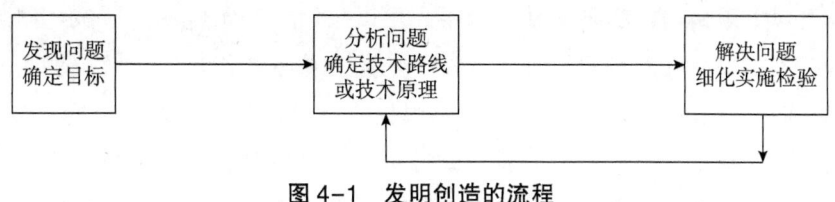

图 4-1　发明创造的流程

1. 发现问题环节

发现问题的来源可能是发明人基于自己所从事的领域，在实际的生产和研发中，意识到目前所使用的技术（如产品、设备、方法等）不同程度上存在这样或那样的缺陷；也可能是基于对已有技术的社会调研，了解公众需求，发现目前所使用的技术存在的需求；还可能是基于文献的检索，追踪技术发展的前沿或者追踪竞争对手的技术研发方向，发现目前所使用的技术存在的需求或问题。

但是，不管技术问题的发现基于何种来源，由于发现的问题的数量可能并不限于一个，在此基础上，需要进一步明确将其中的一个或多个作为创新目标，作为发明要解决的技术问题。

2. 分析问题环节

基于技术问题引发的改进动机，一般需要对技术问题进行初步分析，并充分收集材料，对已有的成果进行研究，并通过严密的、系统的思考来处理资料，根据科学原理和原有技术基础及其积累的经验，最终寻找并确定可能解决技术问题的技术原理或技术路线，确定底层的基础或整体框架。

3. 解决问题环节

将技术原理或技术路线通过具体技术特征和手段进行细化、实施和完善，形成具体的技术方案，并对获得的技术方案进行检验和证明，验证其是否达到目标、解决问题。如果技术问题未得到有效解决，继续返回分析问题环节，重新确定解决技术问题的可能的技术原理或技术路线，直至问题解决。

为了更好地说明上述过程，这里通过一个生活中常见的例子来进行说明。例如，天冷之后，小孩子容易感冒，是生活中常见的问题。为了解决该问题，首先会对导致孩子感冒的原因进行分析，可能的原因有：睡觉时踢掉被子着凉或者感染病毒。那么在解决问题时，可以从其中的一个或多个要素着手，进而会获得不同的解决问题的思路和方式，即技术路线。如果从踢掉被子着手，可以采用睡袋；如果从受凉着手，可以采用空调实现室内恒温；如果从病毒感染着手，可以对房间进行消毒。上述三种方式代表三种解决思路，在确定方向之后，可以对上述技术思路根据实际情况进行细化和实施。比如，根据孩子的身高选购合适的睡袋，或者对房间进行改造实现恒温，或者采取消毒措施。可见，在整个环节中，其遵循"先整体后细节"的解决思路，通过对问题的分析确定整体的解决思路，然后在解决环节具体细化和实施。必须强调的是，整个过程中，确定采用何种思路防止感冒是基础，不可或缺，后续的具体实施和操作都依赖于前期解决思路的选取。

（二）发明创造所遵循的一般规律

在此基础上，发明创造形成的一般思路为：申请人总是先发现现有的技术方案中存在的某个技术问题或缺陷，然后寻找能够解决该技术问题或缺陷的关键技术手段，对现有的技术方案进行改进，最终完成发明①。其遵循以下规律。

1. "以问题为导向"的一般规律

在发明创造这一过程中，技术问题是关键核心。一方面，发明人通过发现技术问题引发改进动机；另一方面，技术问题作为指引，引导发明人寻找关键技术手段的方向，整个过程中"问题在前、手段在后"，而不是反过来从技术手段来推导技术问题。因此，技术研发过程基本上是遵循"以问题为导向"的客观规律，这种规律既体现在问题发现阶段，也体现在关键技术手段的获取阶段。

2. "先整体后细节"的一般规律

分析、解决问题的过程就是克服障碍，达到目标。如果把这种障碍比作一道墙，阻挡发明人继续前进，那么可以发现有四种方式战胜这堵墙：第一条路，直接破墙而过；第二条路，越墙而过；第三条路是从墙下钻过去；第四条路则是从墙旁绕过去②。不管采用哪一种方式来克服障碍，首先需要确定的是采用破、越、钻、绕这四种路径中的何种具体路径来克服墙这道障碍，

---

① 崔军. 化学领域发明专利申请的审查与申请文件撰写精要[M]. 北京：知识产权出版社，2022：21.

② G.基文森. 怎样搞发明创造[M]. 赵晨，译. 北京：专利文献出版社，1985：43.

然后根据选择的路径，进一步细化实施的方式和细节，进而达到目标，解决问题。

回到实际研发过程，为了解决问题，首先需要确定的是解决方案的整体技术思路，即确定整体技术原理或者技术路线；其次再将整体技术原理或技术路线细化为具体的技术特征。真实的研发过程中，整体技术原理或者技术路线的获得环节不可或缺，解决问题的过程通常遵循"先整体后细节"的客观规律。

例如，为了提供用于电动车的动力电池，目前的主流路线是磷酸铁锂路线和三元锂路线。研发人员首先需要考虑的是基于目前的需求，对磷酸铁锂和三元锂的性能特点进行分析，在此基础上，确定整体的技术路线——是采用磷酸铁锂路线还是三元锂路线，再对电池进行细节化的进一步改进，进而获得目标需求的动力电池。

为了制备纳米材料，目前的主流方法有溶胶凝胶法、水热法、模板法等。研发人员首先也是需要根据纳米材料的制备需求，根据每一种方法的特点，确定整体的技术路线，即具体采用溶胶凝胶法、水热法、模板法等方法中的哪一种，然后再对技术路线的细节，如参数、工艺、步骤等，进行细节性的改进，进而获得目标需求的纳米材料。

3. 小结

总之，实际的发明创造总是遵循"以问题为导向""问题在前、手段在后"，以及"先整体后细节"的客观规律。其总的过程一般为：通过基于现有技术发现存在的技术问题，引发改进动机；通过对问题产生的原因进行分析或者通过对已有的针对相关问题的解决方式进行分析，确定解决思路；最后针对该思路采用具体的技术手段和技术特征，进行细化、实施和检验，达到解决问题的目的。

二、"三步法"对发明的重塑

（一）重塑发明的过程

《专利审查指南》中关于"三步法"的相关规定为：①确定最接近的现有技术；②确定发明的区别特征和发明实际解决的技术问题；③判断要求保

护的发明对本领域的技术人员来说是否显而易见。

详细描述"三步法"的判断过程如下：本领域技术人员通过检索，将现有技术进行对比，确定一个最接近的现有技术（对应于实际研发中的现有技术），该最接近的现有技术，是指现有技术中与要求保护的发明最密切相关的一个技术方案，它是判断发明是否具有突出的实质性特点的基础，作为发明创造的起点；本领域技术人员确定最接近的现有技术之后，进一步确定实际解决的技术问题（对应于实际研发过程中发现现有技术的缺陷），该实际解决的技术问题是指为获得更好的技术效果而需对最接近的现有技术进行改进的技术任务，其反映了最接近的现有技术中存在的技术缺陷；在此技术问题的指引下，本领域技术人员在现有技术中寻找解决该技术问题的启示——现有技术中是否给出将上述区别特征应用到该最接近的现有技术以解决其存在的技术问题的启示（即实际研发过程中寻找能够解决该技术问题或缺陷的关键技术手段），进而判断要求保护的发明对本领域的技术人员来说是否显而易见。而解决技术问题的关键手段则构成了发明与最接近的现有技术的区别技术特征。

将"三步法"与发明创造的过程相对应，并分析每一步的作用，其具体对应关系如下。

（1）"三步法"中的第一步为"确定最接近的现有技术"，对应于发明创造所面临的现有技术，现有技术是发明创造的起点，也是发明创造的基础。

（2）"三步法"第二步中的"发明实际解决的技术问题"是指为获得更好的技术效果而需对最接近的现有技术进行改进的技术任务，其对应于发明人发现的现有技术中存在的缺陷。发明人发现的现有技术中存在的缺陷作为发明人对现有技术改进的目标以及要解决的技术问题，实质上是为了使现有技术获得更好的效果，同时提供改进的动机。

（3）"三步法"第二步中的"确定区别特征"，是将发明与最接近的现有技术对比之后的结果，是为了确定实际解决的技术问题，同时也是进一步在技术问题的指引下，在现有技术中寻找到的解决相关技术问题的解决手段。发明创造过程中寻找到的关键技术手段，也是在现有技术的缺陷（即实际解决的技术问题）指引下，为了解决该技术问题或缺陷所采用的技术手段，构成了发明创造与现有技术的区别。"三步法"第二步中的确定区别特征对应于在发明创造过程中寻找到的关键技术手段。

(4)"三步法"中第三步"判断要求保护的发明对本领域的技术人员来说是否显而易见",其要确定"现有技术中是否给出将上述区别特征应用到该最接近的现有技术以解决其存在的技术问题(即发明实际解决的技术问题)的启示"。相对应地,发明创造寻找解决现有技术缺陷的方式为"寻找能够解决该技术问题或缺陷的关键技术手段"。

因此,"三步法"的判断过程与发明创造的过程是一一对应的,是对发明创造的重塑。为此,(2019)最高法知行终235号也指出,具体到创造性的"三步法"判断,其实质是以本领域技术人员为主体,以最接近的现有技术为出发点而进行的符合客观规律的发明创造重构过程,即当本领域技术人员面对最接近的现有技术时,能否基于对现有技术整体的理解与认识,发现该最接近的现有技术所存在的问题,并为解决该问题产生检索和结合其他现有技术的动机,最终得到发明创造的技术方案。

简单来说,采用"三步法"评价创造性的过程,是一种试图模拟发明创造以还原发明人正向发明的过程。即回到申请日以前,审查员通过检索,尽可能获取与发明相关的现有技术,在此基础上,以本领域技术人员的眼光,在众多的现有技术中,通过对比,确定一个最接近的现有技术,并从最接近的现有技术中发现技术缺陷(即实际解决的技术问题),产生对其进行改进的动机,然后以最接近的现有技术为起点,并从现有技术中寻找解决手段(即区别技术特征),最后获得发明的技术方案,即按照"问题—解决"的实际发明产生方式,重走创造之路。

(二)"三步法"重塑发明与实际发明创造过程的区别

需要说明的是,"三步法"还原发明创造的过程与申请人进行发明创造的过程还存在一定的区别,即主体不同。还原发明创造的主体为本领域技术人员,发明创造的主体为发明人。

因此,审查员和法官在站位本领域技术人员时,面对的情形与真正研发过程中发明人面临的情形并不完全相同。由于发明人在进行研发时所知的现有技术通常是有限的,而在授予专利权之前的实质审查程序中,审查员和法官为了站位本领域技术人员,需要全面检索,检索到的文献可能既包括作为研发起点的现有技术,又包括用以解决研发起点所存在技术问题的其他现有技术。进一步地,这就导致在案件的创造性判断过程中,摆在审查员和法官面前的可能既包括作为研发起点的现有技术，又包括用以解决研发起点所存在技术问题的其他现有技术。更为重要的是，包括作为研发结果的专利申请，审查员和法官可以看到整个研发过程中的全部技术信息。

此种情况下，本领域技术人员对研发过程的重构，实际上就是将上述技术方案或技术信息分别与真实研发过程的各环节相对应，考虑各现有技术所起的作用，以及本领域技术人员的使用行为，按照研发过程的顺序梳理本领域技术人员对于上述技术信息的使用顺序和使用行为，最终按照研发规律推演出发明的技术方案①。

在此过程中，审查员和法官选择的最接近的现有技术可能不同于发明人实际发明创造的起点。在实际的审查中，审查员和法官在很多情况下并不能确定发明人进行发明创造的具体过程。由于有可能找出比发明人的创造起点更为接近的现有技术，并将其作为起点，因此，还原发明创造的过程，并不意味着最接近的现有技术与发明人的研发起点相同。

总之，"三步法"重塑发明的过程不是对发明人发明过程完全相同的复制，而是对正向发明过程的模拟，其从根本上需要反映真实研发的客观规律，是按照研发的客观规律进行逻辑推演的过程。因此，在"三步法"实际使用的各个步骤中，不能机械地套用《专利审查指南》中的文字规定，而应以真实研发过程中所遵循的客观规律为底层基础，在审查过程中，将自己想象为实际的研发人员，采用研发人员的思维逻辑，进行最接近的现有技术的选取、区别特征和实际解决的技术问题的确定，以及显而易见性的判断，任何不符合实际研发客观规律的逻辑推理，均是对"三步法"的错误使用。

由于"三步法"的思维过程实际上是一种事后推理，避免"事后诸葛亮"是"三步法"的本质要求，将创造性判断的思维逻辑与创新过程的思维过程契合，才能符合上述要求。

三、最接近的现有技术的选取

最接近的现有技术的选取需要从两个层次进行考虑：能不能、好不好。若最接近的现有技术选择错误，将导致判断结论错误，"三步法"的后两步将

---

① 芮松艳. 创造性条款的原理解读与实务规则［M］. 北京：知识产权出版社，2023：28.

毫无意义；若选择不当，将导致与其他证据的结合存在难度，降低通知书的说服力。

从还原发明创造的整个过程来看，最接近的现有技术的选取需要考虑以下因素。

（1）最接近的现有技术应满足"被发现问题"的基本要求，具体体现在现有技术与发明要解决的技术问题相关联，其是选取最接近的现有技术的核心因素。

（2）在上述基础上需要进一步考虑技术方案之间的相近度，其一般体现在两者是否基于相同的技术路线或者技术原理，最优的情况即公开了发明的构思。

上述的因素（1）直接决定最接近的现有技术选取的对错，即"能不能"的问题；因素（2）决定最接近的现有技术选取是否适当，即"好不好"的问题。(2019)最高法知行终235号中也指出，选取最接近的现有技术的核心考虑因素是，该现有技术与发明创造是否针对相同或者近似的技术问题、拥有相同或者近似的技术目标；优选考虑因素是，该现有技术与发明创造的技术方案是否足够接近。关于技术方案是否接近的判断，一般可以考虑发明构思、技术手段等因素。其中，技术手段的近似度可以主要考虑现有技术公开技术特征的数量。

（一）最接近的现有技术应满足"被发现问题"的基本要求

"三步法"评价创造性的过程，是一个重塑发明的过程。回到申请日以前，以本领域技术人员的眼光，在众多的现有技术中，确定一个最接近的现有技术，并从最接近的现有技术中发现技术缺陷（即实际解决的技术问题），以最接近的现有技术为起点，产生对其进行改进的动机，并从现有技术中寻找解决手段（即区别技术特征），最后获得发明的技术方案，即按照"问题—解决"的实际发明产生方式，重走创造之路。

从重塑发明过程的逻辑推演来看，最接近的现有技术最基本的作用是作为发明的起点，需满足的基本要求是：能够被本领域技术人员发现存在的缺陷或问题（即发明实际解决的技术问题），进而引发改进的动机，并且基于该缺陷或问题，能够引导对于现有技术的改进走向发明。不能被发明所属领域的技术人员发现问题的现有技术不能作为发明的起点，不能作为最接近的现有技术。这与实际研发中遵循的"以问题为导向"的客观规律相一致。

发明实际解决的技术问题能否被本领域技术人员发现，取决于三个方面：最接近的现有技术中是否存在发明实际解决的技术问题、本领域技术人员能否接触到最接近的现有技术、以本领域技术人员的能力能否发现最接近的现有技术中的上述问题。

发明实际解决的技术问题的确定包括两个步骤：①确定区别技术特征；②根据该特征在发明中所取得的技术效果进行确定，虽然现有技术中是否存在发明实际解决的技术问题的判断过程略显烦琐，但是，其直接地体现于现有技术与发明要解决的技术问题是否相关联，通过现有技术与发明要解决的技术问题是否相关联可以快速地判断现有技术是否存在发明实际解决的技术问题。

现有技术与发明要解决的技术问题相关联是指现有技术存在发明要解决的技术问题，或者解决了发明要解决的技术问题，或者客观上能够解决发明要解决的技术问题。

发明实际解决的技术问题分为两种情况：第一种是最接近的现有技术解决了或者客观上解决了发明要解决的技术问题，此时，发明实际解决的技术问题为发明要解决的技术问题之外的其他问题；第二种是最接近的现有技术没有解决发明要解决的技术问题，此时发明实际解决的技术问题即发明要解决的技术问题，亦即要求最接近的现有技术中存在发明要解决的技术问题，否则本领域技术人员没有发现该问题的基础，也不会产生改进的动机。因此，不管属于上述何种情况，整体来说，最接近的现有技术要么存在发明要解决的技术问题，要么明确解决了发明要解决的技术问题，要么客观上能够解决发明要解决的技术问题，即现有技术与发明要解决的技术问题相关联。

为了进一步说明该问题，换一个角度来进行考虑。如果现有技术与发明要解决的技术问题不相关联，实际上是现有技术中既没有解决、客观上也不能解决、同时也不存在发明要解决的技术问题，这样的现有技术在作为最接近的现有技术适用"三步法"时，必然会存在逻辑上的矛盾。如果，现有技术没有解决发明要解决的技术问题，按照"三步法"的判断步骤，发明实际解决的技术问题一定是发明要解决的技术问题，但是现有技术中又不存在发明要解决的技术问题，导致本领域技术人员不能发现该问题，进而不会产生以该现有技术为起点进行改进的动机，不能作为发明的起点。

需要说明的是，针对发明要解决的技术问题之外的其他技术问题，最接近的现有技术也应该与发明存在相关联。但是由于发明要解决的技术问题之外的其他技术问题，一般属于本领域技术人员公知的问题，也就一般不会出现"不存在"和"不能发现"的情况。因此，从实际操作层面来讲，重点关注的应该是现有技术与发明要解决的技术问题是否相关联。

（二）最接近的现有技术一般应具有相同的技术路线或原理

对于最接近的现有技术，除需满足"与发明要解决的技术问题相关联"这一核心要求以外，还需在此基础上进一步考虑技术方案之间的相近度，其一般体现在两者是否基于相同的技术路线或者技术原理。

创造性的判断反映的是真实的研发规律，而在真实的研发过程中，发明人在研发起点发现的问题的基础上，首先需要对问题进行分析，确定整体的技术路线或技术原理，再将技术路线或技术原理逐步细化为具体的技术特征，并最终形成具体的技术方案。在此基础上，可以在假设发明与最接近的现有技术的技术路线"不同"和"相同"两种情况下进行评述。

如果发明与最接近的现有技术的技术方案的整体技术路线或技术原理不同，那么本领域技术人员基于发现的问题，首先并不会考虑对现有技术方案部分特征的改进，而是对现有技术方案整体所体现的技术路线或技术原理的改进。在确定整体的解决路线之后，才会对具体的技术特征进行细化和改进，此时直接进行技术特征对比并无实际的意义。在这一情形下，如果仍要进行特征对比，应遵循整体原则，则两个技术方案之间的技术特征应大部分构成区别技术特征。如果采用整体技术路线或技术原理不相同的现有技术作为最接近的现有技术时，其作用仅仅是提供"技术问题"的发现，此种情况下，采用其评述创造性难度较大。

如果发明与最接近的现有技术的技术方案的整体技术路线或技术原理相同，本领域技术人员基于发现的问题，可以直接考虑对现有技术方案部分特征的改进，这种改进仅仅是对现有技术方案的修补，相对于整个技术路线的更改、拆掉重建的方式，改动更小、更容易，明显更适合作为最接近的现有技术。

案例 4-1　最接近的现有技术与发明属于相同的技术路线或技术原理

【案情介绍】

发明涉及一种具有舒缓作用的香氛的制备方法，其通过使用辛基三甲基氯化铵对钠交换蒙脱土进行处理以增加其层间距，得到改性蒙脱土，为蒙脱土吸附精油分子创造了有利条件；复合型舒缓精油（薰衣草精油、玫瑰精油、洋甘菊精油、香蜂草精油）在真空条件下经扩散形成饱和蒸汽，吸附在改性蒙脱土上，从而提高蒙脱土上精油的负载量。

对比文件涉及一种改性蒙脱石并负载植物精油抗菌粉及其制备方法，其通过采用十六烷基三甲基溴化铵改性钠基蒙脱土，增大蒙脱石层间距，同时进一步采用溶剂分散的方式，将改性蒙脱石粉加入 50%乙醇中分散，然后加入植物精油水浴振荡，过滤后用 50%乙醇洗涤并干燥，研磨得到改性蒙脱石并负载植物精油抗菌粉。其通过蒙脱石改性增大层间距后负载植物精油，提高了植物精油的负载量。

【案例分析】

对发明的技术分层次进行分析，可以发现：发明以提高蒙脱土层间距以提高精油负载量的技术原理作为底层基础，并在此基础上，进一步进行细化，采用了辛基三甲基氯化铵改性增大层间距以及真空吸附的方式提高精油负载量，进而获得了该发明。对比文件也是采用增大蒙脱石层间距以提高植物精油负载量的技术原理。两者属于相同的技术路线或技术原理。

案例 4-2　最接近的现有技术与发明不属于相同的技术路线或技术原理

【案情介绍】

发明涉及一种纳米材料的制备方法，具体为将原材料使用水溶解混合后，放入密封的聚四氟乙烯反应釜中进行反应，并限定了反应的原料比例、时间、温度。

对比文件公开了相同纳米材料的制备方法，具体为将相同的原材料使用水溶解混合后，放入烧瓶中进行反应，采用相同的原料比例、时间、温度。

两者的区别仅在于：反应容器不一样，发明为聚四氟乙烯反应釜，对比文件为烧瓶。

【案例分析】

对两者技术方案的内在进行分析：发明采用密封的聚四氟乙烯反应釜作为反应容器，其会产生高温高压，采用该反应容器，代表着该反应机理为水热合成法；而对比文件采用烧瓶作为反应容器，属于常压反应，即该反应为常规的化学合成，两者从机理上属于不同机理，属于不同的技术路线或技术原理。

对于化学反应来说，反应的原料比例、时间、温度需要基于反应机理进行确定，反应机理不同，原料比例、时间、温度没有可比性的。此时，在进行技术特征对比和区别特征的认定过程中，不能简单地认为两者仅仅是反应容器不同，两个技术方案之间的技术特征实际上将构成区别技术特征。

第二节 《专利审查指南》中最接近现有技术的相关规定和概念

在前文中，通过重塑发明的过程，分析了最接近的现有技术的选取需考虑的因素：选取最接近的现有技术的核心因素是现有技术与发明要解决的技术问题相关联，在此基础上需要进一步考虑技术方案之间的相近度，其一般体现在两者是否基于相同的技术路线或者技术原理。

但是，在《专利审查指南》中对最接近的现有技术的选取规定如下："最接近的现有技术，是指现有技术中与要求保护的发明最密切相关的一个技术方案，它是判断发明是否具有突出的实质性特点的基础。最接近的现有技术，例如可以是，与要求保护的发明技术领域相同，所要解决的技术问题、技术效果或者用途最接近和/或公开了发明的技术特征最多的现有技术，或者虽然与要求保护的发明技术领域不同，但能够实现发明的功能，并且公开发明的技术特征最多的现有技术。应当注意的是，在确定最接近的现有技术时，应首先考虑技术领域相同或者相近的现有技术，其中，要优先考虑与发明要解决的技术问题相关联的现有技术。"

《专利审查指南》中对最接近的现有技术选取采用"例如""优先考虑"的方式进行了说明，其与上一部分内容中分析的最接近的现有技术选取时需考虑的因素并不完全一致,并且从文字描述上看,给人感觉"技术领域"是最接近的现有技术选取时最重要的考虑因素,而在上文中并不涉及。因此,有必要对上述内容的内在逻辑进行探讨。

一、关于"例如"的理解

发明创造形成的一般思路为:发明人总是先发现现有的技术方案中存在的某个技术问题或缺陷,然后寻找能够解决该技术问题或缺陷的关键技术手段,对现有的技术方案进行改进,最终完成发明。

在此基础上,基于上述研发过程中所遵循的"先整体后细节"的客观规律,进一步地将上述发现技术问题以及"寻找能够解决该技术问题或缺陷的关键技术手段"的过程进行进一步细化,可以细分得到可能通向发明创造的不同研发路径。

本领域技术人员重走创造之路的过程,从整体上看,是对发明创造(研发规律)内在逻辑的使用,从细节来看,也是对不同路径的重塑。即以本领域技术人员的眼光,对每一种路径中出现的所有现有技术进行比较,确定最有可能到达发明的现有技术,即最密切相关的现有技术,然后对"问题—解决"的实际发明产生方式进行重塑。因此,有必要探讨遵循"先整体后细节"的客观规律所形成的不同研发路径,以了解相应路径中可能出现的现有技术,经过对比即可确定能作为最接近的现有技术的潜在类型。

(一)发明创造的具体研发路径

1. 第一种类型的路径

发现问题。发明人基于自己所从事的领域,在实际的生产和研发中,意识到目前所使用的技术 A1(如产品、设备、方法等)会不同程度地存在这样或那样的缺陷;或者基于对技术的社会调研,了解公众需求,发现目前所使用的技术存在的需求;或者基于文献的检索,追踪技术发展的前沿或者追踪竞争对手的技术研发方向,发现目前所使用的技术存在的需求或问题,进行追踪改进。

分析、解决问题的过程,大概分为以下两种情况。

(1) 基于与现有技术相同的技术路线解决技术问题。

发明人首先会对现有技术 A1 的技术路线进行整体分析，以判断现有的技术路线是否有可能解决需要解决的技术问题，在存在可行性的基础上，以该现有技术为基础，以此为研发起点进行改善型的改进，即发明人基于现有技术的技术路线或技术原理，保留现有技术路线及大部分结构或者步骤，增加或者替换现有的部分组成、结构或者步骤等，进而解决现有技术的缺陷，获得发明创造 P。

案例 4-3　基于与现有技术 A1 相同的技术路线解决技术问题 1

专利申请号为 CN201280051898.4 的发明专利申请，涉及一种用于制备包含改性沸石 Y 的加氢转化催化剂的方法。申请人在背景技术中描述道："最近，申请人在专利申请 WO2010/072976 中公开了改性八面沸石结构的沸石 Y，其晶体内结构具有三峰晶体内孔隙率，即每个晶体内的不同中间直径孔的三种网络。通过对改性沸石 Y 使用新的碱处理方法（特别是在脱铝过程之后）获得该沸石。该文献提出了在催化金属已沉积在其上的三峰结构的改性沸石 Y 粉末上进行催化测试。这些测试显示出改进的催化活性。然而，在碱处理期间，可发生过量的脱硅作用。该过量的碱处理可导致材料被破坏，因此造成沸石的晶体结构及其微孔孔隙率的损失。因此，可导致所述材料的固有活性降低。"为解决上述碱处理期间导致的问题，申请人进一步在上述的碱处理步骤之后通过应用中和步骤，避免了过量的脱硅作用以及所述催化剂的晶体结构和微孔孔隙率的损失，进而获得了发明创造。

案例 4-4　基于与现有技术 A1 相同的技术路线解决技术问题 2

专利申请号为 CN201710021991.5 的发明专利申请，涉及一步法实现铁、氟共掺杂二氧化钛纳米片的制备。申请人在背景技术中描述道："经过科学家们长期的研究和探索，目前二氧化钛作为催化剂已经在人们在生活和工业上利用太阳能来进行污染物的处理和环境的净化上有重要的应用。但是，随着实际的应用和研究的深入发现限制其广泛的应用存在以下不足：（i）二氧化钛由于其较宽的禁带导致其对于太阳能的利用效率很低下；（ii）电子空穴极易复合导致极低的量子产率；（iii）缺乏合适的载体支撑二氧化钛发挥出出色的作用。"为解决二氧化钛目前存在的问题,申请人采用对纳米二氧化钛进行铁、氟共掺杂,以提高光催化效率,进而获得了发明创造。

此种路径,作为研发基础的现有技术 A1(产品、设备、方法等)与发明的技术方案属于相同的技术领域,并且从技术的角度来说,工作原理或技术路线相同,体现在特征上为公开了较多的技术特征,但是存在发明要解决的技术问题。

(2)基于与现有技术不同的技术路线解决技术问题。

发明人通过对现有技术 A1 工作原理或技术路线的分析,发现基于已有技术所采用的技术原理或者技术路线的技术水平限制,无法解决现有技术的缺陷,此时一般的选择是抛弃现有技术(产品、设备或者方法等)所属的技术原理或技术路线,寻找一种新的技术原理或技术路线,以解决现有技术的缺陷。

案例 4-5　基于与现有技术 A1 不同的技术路线解决技术问题 1

专利申请号为 CN201410012066.2 的发明专利申请,涉及一价铜改性金属有机骨架吸附剂的制备方法及其应用。申请人在背景技术中描述道:"目前,降低燃油中硫含量的主要手段为加氢精制,但是该方法不仅工艺设备投资大,操作费用高,而且会降低汽油的辛烷值。由于吸附技术设备投资成本低、能耗低,因此被认为是一种很有前景的方法,而脱硫的关键是开发易制备及吸附性能好的吸附剂。由于金属有机骨架材料易制备,一价铜成本低、负载方式较多且二价铜前驱体种类多,制备一价铜改性的吸附剂成为研究的热点。但目前技术中,吸附剂上的一价铜的获取一般需要先将二价铜盐热处理转化为氧化铜,而后经过高温自还原(>700 ℃)得到,而金属有机骨架不能承受二价铜高温自还原的温度,并且将二价铜盐热处理转化为氧化铜,再进一步把氧化铜还原成氧化亚铜的步骤比较烦琐。"为解决高温处理带来的问题,申请人提供了一种一价铜改性的金属有机骨架吸附剂的制备方法,在金属有机骨架上负载铜源后,将原来的高温处理方法转变为在低温下直接把二价铜转化为一价铜,实现一价铜改性的金属有机骨架吸附剂的一步制备。

案例4-6　基于与现有技术A1不同的技术路线解决技术问题2

专利申请号为CN201310681690.7的发明专利申请，涉及Pb-Al为基础的类水滑石作为脱硫醇催化剂的用途。申请人在背景技术中描述道："目前，油品中脱除硫醇的方法有抽提法、催化氧化法、吸附法、微生物法和抽提—氧化法，各种方法都有其特点和适用范围，从方法的适用性、经济性和脱硫醇效果来看，使用较多的是催化氧化法。催化氧化法以聚合钛箐钴或磺化钛箐钴为催化剂，在强碱性（10%氢氧化钠）溶液中与含硫醇的油品混合，油品中硫醇首先被萃入水相，在水相中被氧化为无味的二硫化物，二硫化物又被萃入油相中，进而脱去硫醇。采用上述方法进行油品脱臭处理，需要使用大量的碱液，这不仅造成生产设备腐蚀，引发二次污染，而且增加了生产工艺的复杂性，操作控制难度增大。为了克服上述问题，有人利用固体碱性质，将聚合钛箐钴或磺化钛箐钴结合在固体碱上，制成固体催化氧化剂，消除了使用碱液引发的各种问题，大大提高了生产速度和经济效益，但是这种催化剂失活后再生困难。"为解决上述问题，该申请采用Pb-Al为基础的类水滑石作为脱硫醇催化剂。

案例4-7　基于与现有技术A1不同的技术路线解决技术问题3

专利申请号为CN200610105279.5的发明专利申请涉及一种在钛合金上制备超疏水性表面的方法。其在申请文件中描述道："目前关于超疏水表面制备方面的专利基本上需要低表面能的物质进行化学修饰，或者使用氟涂层。CN1810912A专利利用软模板和紫外光固化技术制备超疏水材料。CN1786086A专利提出了一种由屋脊超细纤维增强的具有超疏水和疏油表面的含氟涂层的制备方法。CN1827729A专利提供一种利用金相砂纸为模板，通过热压、浇注或聚合等方法制备固体材料超疏水表面的方法。CN1760113A提出了一种超双亲性和超疏水性的二氧化钛纳米管阵列膜的制备方法。喷砂是一种传统但很实用的技术。它具有简单、快速、效率高等特点。使用喷砂技术构造表面粗糙度来制备超疏水表面极大地避免了其他方法多步骤、长时间和有污染等特点，为工业生产开辟了一条新的环保途径。目前利用喷砂技术在钛合金上制备超疏水表面尚无文献报道。本发明的目的是克服现有技术的不足，提供一种用喷砂技术在钛合金上形成超疏水表面的方法。"

基于上述解决问题的思路,实际的寻找解决方案的过程可以分为以下两种情况。

①按照正常的逻辑,发明人首先会意识到在相同的领域存在相同的问题的可能性是最大的,获得解决方案的可能性也是最有可能的,进而在相同的技术领域寻找不同于现有技术 A1 技术路线或技术原理的解决方案 A2,在寻找到该技术方案之后,以此为研发基础,基于自己的实际使用情况,针对该方案做一些适应性的修改,进而获得发明创造 P。

此种路径,实际上作为改进基础的现有技术为提供解决方案的现有技术 A2,与该发明属于相同的技术领域,解决了发明要解决的技术问题,并且从技术的角度来说,工作原理或技术路线与发明相同。

②当然在某些情况下,如果在相同的技术领域并未寻找到解决方案,按照事物的发展逻辑,发明人必然会对所要解决的技术问题进行分析研究,进而判断问题的实质是什么,哪些其他的领域会存在类似的问题值得借鉴,进而去其他领域寻找解决方案,获得虽然领域不同但是能够解决发明人技术问题或获得相同功能的技术方案 B1,并将其转用到发明人所从事的领域,并以此为基础,基于自己的实际使用情况,针对该方案做一些适应性的完善,进而获得发明创造 P。

此种路径中,实际上作为改进基础的现有技术为提供解决方案的现有技术 B1,与该发明属于不同的技术领域,解决了发明要解决的相同或相似的技术问题,并且从技术的角度来说,工作原理或技术思路上与发明相同。

2. 第二种类型的路径

发明人发现的问题在于现有技术 B1 中已知的产品、设备、方法等使用范围过于局限,因此针对已有的产品开发新的用途,增加其使用范围。此种过程,发明人一般首先要对现有技术 A1 能够实现的功能进行分析,并在现有技术中寻找与现有技术领域相近或相似、有相同功能需求且存在相同或相似技术问题的技术领域,并通过原理上的可行性分析,判断其是否能够转用到相关领域,通常转用后还需根据相关领域的实际需求进行适应性的修改。

案例4-8 已知技术的新应用

专利申请号为CN201310572804.4的发明专利申请，涉及一种用于脱除水中酚类化合物的催化剂的制备方法。申请人在申请文件中描述道："超临界水热合成法制备其他无机粉体材料近年来亦备受关注，相比于固相法和普通的水热合成法，其有可实现纯度高、结晶度好、粒径小且分布窄、形貌可控等优点，同时通过向反应体系引入氧化性气体如氧气、还原性气体如氢气以及惰性气体如氮气和氩气等可提供均相的氧化、还原气氛和惰性气氛，从而得到高纯度的目标产物。利用超临界和亚临界水热合成法制备用于脱除水中酚类化合物的MnO_x/SiO_2催化剂（其中MnO_x为MnO_2或Mn_2O_3）尚无文献报道，国内外亦无任何相关专利报道。"

此种路径中，实际上作为改进基础的现有技术B1是提供解决方案的现有技术，与发明属于不同的技术领域，具有相同的功能，解决了发明要解决的相同或相似技术问题，并且从技术的角度来说，工作原理或技术思路上与发明相同。

（二）发明创造的路径与最接近的现有技术之间的关系

上文基于实际研发的客观规律，探讨了研发的两种类型的4种具体路径，体现了可以到达发明技术方案的可能研发路径。分别将上述每一路径中的现有技术进行对比，就会发现，针对第1-（2）-①种情形的路径，审查员站位本领域技术人员审视该路径时，会发现现有技术中存在两种类型的相关现有技术，如果以前者作为基础进行改进，其需要先结合后者进行改进，然后再进一步改进才能获得发明；而如果以后者作为基础进行改进，只需一步改进即可得到发明，很明显后者相对于前者与发明更相关，到达发明的路径更短、改动更小且更容易，更适合作为最接近的现有技术。从另一个角度说明：最接近的现有技术应该是发明可行性路径上，与发明具有最短路径的现有技术。表4-1列出了发明创造的路径与最接近的现有技术之间的对应关系。

表 4-1　发明创造的路径与最接近的现有技术之间的对应关系

四种路径	发现问题基础	分析问题确定路线	解决问题	完整路径	最接近的现有技术
第 1-（1）种路径	A1	A1	A1—P	A1—P	A1 领域相同，技术原理或技术路线相同、存在发明的技术问题
第 1-（2）-①种路径	A1	A2	A2—P	A1—A2—P	A2 领域相同，技术原理或技术路线相同、解决了技术问题
第 1-（2）-②种路径	A1	B1	B1—P	A1—B1—P	B1 领域不同，技术原理或技术路线相同、解决了相似技术问题
第 2 种路径	B1	B1	B1—P	B1—P	B1 领域不同，技术原理或技术路线相同、解决了相似技术问题

实际的研发过程中，还存在一种特殊的情况，即第三种类型的路径，此种情况一般出现在化学领域。同领域他人基于不同的现有技术为基础研发起点，为解决不同的技术问题，以其他路径偶然获得与发明相同的技术方案并客观上能够解决发明的技术问题，此种情况在化学领域较为常见。例如，发明人 X 和他人 Y 均为洗涤剂领域的研究人员，X 目前研究的洗涤剂包括 A、B、C 三种组分，但是存在洗涤效果不够好的问题，因此在此基础上添加了助洗剂 D 提高洗涤效果，发明了包括 A、B、C、D 四种组分的洗涤剂；他人 Y 目前研究的洗涤剂包括 A、B、D 三种组分，但是存在低温水溶性不好的问题，因此，在此基础上添加了助溶剂 C 提高低温水溶性，获得了包括 A、B、C、D 四种组分的洗涤剂。

本领域技术人员重塑发明时，通过检索，是可能获得他人 Y 所采用的 A、B、D 三种组分的技术方案的，以此作为研发起点也是可行的，可以作为最接近的现有技术。此时所采用的现有技术与发明相比，领域相同，技术原理或技术路线相同，并且由于公开了发明的关键技术特征且应用于相同的领域，客观解决了发明的技术问题。

将上述内容进行简单归纳，可以发现《专利审查指南》上"例如"列举的最接近的现有技术的几种情况与发明创造的具体路径存在对应关系。

（1）"与要求保护的发明技术领域相同，所要解决的技术问题、技术效果或者用途最接近"对应于第1-（2）-①种具体路径。该类型的最接近的现有技术隐含的技术路线相同。

（2）"与要求保护的发明技术领域相同""公开了发明的技术特征最多的现有技术"对应于第1、3种具体路径。该类型的最接近的现有技术隐含存在发明的技术问题。

（3）"与要求保护的发明技术领域不同，但能够实现发明的功能，并且公开发明的技术特征最多的现有技术"对应于第1-（2）-②、2种具体路径。选用该类型的最接近的现有技术，还需要现有技术存在解决发明技术问题的需求。

将上述"例如"列举情形的底层逻辑进行归纳总结，会发现最后选定的最接近的现有技术均存在以下共同点：①与技术问题相关联；②技术原理或技术路线相同。上述共同点也与实际研发过程中所遵循的"问题导向"及"先整体后细节"的客观研发规律相适应。

二、关于"优先考虑"的理解

在《专利审查指南》中明确指出："应当注意的是，在确定最接近的现有技术时，应首先考虑技术领域相同或者相近的现有技术，其中，要优先考虑与发明要解决的技术问题相关联的现有技术。"与2010年版的《专利审查指南》相比，增加了"要优先考虑与发明要解决的技术问题相关联的现有技术"，在原有优先考虑技术领域的基础上，进一步明确将技术问题作为最接近的现有技术确定的优先考虑因素，能够解决目前审查实践中过于关注技术特征而忽视技术问题考量，导致选取的最接近的现有技术不存在发明要解决的技术问题，不能作为最接近的现有技术的情况。

但是前文中，分析过最接近的现有技术的核心要素是现有技术与发明要解决的技术问题是否相关联，而《专利审查指南》的上述规定却将技术领域作为优先于技术问题的考量因素，似乎两者之间存在不一致的问题。其实不然，《专利审查指南》中的相关规定是从提高行政效率的角度进行指引。下文将进行尝试性的探讨。

通过对上述内容的分析，可以发现上述"优先考虑"的规定隐含着两个方面的"优先":相同技术领域优先于技术不同领域、技术领域优先于技术问题。

(一)相同技术领域优先于不同技术领域的内在原因

前文中,分析了技术问题能否被本领域技术人员发现是作为最接近的现有技术的基本要求,其取决于三个方面:现有技术中是否存在发明实际解决的技术问题,其直接体现在技术问题是否相关联;本领域技术人员能否接触到该现有技术;本领域技术人员基于现有能力能否发现该现有技术中的问题。

1. "技术问题是否相关联"要求优先考虑相同或相近的技术领域

从技术本身的角度来说,由于最接近的现有技术应与发明要解决的技术问题相关联,技术领域是技术问题产生的土壤,存在于相同或相近的技术领域的发明创造,经常面临相同的技术问题需要解决,因此最接近的现有技术一般情况下为相同或相近的技术领域,只有这样才能孕育相同的技术问题,产生技术问题上的关联性。

2. "能否发现该现有技术中的问题"要求优先考虑相同或相近的技术领域

关于发现问题,由于重构发明的主体是本领域技术人员,所以应站位发明所属技术领域的技术人员,来客观判断能否发现现有技术的问题。

《专利审查指南》中明确指出:"所属技术领域的技术人员,也可称为本领域的技术人员,是指一种假设的'人',假定他知晓申请日或者优先权日之前发明所属技术领域所有的普通技术知识,能够获知该领域中所有的现有技术,并且具有应用该日期之前常规实验手段的能力,但他不具有创造能力。如果所要解决的技术问题能够促使本领域的技术人员在其他技术领域寻找技术手段,他也应具有从该其他技术领域中获知该申请日或者优先权日之前的相关现有技术、普通技术知识和常规实验手段的能力。"

虽然本领域的技术人员具有"知识"和"能力",但是对于非发明所属技术领域的"知识"和"能力",需要在技术问题的激发下,本领域技术人员有动机去获取,其存在"知识"和"能力"上的局限问题。因此,本领域技术人员在确定最接近的现有技术过程中,由于没有技术问题的引导,其所具有的"知识"和"能力"仅限于发明所属技术领域所有的普通技术知识,能够获知该领域中所有的现有技术,并且具有应用该日期之前常规实验手段

第四章 "三步法"内在逻辑探讨及最接近现有技术的选取

的能力,但他不具有创造能力。

因此,在重塑发明的过程中,本领域技术人员会存在两方面的困难:一是获知发明所属技术领域之外的现有技术的能力;二是即使获知发明所属技术领域之外的现有技术,能否有能力意识到现有技术存在的问题。例如,机械领域的技术人员,一般不会接触到有机合成化学的技术,即使有所接触,其也没有能力发现有机合成化学领域的技术问题。一般情况下,能够被发现问题的现有技术应与发明所属的技术领域相同或相近。这也与实际的研发过程相对应。发明人在自己所属的领域使用产品或方法的过程中会发现问题,并基于此进行研发改进,进而获得发明创造。

3. 技术领域的不同不会对最接近的现有技术的选取构成绝对限制

但是,不可否认的是,技术领域的不同不会对最接近的现有技术的选取构成绝对限制,即与发明技术领域不同的现有技术也可能作为最接近的现有技术,《专利审查指南》中也作出了相应的规定:"虽然与要求保护的发明技术领域不同,但能够实现发明的功能,并且公开发明的技术特征最多的现有技术。"其核心原因在于不同的技术领域有可能会存在相同或相似的技术问题。

案例 4-9　技术领域的不同不会对最接近的现有技术的选取构成绝对限制

在第 40592 号复审决定(200810070675.8)涉及的案件中,涉案申请要求保护一种制作微波陶瓷元器件的激光微调刻蚀方法,而对比文件 1 公开了一种用激光照射对石英晶体进行微调的方法。针对石英和陶瓷因在用途、材料性质和工作信号频段方面都存在差别而属于不同领域的产品的观点,决定认为,虽然涉案申请与对比文件 1 加工对象的性质和具体应用领域有差别,但对于陶瓷和石英这样质地坚硬的材料而言,激光微调刻蚀在原理上是类似的,都是利用激光束可聚集成很小的光斑,当达到适当的能量密度时,有选择地气化部分材料来精密调节微电子元器件,在涉及激光微调刻蚀技术的现有技术文献中已经给出该技术可通用于许多集成电路元器件的教导。因此,这种技术问题与功能上的一致足以指引所属领域技术人员以对比文件 1 为基础,根据其公开的激光微调刻蚀石英的技术而想到并实现激光微调刻蚀陶瓷的技术[1]。

但是由于领域的不同，导致其本身孕育相同或相似技术问题的可能性较低，且发明人需要跨领域去发现技术问题，相对于相同的技术领域存在更高的难度。客观上，在相同或相近的技术领域获取与发明技术问题相关联的现有技术存在更大的可能性。因此，从行政效率的角度来说，《专利审查指南》中规定优选相同或相似的技术领域有利于行政效率的提高。

（二）技术领域优先于技术问题的内在原因

前文中，分析过最接近的现有技术的核心要素是现有技术与发明要解决的技术问题是否相关联，但是《专利审查指南》中的相关规定"应当注意的是，在确定最接近的现有技术时，应首先考虑技术领域相同或者相近的现有技术，其中，要优先考虑与发明要解决的技术问题相关联的现有技术"，将对技术领域的考虑放在了技术问题之前，这其中的原因和优选相同或相近的技术领域相类似。

如果现有技术明确记载了发明要解决的技术问题，此种情况下对于技术问题相关联的判断相对比较容易；如果现有技术并未记载发明要解决的技术问题，要判断技术问题是否相关联，需要审查员站位本领域技术人员进行分析，而该分析的过程很可能需要大量的检索才能判断，因此判断相对比较困难。而技术领域的判断相对来说比较直观，一般可以通过主题名称，结合现有技术的用途、效果，即可以作出简单的判断。因此，优先考虑技术领域，可以框定一个大致的范围，该范围内所包括的现有技术与发明要解决的技术问题相关联的可能性要明显高于技术领域不同的现有技术，在此基础上，可以高效地获取与发明要解决的技术问题相关联的现有技术，有利于行政效率的提高。

（三）国外相关规定

在选取最接近的现有技术时，美国专利商标局和欧洲专利局也将技术领域和技术问题作为主要的考量因素。

---

[1] 国家知识产权局专利复审委员会. 以案说法［M］. 北京：知识产权出版社，2018：140.

1. 美国专利商标局的相关规定

美国专利商标局《专利审查操作指南》中关于显而易见性的判断中并没有最接近的现有技术这一概念，但是其对可以用于显而易见性的判断的可用现有技术作出了明确限定和详细解释。

能够适用于显而易见性判断的现有技术，必须与所要求保护的发明属于相似的领域。如果现有技术与所要求保护的发明不属于相似的领域，则不能用于显而易见性的拒绝意见。

在判断现有技术与所要求保护的发明属于相似的领域时，必须符合以下标准之一：①该现有技术与所要求的发明来自相同的技术领域（即使涉及不同的问题）；或②该现有技术与发明人面临的问题合理地相关（即使与所要求保护的发明不在同一技术领域）。"相同的技术领域"和"合理地相关"是判断相似领域的两个独立标准。

在确定是否满足"相同的技术领域"的标准时，审查员应考虑专利申请中对发明主题的解释，包括所要求保护的发明的实施例、功能和结构。至于"合理地相关"的标准，审查员应该考虑说明书中明确或隐含反映的发明人所面临的问题。

2. 欧洲专利局的相关规定

《欧洲专利局专利审查指南》对最接近的现有技术的选取作出了如下规定：为了以客观和可预测的方式评估创造性，应用了所谓的"问题解决方法"。在解决问题的方法中，有三个主要阶段：①确定"最接近的现有技术"，②确定要解决的"客观技术问题"，以及③考虑从最接近的现有技术和客观技术问题出发，要求保护的发明对技术人员来说是否显而易见。

最接近的现有技术是一份单一的对比文件，其公开的特征的组合，构成导致发明的开发的最有希望的起点。在选择最接近的现有技术时，首先考虑的是其必须与发明具有相似的目的或效果，或者与要求保护的发明至少属于相同或密切相关的技术领域。实际上，最接近的现有技术通常是对应于类似用途并且通过最少的结构和功能改进即可获得所要求保护的发明。

三、关于技术领域的理解

在最接近的现有技术的认定中，对于技术领域的考量应关注背景技术、技术问题、目的、用途和技术构思等，也就是应该从发明总体上进行把握。对技术领域的分析的核心应该是导向相同或相似的技术问题，进而引发本领域技术人员的研发动机。

（一）技术领域一般是指应用领域

在实际的研发过程中，技术问题的产生与应用场景存在紧密的联系。一方面，不同的应用场景有不同的需求，必然会导致不同的技术问题；另一方面，不同的应用场景和技术互相影响，导致相同的产品在不同的应用场景出现不同的技术问题。因此，为了导向相同或相似的技术问题，在最接近的现有技术确定过程中，技术领域一般是指应用领域，相同的技术领域一般是相同的应用领域。

> **案例 4-10　技术领域一般是指应用领域**

某发明涉及一种用于染料废水处理的具有顺磁性的 Zn/Fe_3O_4 复合催化剂，其目的在于提供一种可降解水中难降解染料，能明显提高类芬顿反应中结晶紫的去除效率的磁性催化剂，且由于顺磁性的存在能够易于从废水中分离。对比文件公开的是一种燃料电池催化剂 Zn/Fe_2O_3，技术方案与发明相似度很高，其目的在于解决现有的燃料电池催化剂不能同时具备高催化活性、稳定性和催化剂成本低的问题。可见，两者的应用领域不同，发明的技术方案用于染料废水中结晶紫的处理，因此产生了提高结晶紫去除效率的要求，同时由于用于废水处理这一场景，需要添加到废水中，进而产生了分离回收使用的要求，发明的目的与使用环境存在密切的关系。相应的对比文件1由于是用作电池中的催化剂，其使用环境并不存在结晶紫，必然不会产生对结晶紫去除的相关目的，且电池中催化剂并不需要分散在水中，也不会产生磁性分离回收的目的。虽然发明与对比文件的技术方案非常相似，但是由于两者的应用领域不同，导致两者所要解决的技术问题不存在任何关联，因此，对比文件不适合作为最接近的现有技术。

（二）技术领域应不考虑用途的例外

需要说明的是，应用领域的确定应以客观用途为准，专利名称中所记载的与使用或用途相关的特征并不必然影响应用领域的认定,只有在其对功能及结构具有影响的情况下才需要考虑。如果本领域技术人员对发明的技术进行分析,发明的技术方案保护的主题属于普适性的技术,其不受应用场景的影响,可以不考虑用途,在此种情况下,技术问题的产生与应用场景不存在联系。

案例 4-11　技术领域不用考虑用途的情形

某发明涉及一种用于挖泥的挖掘机,对比文件公开了一种挖沙的挖掘机。基于最普遍的实际生活感受,虽然两者的应用场景不同,但两者应该是相同的装置,属于相同的技术领域。因为无论挖掘机用于挖泥还是挖沙都属于挖掘机的常规应用场景,该应用场景并不会与挖掘机存在的技术问题有必然联系,因此两者属于相同的技术领域。

(三)分类号与技术领域

分类号对技术领域的确定仅仅具有参考作用。实际的审查过程中,在认定技术领域是否相同或相近时,存在一种不合适的观点:将分类号是否相同或相近作为判断最接近的现有技术选取标准以及技术领域是否相同或相近的依据,即位于国际专利分类表中相同最低位置的发明与现有技术属于相同的技术领域。《专利审查指南》中也存在着相关的记载。

《专利审查指南》第二部分第二章第 2.2.2 节"技术领域"中指出:"发明或者实用新型的技术领域应当是要求保护的发明或者实用新型技术方案所属或者直接应用的具体技术领域,而不是上位的或者相邻的技术领域,也不是发明或者实用新型本身。该具体的技术领域往往与发明或者实用新型在国际专利分类表中可能分入的最低位置有关。"

《专利审查指南》第二部分第七章第 5.3 节"确定检索的技术领域"中指出:"通常,审查员在申请的主题所属的技术领域中进行检索,必要时应当把检索扩展到功能类似或应用类似的技术领域。所属技术领域是根据权利要求书中限定的内容来确定的,特别是根据明确指出的那些特定的功能和用途以及相应的具体实施例来确定的。审查员确定的表示发明信息的分类号,就是申请的主题所属的技术领域。功能类似或应用类似的技术领域是根据申请文件中揭示出的申请的主题所必须具备的本质功能或者用途来确定,而不是只根据申请的主题的名称,或者申请文件中明确指出的特定功能或者特定应用来确定。"

但是在实际的操作过程中,审查员会发现以分类号作为技术领域的认定依据存在明显的不合理情况。比如以位于分类号 B01J23/10 的文献来说,其包含多个不同领域用途的催化剂,例如 CN101367038A 涉及一种整体式抗积碳生物质焦油重整催化剂的制备方法,CN101417229A 涉及一种用于有机碳酸酯合成的催化剂,CN102240541A 涉及一种非晶形复合氧化物脱硝催化剂,CN102513087A 涉及一种用于从二苯脲合成苯氨基甲酸酯的催化剂,上述文献明显属于不同的技术领域。

究其原因,《专利审查指南》第一部分第四章"引言"中指出了采用国际专利分类对发明专利申请和实用新型专利申请进行分类的目的是:"(1)建立有利于检索的专利申请文档;(2)将发明专利申请和实用新型专利申请分配给相应的审查部门;(3)按照分类号编排发明专利申请和实用新型专利申请,系统地向公众公布或者公告。"因此,从本质上来讲,采用国际专利分类的目的并不是用于判断创造性时技术领域的确定,不能作为划定专利技术领域的依据。

虽然,《专利审查指南》第二部分第二章第 2.2.2 节"技术领域"中指出,"该具体的技术领域往往与发明或者实用新型在国际专利分类表中可能分入的最低位置有关",但该内容位于"说明书的撰写方式和顺序"章节,是对说明书撰写的一种要求,其目的是希望申请人在撰写时对技术领域的描述能够和国际专利分类相对应,以便于后期的国际专利分类工作。

《专利审查指南》第二部分第七章第 5.3 节"确定检索的技术领域"中指出的"审查员确定的表示发明信息的分类号,就是申请的主题所属的技术领域",位于"检索"章节,其更多的是说明如何在检索中表达技术领域,分类号只是表达的一种方式,这种表达与技术领域并不能等同,而是一种涵盖关系。分类号由于自身的限制,并不能做到针对每种技术领域都一一细分、一一对应。因此,用于表达技术领域的分类号只需涵盖发明的主题即可,其一般也会涵盖其他技术领域,有些相近,有些则会不同。

而选取最接近的现有技术时,判断技术领域是否相同的目的是导向相同的技术问题,两者定位不同、作用不同。因此,专利在国际专利分类表中的最低位置对技术领域的确定仅具有参考作用。

四、关于技术问题的理解

关于技术问题的考量是选取最接近的现有技术的核心考虑要素，技术问题也是判断技术领域是否相同的重要依据，最接近的现有技术应该与发明要解决的技术问题相关联，技术问题不相关联的现有技术一般情况下不能构成最接近的现有技术。

（一）关于技术问题相关联的理解

作为最接近的现有技术，当所属领域的技术人员面对发明要解决的技术问题时，通过对该现有技术整体呈现的信息进行研究，应当能够发现其与发明关注的技术问题之间存在着某种内在联系。这种内在联系，既可以体现为现有技术中记载了与发明所关注的问题相同或相似的问题，例如，该现有技术中存在、希望解决或者已经解决了这样的技术问题；也可以是该现有技术虽然没有记载，但所属领域的技术人员由此能够意识到这样的问题[①]。

案例4-12　现有技术没有记载但客观存在相关问题有待解决

专利申请号为CN201710727966.9的发明专利申请，涉及一种耐热铜锌基催化剂的制备方法，其解决的问题是提高催化剂的水热稳定性和高温催化性能，尤其在合成气制甲醇和CO_2加氢制甲醇反应中，表现出了较为优异的耐热活性。现有技术公开了一种CO_2加氢制甲醇的Cu/Al_2O_3催化剂，其关注的是催化的活性和选择性，并不涉及水热稳定性和高温催化性能。但是对于本领域技术人员来说，CO_2加氢制甲醇一般属于高温反应，反应时由于水蒸气和高温的存在，会导致催化剂烧结失活，影响催化剂的稳定性能。因此，提高催化剂的水热稳定性和高温催化性能，是所属领域的普遍需求。虽然现有技术中没有明确记载"水热稳定性和高温催化性能"的信息，但是本领域技术人员能够意识到其客观上存在相关的问题有待解决的需求。

---

① 国家知识产权局专利复审委员会. 以案说法 [M]. 北京：知识产权出版社，2018：141.

案例4-13　现有技术没有记载但客观上已经解决相关问题

专利申请号为CN200710143955.2的发明专利申请，涉及一种高耐蚀性镀覆钢材的多元合金镀覆材料，包含由Al、Si、Mg、Zn合金和至少两种稀土元素Ce、La组成的多元合金。其通过加入至少两种稀土元素，更好地提高镀覆钢材的抗腐蚀性能与耐高温性能，延长钢材的使用寿命，提高钢材的表面质量。现有技术涉及一种钢板表面的金属镀液，包含Al、Si、Zn以及Ce、La混合稀土，其主要涉及镀层的耐蚀性能，并不涉及发明的"耐高温"以及"钢材表面质量"问题。但是，对于本领域技术人员来说，现有技术与该申请属于相同的应用领域，具有相似的组成，且采用了与该申请解决耐高温以及钢材表面质量问题的技术手段所采用的"稀土元素Ce、La"。虽然本领域技术人员无法结合现有技术知识直接预期其解决了相关技术问题，但是由于两者属于相同的应用场景及合金体系，因此现有技术客观上能够解决上述问题，两者在技术问题上存在关联。

案例4-14　现有技术没有记载但客观上能够解决相关问题

专利申请号为CN200610160706.X的发明专利申请，涉及一种去除不锈钢表面氧化皮膜之表面处理水溶液，其包括于水溶液中添加羧酸、氯离子、硝酸根离子、氟化合物及选自尿素、硫尿的添加剂，借以形成金属表面处理水溶液，并可利用化学喷洒或浸蚀方式，将不锈钢金属焊接后表面氧化皮膜去除，如此不仅可缩短处理去除氧化皮膜制程，并可同时达到提高工件品质之要求。现有技术涉及一种不锈钢表面快速化学研磨抛光液，含盐酸、硝酸、磷酸、柠檬酸、氟硼酸、乙酸、氟化钠或氟化钾、阳离子表面活性剂、水杨酸或衍生物、非离子表面活性剂、增溶剂尿素，其用于不锈钢表面的化学抛光，抛光方法就是将要加工的表面与化学研磨抛光液进行接触，其能够达到减少不锈钢表面侵蚀深度，提高光亮度与清洁度的效果。从解决的技术问题及达到的技术效果来看，两者并不一致。但是化学抛光过程中也有去除氧化膜的过程，且两者技术领域相近，本领域技术人员能够预期现有技术的化学抛光液能够解决申请中所涉及的不锈钢金属焊接后表面氧化皮膜的去除问题，现有技术能够解决发明的技术问题，两者在技术问题上相关联。

（二）技术问题相关联判断中的技术问题的确定原则

发明人在申请文件中对于技术问题的记载，一般分为三个层次：①申请人在说明书背景技术中记载的现有技术中存在的问题；②申请人在发明内容中提出的声称要解决的技术问题；③被确认能够解决的技术问题。

通常情形下，说明书背景技术部分会记载背景技术存在的问题或者缺陷，有时也会视需要分析说明产生问题的原因，以及本领域解决这些问题遇到的困难，进而引出发明要解决的技术问题。申请人在说明书背景技术部分记载的现有技术的问题可以是一个，也可以是多个，其目的是对现有技术的状况进行介绍，解释发明人发明创造的初衷。

申请人在发明内容中提出的声称要解决的技术问题在申请文件中，一般以"要解决的技术问题……"明确记载。需要说明的是：①申请人声称要解决的技术问题可能为背景技术中提到的问题中的多个问题中的一个或多个，背景技术中所提到的问题，发明并不一定都会解决；②申请人声称要解决的技术问题与背景技术中所提到的技术问题并不相同，其有可能是背景技术中未提及的技术问题；③对于发明声称要解决的技术问题，还需要考量说明书的全部内容，尤其是虽然未被申请人明确标示为"要解决的技术问题"，但是属于在技术效果部分体现出来的或者能够反推出来的相应技术问题。

但是，不管是背景技术记载的技术问题，还是发明声称要解决的技术问题，在创造性判断过程中，需要考虑的是发明可以确认解决的技术问题。因为在实际的撰写中，申请人声称要解决的技术问题可能由于申请人对技术问题的夸大，有些技术问题或者技术效果仅只是文字上的记载，并不能通过实验数据得以验证，也不能通过本领域技术人员根据现有技术的知识进行推断，这些没有得到验证得以解决的技术问题以及技术效果不能作为创造性判断的事实基础，也不能作为确定最接近的现有技术与发明关联性的基础。

（三）确定发明要解决的技术问题应该包含发明基础的问题

一项发明要解决的技术问题，往往包括两个方面的问题，即基础问题和改进的问题。在判断现有技术是否与发明要解决的技术问题相关联时，不应忽视对基础问题的考量。

案例 4-15　确定发明要解决的技术问题应该包含发明基础的问题

发明涉及一种用于处理废水中苏丹红的光催化剂，在使用的过程中需要将其添加到废水中，但是由于催化剂一般为粉末状，导致添加到废水中之后回收重复利用困难，基于此问题发明人进行改进，在原有光催化剂中进一步添加了磁性物质 Fe_3O_4，由于 Fe_3O_4 具有磁性，在处理完废水中的苏丹红之后，通过磁铁磁性吸附进行回收，可解决现有催化剂难于回收的问题。在该项发明中，发明要解决的技术问题实质上包括两个层次：①发明要解决的基础问题是催化处理苏丹红；②改进的问题是有效回收废水中的催化剂。

对比文件涉及一种处理废水中重金属的光催化剂，其同样通过添加磁性物质解决催化剂的回收问题。同样地，该对比文件要解决的技术问题实质上包括两个层次：①发明要解决的基础问题是催化处理重金属；②改进的问题是有效回收废水中的催化剂。

上述两份文件要解决的技术问题是否相同？如果只关注改进的问题，两者应该解决了相同的技术问题。但是作为有经验的审查员，在看到两篇文献时，能够很迅速地判断出两者属于不同的技术领域，解决了不同的技术问题，目前的对比文件不能作为最接近的现有技术，其核心在于两者所解决的基础问题上的差异。

（四）技术问题相关联判断中的发明递进解决的技术问题

在审查实践中，发明可能基于多个特征的改进解决多个技术问题。多个技术问题可能存在如下两种逻辑关系。

第一种，并列关系，即每个单独的特征解决其相应的技术问题。例如，某案涉及一种空气净化剂，其通过在活性炭吸附剂的基础上进一步添加硅藻土和二氧化钛，以硅藻土的优异吸附性能，以及二氧化钛催化降解甲醛的作用，提高室内空气的净化效果。在该案中，两个改进的特征——"硅藻土"和"二氧化钛"，基于自身的特性，各自单独发挥对空气净化的作用。两个技术问题之间没有相互的关联，两个技术问题属于并列的关系。

第二种，递进关系，即后一技术问题的产生来源于为解决前一技术问题所采用的技术特征。例如，某案涉及一种可回收泡罩包装盖膜，从上至下依次包括阻隔耐热涂层、印刷耐热层、色母阻隔层、低温热封层，其中，印刷耐热层包括以下质量百分比的组分：40%～70%聚烯烃树脂、20%～50%耐热功能填料和5%～10%相容性树脂。添加耐热功能填料的作用在于提高印刷耐热层的耐热性能，但是耐热功能填料的使用又导致了填料和聚烯烃树脂之间存在相容性的问题，为了解决该相容性问题进一步添加了相容性树脂。此案中涉及解决两个问题"耐热性能"和"相容性"，相容性的问题在原来的聚烯烃树脂中并不存在，而是为了解决耐热性能添加填料而进一步带来的，相容性问题的产生是基于为解决耐热性能所采用的技术手段"功能性填料"。技术问题"耐热性能"和"相容性"为递进关系。

前文中已提到，确定发明解决的技术问题是为了分析现有技术与发明在技术问题上的关联性，体现的是本领域技术人员能否以该现有技术作为最接近的现有技术，发现其存在的问题，进而确定其能否产生改进动机。因此，如果发明要解决的某一技术问题为递进问题时，在确定技术问题的关联性时不应该考虑。

以上述的案例为例，发明人基于泡罩包装盖膜中的印刷耐热层耐热性能不高的问题，通过添加耐热功能材料提高耐热性能，在解决该问题之后，发明人进一步发现耐热功能材料与聚烯烃树脂之间存在相容性的问题，进一步添加相容性树脂以解决聚烯烃树脂和填料之间的相容性。因此，<u>重塑该发明过程发现，发明人所针对的泡罩包装盖膜是发明的起点，在创造性判断中可以作为最接近的现有技术</u>。但是如果在判断现有技术和发明技术问题关联性时，将发明解决的技术问题认定为"耐热性"和"相容性"，会发现现有技术仅存在耐热性提升的技术问题，与发明解决的技术问题不相同，不存在关联性，该现有技术不能作为最接近的现有技术。很明显，这种认定不符合还原发明创造的基本认知。因此，技术问题关联性判断中的技术问题不应该包括发明递进解决的技术问题。

五、关于技术特征的理解

确定最接近的现有技术时，关于技术特征的考量，应遵循实际研发的客观规律"先整体后细节"，先关注整体所体现的发明的技术路线或者技术原理是否相同，即发明的内在是否"神似"，再关注体现发明技术路线或技术原理的技术特征是否相同,即发明的外在是否"形似"。内在的技术路线或者技术原理不相同的情况下,对于技术特征的对比没有实际意义。

> **案例 4-16　技术特征的考量应"先整体后细节"**

发明涉及一种纳米材料的制备方法,具体为将原材料使用水溶解混合后,放入密封的聚四氟乙烯反应釜中进行反应,并限定了反应的原料比例、时间、温度。对比文件公开了相同纳米材料的制备方法,具体为将相同的原材料使用水溶解混合后,放入烧瓶中进行反应,采用相同的原料比例、时间、温度。两者的区别仅在于反应容器不一样:发明为聚四氟乙烯反应釜,对比文件为烧瓶。此时,在进行技术特征对比和区别特征的认定过程中,不能简单地认为两者仅仅是反应容器的不同。对两者技术方案的内在进行分析:发明采用密封的聚四氟乙烯反应釜作为反应容器,其会产生高温高压,采用该反应容器,代表该反应机理为水热合成法;而对比文件采用烧瓶作为反应容器,属于常压反应,即该反应为常规的化学合成,两者属于不同机理。而对于化学反应来说,反应的原料比例、时间、温度是需要基于反应机理进行确定的,反应机理不同,原料比例、时间、温度是没有可比性的。因此,如果在进行技术特征对比和区别特征的认定过程中忽视机理,机械地对比技术特征,认定的区别仅仅在于反应容器不一样,则认定的方法存在问题,忽视了《专利审查指南》关于"整体考量"的相关规定,也不符合实际研发过程中"先整体后细节"的客观规律,导致创造性判断的失误。

第三节　不能作为最接近的现有技术的情形

前文讨论了最接近的现有技术的选取因素,其实是从正面的角度说明什么类型的文件能够作为最接近的现有技术,但是并不意味着符合上述条件的现有技术都可以作为最接近的现有技术。下文从反面的角度说明,确定最接近现有技术时应该排除的类型。

目前,明显不能作为最接近的现有技术的情形,比较常见的情况包括:

①现有技术不存在发明实际要解决的技术问题，已在前文中进行了分析；②最接近的现有技术存在相反的技术教导；③最接近的现有技术本身存在改进技术障碍。上述几种情况，已经有大量文章进行了探讨，本文将重点讨论以下情形。

一、对最接近的现有技术的改进妨碍原技术问题的解决或功能的实现

发明创造的目的是对现有技术的改进，以解决现有技术中存在的问题，这些问题来源于人们在生产生活中对现有技术的不满意之处，因此，从技术发展趋势来看，发明创造是对现有技术已有功能的进一步完善。在此基础上，实际的研发过程中，基于发现问题的种类，对现有技术的改进一般分为两种情况。

一是发明人发现现有技术中存在的问题在于已有性能不够好或者不够全面，因而对其改进。这种改进一般涉及两个方向：对已有性能的进一步提升，或赋予新的性能。这种形式的改进不会对现有技术原有的功能或者解决的技术问题产生影响。

二是发明人发现现有技术中存在的问题在于用途不够广泛，此种情况下的改进，发明人一般首先要对现有技术能够实现的功能进行分析，并在现有技术中寻找与现有技术领域相近或相似、有相同功能需求且存在相同或相似技术问题的技术领域，并通过原理上的可行性分析，判断是否能够转用到相关领域，通常转用后还需根据相关领域的实际需求进行适应性的修改。这种形式的改进发明具有现有技术原有的功能。

因此，总的来说，对最接近的现有技术的改进不应妨碍最接近的现有技术原本技术问题的解决或功能的实现。

案例 4-17 对最接近的现有技术的改进不应妨碍原技术问题的解决或功能的实现

发明涉及一种集装箱用制冷装置，要解决的技术问题是排气通路出入口存在压力差导致集装箱箱外的空气向箱内倒流。

对比文件揭露了一种冷藏集装箱，对比文件的发明目的是调整箱内气体

浓度的基础上避免热负载增加，其采用了与发明相同的技术手段，也解决了由于排气通路出入口的压力差而带来的箱外空气流向箱内倒流的问题。但是，对比文件没有公开发明中的供气装置，也没有公开用于将氮浓度比箱外空气高的富氮空气供向箱内的供气装置。可见，对比文件与发明所处技术领域相同、所解决的技术问题相同、所实现的技术效果也相同，两者的技术方案之间的差距也是非常微弱的，两者的区别特征属于本领域的非关键技术特征。

对比文件的发明目的是对箱内空气的组分进行调节时避免热负载增加，为此，在对比文件的冷藏集装箱中，箱内外的分隔壁的一部分由膜状换气用过滤器构成，箱内箱外只发生存在浓度差的气体（O_2、CO_2、H_2O）的移动，而不会发生没有浓度差的气体（N_2）的移动，以此防止将经冷却的箱内气体过度地向箱外放出。可见，对比文件减小集装箱的热负载所采用的技术手段是尽可能避免没有浓度差的气体（N_2）的移动。

以对比文件为起点重构发明时，虽然为了保持箱内食品的新鲜程度而增加供应氮气的装置并不罕见，但将氮气供应到箱内时，箱内外将会产生氮气的浓度差，从而造成氮气与氧气、二氧化碳以及水蒸气一起通过换气用过滤器从箱内向箱外排出，箱内的冷却空气将过度地向外气放出，这将会导致再次调整时的热负载变大。可见，向箱内供应氮气与对比文件的发明目的是相互背离的。以对比文件作为发明的起点，尽管对比文件解决了发明中箱外空气向箱内空气倒流的技术问题，但是由于将对比文件进一步改进得到该发明的过程违背了对比文件的发明目的，阻碍了对比文件实现其发明目的，所以本领域技术人员依旧没有动机去改进对比文件。

二、最接近的现有技术不是一个明显的技术方案

从还原发明创造的角度来看，本领域技术人员面对最接近的现有技术时，其着眼于发现现有技术在整体上是否存在缺陷和问题，进而引发改进的动机，这种改进也应该是针对发明的整体进行改进，因此作为最接近的现有技术应该是一个完整的技术方案。《专利审查指南》中也明确规定了"最接近的现有技术，是指现有技术中与要求保护的发明最密切相关的一个技术方案"，其也是落脚在技术方案。

案例4-18　最接近的现有技术不是一个明显的技术方案

【权利要求】

权利要求1为：

一种在钛合金上制备超疏水性表面的方法，其特征在于制备方法包括以下步骤：在洁净的钛合金表面进行喷砂处理；把喷砂好的钛合金表面浸入氢氟酸水溶液；用去离子水对浸泡好的钛合金进行清洗；在空气的气氛中对试样进行干燥，并对每一步骤的具体工艺进行限定。

【申请事实调查】

发明涉及一种在钛合金上制备超疏水性表面的方法。该方法将钛合金经过喷砂和去砂处理制备出超疏水钛合金表面。制备出的钛合金表面具有较好的分布均匀的多孔结构，具有良好的力学性能，具有优良的超疏水性能：室温下，钛合金表面与水的接触角大于150°。该发明具有工艺简单、可控性好、效率高、污染小和成本低等特点，所得到的超疏水表面不需要任何化学物质修饰，因此是一种环保的制备方法。

【现有技术】

对比文件1公开了一种在纯钛牙种植体表面制备具有生物活性的多孔结构的方法，包括四个步骤：纯钛牙种植体进行喷砂、氢氟酸处理、过氧化氢处理及热处理等表面改性。其中喷砂、氢氟酸处理的具体步骤包括：纯钛牙种植体表面经大颗粒金刚砂喷砂，使表面形成不规则的高低起伏的粗糙面，即微米级的凹坑；用氢氟酸处理；双蒸水冲洗，干燥，使表面形成亚微米级的凹坑。对比文件1通过对纯钛牙种植体进行喷砂、氢氟酸处理、过氧化氢及热处理等表面改性，使种植体表面形成一层多级孔洞结构的形貌，且表面的TiO_2层为锐钛矿晶相结构。该表面具有很好的骨组织相容性，大大提高了牙种植体的临床成功率。

对比文件2公开了一种实现金属钛表面超疏水的途径，可以通过在金属钛表面形成微米—亚微米结构实现超疏水。

【案例分析】

分析对比文件1可知，虽然其包括四个步骤，但是其前两步"喷砂、氢氟酸处理"会在钛表面获得微米—亚微米结构。

如果将对比文件1中的前两步"喷砂、氢氟酸处理"独立出来，认为其公开了一种在钛表面获得微米—亚微米结构的方法，并将其作为最接近的现有技术，则权利要求1所请求保护的技术方案与对比文件1所公开的内容相比，主要区别在于权利要求1制备的是超疏水性表面。此时结合对比文件2公开的"通过在金属钛表面形成微米—亚微米结构能够实现超疏水"这一技术启示，能够想到将对比文件1中的"在钛表面获得微米—亚微米结构的方法"转用到"在钛表面制备超疏水性表面"，从而可以进行创造性的评述。

但是从还原发明创造的过程来看，上述过程不符合实际的发明创造过程。以对比文件1为起点重构发明时，本领域技术人员会发现，对比文件1是通过将纯钛种植体进行喷砂、氢氟酸处理、过氧化氢及热处理等表面改性方法，进而提高钛种植体的骨组织相容性，在此基础上本领域技术人员关注的是钛种植体相关的技术问题，例如，是否可以进一步改进方法以提高骨组织相容性。因此，以对比文件1中的部分特征作为最接近的对比文件是不合适的。

当然，在某些情况下，根据现有技术方案的记载，某些特征明显构成了完整的技术方案，即一个大的技术方案中所包括的子技术方案，其也可以作为最接近的现有技术。例如，"一种清洗液组合物，包括A、B、C，其中A的制备方法为……B的制备方法为……C的制备方法为……"该方案中所包括的子技术方案A、B、C的制备方法可以认为是一个完整的技术方案。

第四节　多篇文件结合时，选取最接近的现有技术的其他考虑因素

判断最接近的现有技术的选取是否合适的关键是创造性的评述是否具有足够的说服力，评述逻辑能否被申请人接受，事实认定和说理能否被申请人认可。因此，在有多篇文件结合时，确定最接近的现有技术时，应重点考虑组合方式的说服力。使创造性的逻辑推演客观公正，应注意以下两点：①优先采用客观事实说话，尽量减少审查员的主观分析和判断，减少争议点；②逻辑推演的过程应尽量符合申请人的思维过程，即申请人进行发明创造的过程，提高申请人的接受度。

第四章 "三步法"内在逻辑探讨及最接近现有技术的选取

一、有利于事实认定和说理

(一)有利于实际解决的技术问题的确定

在创造性评述的"三步法"中,实际解决的技术问题的确定也是审查员与申请人之间容易产生分歧的地方。在多篇文件均可以作为最接近的现有技术的情况下,可以优先考虑有利于发明实际解决的技术问题能够客观确定的组合方式,以减少分歧。

> **案例 4-19　有利于实际解决的技术问题的确定**

【权利要求】

1. 一种用于去除金属工件表面的油渍、锈油、脏污等杂质的清洗剂,其组成包括重量百分比为27%~30%的氢氧化钠、重量百分比为6%~9%的三聚磷酸钠、重量百分比为48%~51%的偏硅酸钠、重量百分比为2%~5%的十二烷基苯磺酸钠、重量百分比为8%~11%的碳酸钠及重量百分比为1%~4%的烷基酚聚氧乙烯醚。

【申请事实调查】

说明书详细记载了发明的核心改进点在于:通过同时添加三聚磷酸钠和十二烷基苯磺酸钠两种表面活性剂,产生协同作用,二者复配比单用其中一种的清洗效果大幅度提高。但是没有对碳酸钠的作用进行解释,也没有实验来验证碳酸钠的技术效果。

【现有技术】

对比文件1公开了一种清洗金属用清洗剂,含有氢氧化钠20%~30%、偏硅酸钠50%~60%、三聚磷酸钠(为多聚磷酸钠的下位概念)8%~15%、烷基酚聚氧乙烯醚1%~6%、碳酸钠9%~10%。发明与对比文件1的区别在于采用了十二烷基苯磺酸钠。

对比文件2公开了一种用来清洗各种金属材料及零部件的清洗剂,含有氢氧化钠28%~32%、偏硅酸钠50%~61%、三聚磷酸钠5%~10%、烷基酚聚氧乙烯醚2%~3%、十二烷基苯磺酸钠4%~6%。其发明构思与该案相同,也是通过同时添加三聚磷酸钠和十二烷基苯磺酸钠两种表面活性剂,产生协同

111

作用，提高清洗效果。发明与对比文件2的区别在于采用了碳酸钠。

【案例分析】

通过对比可以看出，对比文件1和对比文件2与发明相比，属于相同的技术领域，公开的特征数量相当，且对比文件2与发明的构思相同，理论上从相关度来说，对比文件2与发明更相关，应该作为最接近的对比文件。

但是从创造性评判和事实认定的角度来看，如果采用对比文件2作为最接近的对比文件，区别在于碳酸钠的使用。根据《专利审查指南》的相关规定，"根据该区别特征所能达到的技术效果确定发明实际解决的技术问题"，发明中并没有对碳酸钠的作用及所获得的效果进行记载和验证，此时区别特征"碳酸钠"实际解决的技术问题需要本领域技术人员的知识进行认定，而如果无法认定碳酸钠的相关作用，此时会导致难以通过"三步法"确定发明实际解决的问题，并在后续的意见交互中产生争议。

但是如果采用对比文件1作为最接近的对比文件，区别在于十二烷基苯磺酸钠的使用。根据发明的记载，其实际解决的技术问题为提升清洗效果。而对比文件2公开了同时添加三聚磷酸钠和十二烷基苯磺酸钠两种表面活性剂，产生协同作用，提高清洗效果，给出了明显的结合启示。在整个过程中，事实的认定均是根据申请文件和对比文件客观记载的事实来确定，更加客观，不会带来不必要的争议，有利于申请人接受。

（二）有利于结合启示的判定

结合启示的判定是创造性判断的核心所在。在化学领域，经常会出现如下情形：对比文件与发明创造的技术领域相同，且公开了涉及发明点的关键技术特征，但是没有明确公开关键技术特征的作用或者公开的作用与申请不完全相同。此时应优先采用公开了涉及发明点的现有技术作为最接近的现有技术，能够有效避免评述过程中，结合启示说理的困难，避免申请人对结合启示的质疑，评述更有说服力。

案例 4-20　有利于结合启示的判定

【权利要求】

1. 一种乙苯脱氢制苯乙烯的催化剂，以重量百分比计包括如下组分：

a) 50%~90% Fe_2O_3；b) 6%~12% K_2O；c) 4%~10% Ce_2O_3；d) 0.1%~5% MoO_3；e) 0.1%~12% MgO；f) 0.1%~12% CaO；g) 0.01%~12%选自过渡金属中的至少一种的氧化物；其中制备催化剂时，先将所需量的 Fe_2O_3 和 K_2O 混合，焙烧形成 $KFe_{11}O_{17}$ 物相。

【申请事实调查】

该发明涉及一种乙苯脱氢制苯乙烯的催化剂，其通过对现有的 Fe-K-Ce-Mo-Ca-Mg 催化剂体系进行改进，将 Fe-K 先行制备形成催化剂活性相前身 $KFe_{11}O_{17}$，$KFe_{11}O_{17}$ 在催化剂中的存在能使乙苯脱氢催化剂具有很好的活性和稳定性，从而使低钾含量催化剂在保持较高的活性的同时还具有较高的稳定性和抗压碎力。

【现有技术】

对比文件 1 公开了一种乙苯脱氢制苯乙烯的催化剂，以重量百分比计包括如下组分：50%~90% Fe_2O_3，5%~10% K_2O，4%~10% Ce_2O_3，0.1%~5% MoO_3，0.1%~15% MgO，0.1%~15% CaO。上述技术方案中，MgO 的优选范围以重量百分比计为 0.5%~10%，CaO 的优选范围以重量百分比计为 0.5%~10%，MgO 的更优选范围以重量百分比计为 1%~8%，CaO 的更优选范围以重量百分比计为 1%~8%，MgO：CaO 的重量比优选范围为 2:1~3:1。优选方案为以重量百分比计催化剂中还含有 0.1%~10%选自过渡金属的至少一种氧化物。权利要求 1 与对比文件 1 相比，区别为：权利要求 1 中限定了制备催化剂时，先将所需量的 Fe_2O_3 和 K_2O 混合，焙烧形成 $KFe_{11}O_{17}$ 物相。

对比文件 2 公开了一种乙苯脱氢制备苯乙烯的催化剂，其通过在 Ce-Mo-Ca 或 Mg 基本组成的基础上，引入重量百分比为 75%~95%的微米级高铁酸钾 $KFe_{11}O_{17}$，以提高催化剂的活性、选择性、耐水性能和稳定性能。发明的脱氢催化剂，所用高铁酸钾 $KFe_{11}O_{17}$ 在制备前预生成，将 Fe_2O_3 和 K_2CO_3 以计算量的比例混合均匀后，加入脱离子水，制成膏状物，120℃干燥 4 小时，然后在 900℃下焙烧 4 小时，就可获得高铁酸钾 $KFe_{11}O_{17}$。权利要求 1 与对比文件 2 相比区别为：权利要求 1 限定了还含有过渡金属的至少一种氧化物，并限定了组分的具体含量。

【案例分析】

对于上述两份对比文件，如何组合评述创造性更有说服力？简单分析如下。

如果选用对比文件1作为最接近的对比文件，优点在于区别特征较少，仅为"先将所需量的Fe_2O_3和K_2O混合，焙烧形成$KFe_{11}O_{17}$物相"，且实际解决的技术问题也很好认定，发明中已经明确记载了上述区别特征解决的技术问题为"保持较高的活性的同时还具有较高的稳定性和抗压碎力"。但是，选用对比文件1作为最接近的现有技术的缺点在于判断结合启示时，需要结合对比文件2进行判断。对比文件2虽然公开了预先将Fe_2O_3和K_2O混合，焙烧形成$KFe_{11}O_{17}$物相，但是其公开的作用与发明并不完全相同，对比文件2公开的上述区别特征的作用为"提高催化剂的活性、选择性、耐水性能和稳定性能"，其并不涉及抗压碎力提高的相关作用，从结合启示的角度来看，结合启示并不充分。此案在后续的实际审查过程中，申请人也是针对"抗压碎力"这一性能提出了反驳意见，认为对比文件2给出的结合启示并不充分。

如果选用对比文件2作为最接近的现有技术，其缺点在于区别特征较多。权利要求1限定了还含有过渡金属的至少一种氧化物，并限定了组分的具体含量，且该发明中并未描述上述区别的作用，也没有进行相关实验来证明上述特征获得了何种效果，导致对实际解决的技术问题的认定存在一定困难。但是其优点也很明显，发明的发明点"先将所需量的Fe_2O_3和K_2O混合，焙烧形成$KFe_{11}O_{17}$物相"将不再构成区别，避免了关于作用不完全相同、结合启示不够充分的争议。虽然该发明中并未描述上述区别的作用，也没有进行相关实验来证明上述区别获得了何种效果，导致实际解决的技术问题在认定上存在一定的不准确性，但是正是由于上述的未记载也体现出申请人未将其作为发明的发明点，因此对此产生争议的可能性较小；并且即使产生争议，由于并没有效果的验证，上述关于数值的争议是可以被认定为常规选择的，而对于过渡金属氧化物的使用，经过简单检索即可确认为本领域常用的催化组分。

因此，选用对比文件2避免了对于申请人比较关注的"发明点"的争议，以及对直接体现申请人发明成果的"发明点"的直接否定，从情感上来说申请人更容易接受。

二、符合申请人的实际研发过程

创造性"三步法"评判的最终目的是使申请人能够认同审查员对于发明

创造性的逻辑推演。从人的接受角度来讲，站位申请人的角度，进行换位思考，可以尽可能地还原申请人的实际研发思路，以此进行的创造性判断逻辑推演，更容易让申请人接受和理解。

案例4-21　符合申请人的实际研发过程

【权利要求】

1. 一种具有舒缓作用的香氛的制备方法，其特征在于，包括下述步骤：复合型舒缓精油在真空条件下经扩散形成饱和蒸汽，使用改性蒙脱土在真空条件下吸附复合型舒缓精油的饱和蒸汽以制得所述具有舒缓作用的香氛；所述改性蒙脱土通过使用辛基三甲基氯化铵对钠交换蒙脱土进行处理以增加其晶层间距制备得到；所述复合型舒缓精油通过薰衣草精油、玫瑰精油、洋甘菊精油、香蜂草精油制得。

【申请事实调查】

该发明涉及一种具有舒缓作用的香氛的制备方法。背景技术中描述了发明产生的背景：①通过将天然植物精油与有机溶剂混合制成液体香氛是一种常见的技术方案。②传统的液体香氛与空气的接触面较小，挥发速率较慢，在此技术上改进形成的香氛通常将液体香氛与具有较大比表面积的介质结合，使用过程中液态的香氛通过毛细作用进入介质并在与空气的接触面挥发出去，以达到增强其挥发速率的目的。③蒙脱土是一种具有高阳离子交换容量、良好膨胀能力及高比表面积的无机材料，具有作为香氛中天然植物精油载体的潜在使用价值。将天然植物精油和蒙脱土进行混合，此种负载方式的精油和蒙脱土结合后容易形成泥浆状混合物，并伴有蒙脱土结块、团聚的现象。④若使用溶剂混合，常用的溶剂如乙醇、异构十二烷、异构十六烷等并不具备令人放松及舒缓的功效，溶剂挥发至空气中，部分体质较敏感的人群或宠物会产生不良的反应。

本发明的核心改进点在于：使用辛基三甲基氯化铵对钠交换蒙脱土进行处理以增加其晶层间距，得到改性蒙脱土，为蒙脱土吸附精油分子创造了有利条件；复合型舒缓精油（薰衣草精油、玫瑰精油、洋甘菊精油、香蜂草精油）在真空条件下经扩散形成饱和蒸汽，吸附在改性蒙脱土上。

【现有技术】

对比文件1公开了一种多功能芳香型矿物空气净化剂的制作方法，其选用凹凸棒矿石黏土为原料进行造粒，打开颗粒内部孔隙，增强吸附效果，然后将颗粒放入密闭容器内用薄荷油、留兰香精油或樟木香精油、除虫菊精油等真空条件下经扩散形成饱和蒸汽，吸附在凹凸棒矿石黏土上，其植物精油的用量以0.5%为宜。其产生的技术效果为：产品采用多孔性制作，具有超强的吸附能力，能快速高效吸附空气中的甲醛、苯等有害物质，消除空气中的各种异味；产品经过熏蒸吸附了天然植物精油，成为缓释型芳香剂，香味持久。

对比文件2公开了一种改性蒙脱石并负载植物精油抗菌粉及其制备方法。其通过采用十六烷基三甲基溴化铵改性钠基蒙脱土，增大蒙脱石层间距，同时进一步采用溶剂分散的方式，将改性蒙脱石粉加入50%乙醇中分散，然后加入植物精油水浴振荡，过滤后用50%乙醇洗涤并干燥、研磨得到改性蒙脱石并负载植物精油抗菌粉。其通过蒙脱石改性增大层间距后负载植物精油，提高了植物精油的负载量。

【案例分析】

通过对比发明与对比文件的技术构思可以发现，发明的技术构思为：蒙脱土改性增大层间距以利于吸附，以及真空吸附促进精油吸附。对比文件1的技术构思为：凹凸棒矿石黏土造粒打开颗粒内部孔隙，增强吸附效果，以及真空吸附促进精油吸附。对比文件2的技术构思为：蒙脱土改性增大层间距以利于吸附，以及采用溶剂混合蒙脱土和精油进行吸附。如果从发明构思的对比来看，对比文件1相对于对比文件2与发明的技术构思更加相似，其核心原理在于首先对作为精油吸附的载体进行处理以增强吸附性能，再进一步通过真空吸附的方式促进精油在载体上的负载；而对比文件2仅公开了蒙脱土改性增大层间距以利于吸附这一层构思，相对于对比文件1来说，没有对比文件1全面。

因此，如果采用对比文件1作为最接近的现有技术，发明与其的区别仅在于：载体不同以及增大空隙促进吸附的方式不一样。而对比文件2公开了蒙脱土，且通过改性增大层间距以利于吸附，与发明的作用相同，给出了启示。从"三步法"的适用来说，也不会存在较大的问题。

但是，通过对申请人发明背景技术的描述的梳理，可以发现申请人的发明思路如下：发明人发现现有的采用溶剂、天然植物精油和蒙脱土混合制备香氛的技术中，使用了溶剂，而常用的溶剂（如乙醇、异构十二烷、异构十六烷等）并不具备令人放松及舒缓的功效，溶剂挥发至空气中，部分体质较敏感的人群或宠物会产生不良的反应。针对该问题，发明人采用了辛基三甲基氯化铵对钠交换蒙脱土进行改性处理以增加其晶层间距提高吸附性能，以及采用在真空条件下经扩散形成饱和蒸汽进行吸附这两个关键技术手段，来替换对比文件中所采用的溶剂混合这一手段，进而解决了对比文件中使用溶剂所带来的技术问题。

如果采用对比文件1进行评述，可以发现其重塑发明的过程为：发明人基于凹凸棒矿石黏土造粒打开颗粒内部孔隙增强吸附效果，在通过真空吸附促进精油吸附来制备香氛的技术方案中，载体的选用存在某些方面的问题。基于该问题，申请人在现有技术中寻找到了对比文件2中改性蒙脱土作为载体吸附精油，并替换了对比文件1中所用的载体，进而获得了发明的技术方案。可以发现重塑发明的过程与申请人的研发思路不一致。这种不一致会导致申请人存在很多疑惑，其中核心的问题在于发明与对比文件1针对的对象不同。为什么要以凹凸棒矿石黏土作为改进基础？发明的出发点是解决溶剂使用的问题，而对比文件1中不涉及。对对比文件1进行改进的动机在哪里？当然，审查员可以和申请人进行创造性适用标准上的交流，以解决上述异议。但是，这种交流往往效率不高。

如果采用对比文件2进行评述，可以发现其重塑发明的过程为：发明人基于蒙脱土改性增大层间距以利于吸附；然后采用溶剂混合蒙脱土和精油进行吸附制备香氛的技术方案，很容易发现溶剂的使用并未带来令人放松及舒缓的功效，且存在导致部分体质较敏感的人群或宠物会产生不良反应的问题；基于该问题在现有技术中寻找解决问题的关键技术手段，寻找到对比文件1中所记载的采用真空吸附促进精油负载的方式，以替换对比文件2中采用溶剂混合的方式，进而获得了发明的技术方案。

通过对比发现，采用对比文件2作为最接近的现有技术，与发明人自己的研发思路更加贴合，申请人无法提出合适的理由进行反驳，反驳创造性的脱离过程就是在否定自己的研发过程，因此从接受度来说，申请人更容易接受后一种评述方式。

第五章
重复授权类案件的审查

专利权是国家授予的一种独占权利，如果针对同样的发明创造重复授予专利权，必然会对专利制度的正常运行带来影响。因此，禁止重复授权是我国专利法的一项基本原则，也是一个比较上位和抽象的法律概念。我国专利制度建立以来，禁止重复授权相关的制度在适应我国国情的过程中不断演变。本书对其演进过程进行梳理和回顾，有助于对相关法条的深入理解。在此基础上，本章还会对禁止重复授权的相关法条进行剖析，力求深入、形象地解释相关条文。同时，结合审查实践过程中遇到的材料领域中与重复授权相关的典型案例，进一步阐述禁止重复授权的相关法条在审查实践中的运用。

第一节 我国对于禁止重复授权有关规定的演进

一、禁止重复授权需要关注的两个因素

禁止重复授权有两个重要因素需要考量：申请人和申请时间。从申请人来看，包括相同的申请人和不同的申请人两种情况；从申请时间来看，包括同日申请和先后申请两种情况。其两两组合，就可以形成四种不同的情况[1]。为了方便形象化地理解和记忆，我们可以通过二维坐标系来区分这四种情况。如图5-1所示，横坐标是关于申请人是否相同，横坐标右侧是申请人相同，

---

[1] 尹新天. 中国专利法详解 [M]. 缩编版. 北京：知识产权出版社，2012：69.

横坐标左侧是申请人不同；纵坐标是关于申请日是否相同，纵坐标上方表示同日申请，纵坐标下方表示先后申请。图5-1中的坐标系包括了四个象限，第1象限是相同申请人同日申请，第2象限是不同申请人同日申请，第3象限是不同申请人先后申请，第4象限是相同申请人先后申请。本章后面的内容都将在图5-1的基础上进行讨论。

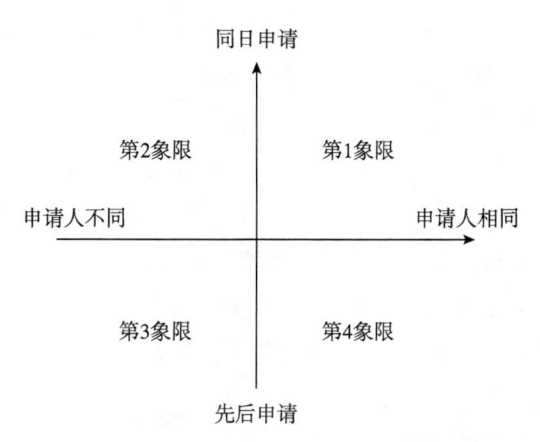

图5-1 禁止重复授权所涉及的四种不同情况

二、第一个重要节点

1984年制定的我国第一部《专利法》第九条规定："两个以上的申请人分别就同样的发明创造申请专利的，专利权授予最先申请的人。"其确定了先申请制这一基本的原则，也就是规定了图5-1中第3象限的情形，解决不同申请人先后申请的问题。采用先申请制还是先发明制体现出一个国家专利法的重要基础。

1985年制定的我国第一部《专利法实施细则》第十二条规定："专利法第九条规定的两个以上的申请人在同一日期分别就同样的发明创造申请专利的，应当在收到专利局的通知后自行协商确定申请人。"也就规定了第2象限的情形，禁止不同申请人同日就同样的发明创造被重复授予专利权。

从《专利法》颁布之初，我国就对发明专利申请实行实质审查制，对实用新型专利申请实行初步审查制。实质审查需要的时间长，授权后权利更稳定，保护期更长，发明专利保护期为20年；初步审查需要的时间短，授权后权利有可能不如经过实质审查的发明稳定，保护期更短。1985年4月1日开

119

始施行的《专利法》规定实用新型专利的保护期只有5年。申请人一方面希望尽快获得保护，另一方面又希望权利稳定且保护期长，于是就有申请人会选择既申请发明专利，又申请实用新型专利。在这个阶段，如果同一申请人同日就同样的发明创造申请多项专利的，也就是图5-1中第1象限的情形，例如，一项发明专利申请和一项实用新型专利申请，此时是可以都被授予专利权的。因为无论是《专利法》第九条，还是《专利法实施细则》第十二条，都没有对相同申请人同日就同样的发明创造提交申请作出过规定①。与此类似，如果同一申请人先后就同样的发明创造申请多项专利的，也就是第4象限的情形，由于当时的《专利法》和《专利法实施细则》中对于抵触申请的规定还不包括同一申请人，因此若先申请的申请文件公开时间没有足够早，还没有构成现有技术，那么也是可以都被授予专利权的。

以我们现在的眼光来看，当时对禁止重复授权的规定还不是十分完善，只是涉及第2、第3象限的情形，对于第1、第4象限还没有相关规定。

三、第二个重要节点

以上既申请发明专利，又申请实用新型专利，且都可以被授予专利权的做法，确实是更有利于申请人。但是对公众来说就会很疑惑，不清楚某个技术方案到底会侵犯几项专利权，也不清楚未来是否还会有其他同样的发明创造再次被授权。同时，在一定程度上也浪费了宝贵的行政资源。因此，在1992年修改的《专利法实施细则》中对第十二条增加了第一款：

同样的发明创造只能被授予一项专利。

专利法第九条规定的两个以上的申请人在同一日分别就同样的发明创造申请专利的，应当在收到专利局的通知后自行协商确定申请人。

《专利法实施细则》第十二条一款第一次完整地明确了禁止重复授权原则，考虑了社会公众的利益。由于只是限定了"同样的发明创造"，没有对申请人和申请时间进行限定，那么从申请人来看，包括相同的申请人和不同的申请人两种情况；从申请时间来看，包括同日申请和先后申请两种情况。因

---

① 尹新天. 中国专利法详解 [M]. 缩编版. 北京：知识产权出版社，2012：77.

此,《专利法实施细则》第十二条第一款对应了图 5-1 中第 1~4 象限的所有情形。

四、第三个重要节点

在 20 世纪 90 年代,国家知识产权局每年受理的专利申请数量快速增加,导致发明专利申请积压严重[①]。申请人需要尽快获得专利保护,既申请发明专利,又申请实用新型专利,确实不失一种有效的解决方式。在这种情况下,实用新型专利通常先获得授权,等到发明专利符合授权的其他条件将要授权的时候,如果仍然构成同样的发明创造,那么就不符合《专利法实施细则》第十二条第一款的规定。为了规范有效地解决该问题,作为《专利法实施细则》第十二条第一款的补充,国家专利局于 1995 年发布了第 6 号《审查指南公报》,对禁止重复授权原则做了具体的规定:

在对一份申请进行审查的过程中,如果发现同一申请人就同样的发明创造提出的另一份申请已被授予专利权,在尚未授权的申请符合授予专利权的其他条件时,应通知申请人选择。此时,申请人可以放弃已经获得的专利权,也可以撤回其尚未被授权的申请。

申请人选择放弃其已经授予的专利权的,应当提交一份放弃其专利权的书面声明。

前一专利权自后一专利权的权利生效日起予以放弃。

由于只是对申请人进行了规定,没有对申请时间作任何说明,因此,其属于第 1、第 4 象限的情形。采用这种做法,申请人就可以在实用新型专利先获得授权后得到一项专利保护,同时继续等待发明专利申请被实质审查,发明专利符合授权条件且与实用新型专利构成同样的发明创造时,选择放弃实用新型专利,这样就可以获得一个稳定且保护期更长的专利保护,再次维护了申请人的利益。第 6 号《审查指南公报》的上述规定,随后被写进了 2001 年版的《专利审查指南》。

[①] 尹新天. 中国专利法详解 [M]. 缩编版. 北京:知识产权出版社,2012:77.

五、一个重要阶段

在实际运行过程中又遇到了新的问题，著名的"舒某案"就是典型代表。我们来梳理一下案件的脉络，如图 5-2 所示。

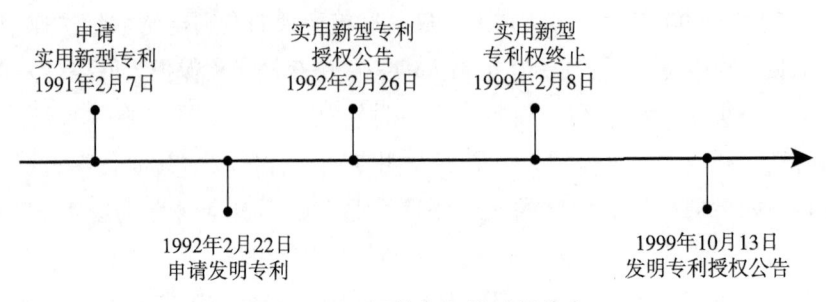

图 5-2 "舒某案"的时间节点

申请人舒某于 1991 年 2 月 7 日提交了名为"一种高效节能双层炉排反烧锅炉"的实用新型专利申请；随后又于 1992 年 2 月 22 日就同样的发明创造提交了发明专利申请（事实上最高人民法院否认了其属于同样的发明创造，但当时业界讨论过程中都是基于其属于同样的发明创造，本书也假设这一前提）。实用新型专利于 1992 年 2 月 26 日授权公告，由于申请日早于 1992 年修改后的《专利法》颁布时间，根据 1984 年版《专利法》第四十五条第二款的规定："实用新型和外观设计专利权的期限为五年，自申请日起计算，期满前专利权人可以申请续展三年。"该实用新型专利的保护期最多只有 8 年，因此，其于 1999 年 2 月 8 日专利权终止。在后申请的发明专利于 1999 年 10 月 13 日授予专利权。

2000 年 12 月，请求人济宁无压锅炉厂针对上述发明专利提出无效请求，认为该发明与在先的实用新型专利属于同样的发明创造，依据当时的《专利法实施细则》第十二条第一款的规定，构成重复授权。

2001 年 3 月 26 日，专利复审委员会维持发明专利有效，认为该发明专利在授权时，实用新型专利权已经终止，不存在两项专利权共同存在的情况，由此该发明专利不违反《专利法实施细则》关于重复授权的规定。

2001 年 9 月 17 日，一审法院维持了复审决定，认为同样的发明创造只能被授予一项专利，应理解为"同样的发明创造不能同时有两项或两项以上处于有效状态的授权专利存在"。该案发明专利与实用新型专利在保护期上有间断，没有同时存在，因此不属于重复授权，这种观点我们通常称之为"状态说"。

我们可以看到"状态说"更注重保护申请人的利益，允许申请人就同样的发明创造多次获得授权，获得授权后的专利权人可以根据自己的需要行使专利保护的权利。但是，对公众来说就不够友好。例如，某一项实用新型专利授权后失效，公众得到的信息自然是可以自由使用该实用新型的技术方案了。但是，如果后期又有一项发明就同样的发明创造被授予专利权，意味着该项技术方案又不能被自由使用了。这无疑会给公众带来困惑甚至风险。又如，如果实用新型专利在前申请，实用新型专利未公开时再次就同样的发明创造申请发明专利，随后实用新型专利被授权，等到发明专利符合授权的其他条件时，实用新型专利被选择放弃，最后申请人获得发明专利权，这样就事实上延长了该项技术的专利保护期，使其超过了20年。

2002年4月22日，二审法院撤销了一审判决，认为重复授权是指同样的发明创造被授予两次专利权，两项专利权同时存在并不是构成重复授权的必要条件。我国专利制度的建立，不仅是为了保护专利权人的合法权益，同时也要保护社会公众的利益。一项专利一旦权利终止，从终止日起就进入了公有领域，任何人都可以对该公有技术加以利用。就同样的发明创造既授予实用新型专利权又授予发明专利权，相当于将属于公有领域的技术又授予专利权，构成重复授权，这种观点我们通常称之为"行为说"。

2005年，第三次《专利法》修改拉开帷幕。"同样的发明创造只能被授予一项专利"，是应该按照"状态说"还是"行为说"来理解，业界发生了激烈讨论。"状态说"一度占了上风。《专利法》修改进入最后阶段时，最高人民法院提审了已经二审终审的著名的"舒某案"[①]，于2008年7月14日推翻了二审法院关于"舒某案"的判决，认为20世纪90年代中期，发明专利申请待审案积压严重，大量发明专利申请需要等待较长时间才能得到授权，只申请发明专利不利于发明创造尽快得到保护。而实用新型专利实行初步审查制，审查周期短、授权快。因此，不少申请人采取了同时或者先后递交发明专利申请和实用新型专利申请的方式，以期先获得实用新型专利的快速授

---

① 于立彪. 关于"同样的发明创造只能授予一项专利权"的理解与误区 [J]. 审查实践与研究，2012 (6)：86.

权和保护。为鼓励和及时保护发明创造，中国专利局于1995年9月28日发布了第6号《审查指南公报》，明确了对同一申请人就同样的发明创造既申请实用新型专利，又申请发明专利的处理原则。《专利法》禁止重复授权，是指同样的发明创造不能有两项或者两项以上处于授权状态的有效专利存在，而不是指同样的发明创造只能被授予一次专利权。也就是维持了"状态说"。其理由主要有：第6号《审查指南公报》的做法在客观上有利于专利保护；同时，先申请原则和新颖性判断中的抵触申请制度的规定，可以解决不同申请人就同样的发明创造分别提出专利申请的冲突问题。但是对同一申请人的情形未作规定，立法上为同一申请人保留了一个比较宽松和方便的专利申请选择途径。这种做法在我国已经实际执行多年[①]，如果简单地否定其合法性和合理性，涉及众多的相关专利的效力，不利于对已有的专利或专利申请的保护。这种做法带来的问题，应当通过修改有关规定和进一步明确有关规则加以解决。

六、第四个重要节点

2008年12月27日，《专利法》第三次修改方案被全国人民代表大会常务委员会批准，于2009年10月1日起施行。第三次《专利法》修改中的亮点之一，就是将原来规定在《专利法实施细则》中的"同样的发明创造只能授予一项专利权"的禁止重复授权原则，上升到《专利法》第九条第一款中：

同样的发明创造只能授予一项专利权。但是，同一申请人同日对同样的发明创造既申请实用新型专利又申请发明专利，先获得的实用新型专利权尚未终止，且申请人声明放弃该实用新型专利权的，可以授予发明专利权。

且与之前相比，还新增了"但书"部分，由于"但书"部分的存在，也就对前面"同样的发明创造只能授予一项专利权"中的"一项"进行了明确。因为，"但书"是表示一种例外情况，"但书"部分是对前面"同样的发明创造只能授予一项专利权"的例外。"申请人声明放弃该实用新型专利权

[①] 邰中林. 对专利法上禁止重复授权原则的理解 [J]. 人民司法·应用，2008 (21)：44.

的，可以授予发明专利权"，此处其显然属于先后两次授予专利权，是"状态说"的处理方式，是前面一般情况的例外，"但书"前面的部分才是普遍要求，既然逻辑关系发生了转折，那么"但书"前面的部分的含义就不会是可以先后两次授予专利权。换句话说，同样的发明创造只能授予一次专利权，只有特定的情况下才可以先后两次授予专利权。同时，2008年对《专利法》第二十二条第二款关于抵触申请的定义进行了修改，即由"同样的发明或者实用新型由他人向国务院专利行政部门提出过申请并且记载在申请日以后公布的专利申请文件中"修改为"任何单位或者个人就同样的发明或者实用新型在申请日以前向国务院专利行政部门提出过申请，并记载在申请日以后公布的专利申请文件或者公告的专利文件中"。修改前，抵触申请只涉及不同的申请人，属于图 5-1 中第 3 象限。修改后，抵触申请包括了相同申请人和不同申请人，图 5-1 中第 3、第 4 象限的情形都属于抵触申请所涉及的范围。2008 年修改《专利法》之前，第 4 象限的情形只能通过《专利法》第九条进行约束；2008 年修改《专利法》之后，对于同属《专利法》第九条和第二十二条规定的情形，因为新颖性的要求明显更加严格，第 4 象限的情形都使用《专利法》第二十二条进行约束，而不是《专利法》第九条。

回顾之前"行为说"和"状态说"不同意见的交锋以及不同做法的优缺点，再体会 2008 年修改后的《专利法》第九条，不得不感慨其立法技术的高明："状态说"过多偏向于申请人的利益，会导致事实上延长法定保护期限以及给社会公众带来困惑；新的《专利法》第九条明确站位"行为说"，平衡了申请人和社会公众的利益。但是过去多年的实践告诉我们，就同样的发明创造既申请实用新型专利，又申请发明专利的做法，还是有其非常积极的社会效果的。因此，修改后的《专利法》第九条在"但书"部分保留了这种例外情况，为了克服其存在的不足，并不是直接复制第 6 号《审查指南公报》的相关内容，而是通过严格规定申请人必须承担的义务，即必须是"同一申请人""同日""既申请实用新型专利又申请发明专利"，把不同申请人和不同日的情形都排除在例外情况之外；还需要满足"先获得的实用新型专利权尚未终止"，这样避免出现社会公众误以为可以自由使用该项专利技术的情形；而后还要求"申请人声明放弃该实用新型专利权"，同时 2010 年修订的《专利法实施细则》第四十一条第二至五款规定：

同一申请人在同日（指申请日）对同样的发明创造既申请实用新型专利又申请发明专利的，应当在申请时分别说明对同样的发明创造已申请了另一专利；未作说明的，依照专利法第九条第一款关于同样的发明创造只能授予一项专利权的规定处理。

国务院专利行政部门公告授予实用新型专利权，应当公告申请人已依照本条第二款的规定同时申请了发明专利的说明。

发明专利申请经审查没有发现驳回理由，国务院专利行政部门应当通知申请人在规定期限内声明放弃实用新型专利权。申请人声明放弃的，国务院专利行政部门应当作出授予发明专利权的决定，并在公告授予发明专利权时一并公告申请人放弃实用新型专利权声明。申请人不同意放弃的，国务院专利行政部门应当驳回该发明专利申请；申请人期满未答复的，视为撤回该发明专利申请。

实用新型专利权自公告授予发明专利权之日起终止。

这样，社会公众就能在该实用新型专利授权的时候知晓其还就同样的发明创造申请了发明专利、发明授权时该实用新型是否失效以及什么时候失效，尽可能弱化了先后两次授予专利权带来的弊端。经过十多年的实践运行，这一套制度显示出与我国专利保护水平相适应的特点，一直稳定高效地发挥着禁止重复授权的重要作用。

整个禁止重复授权体系发展过程如图 5-3 所示。

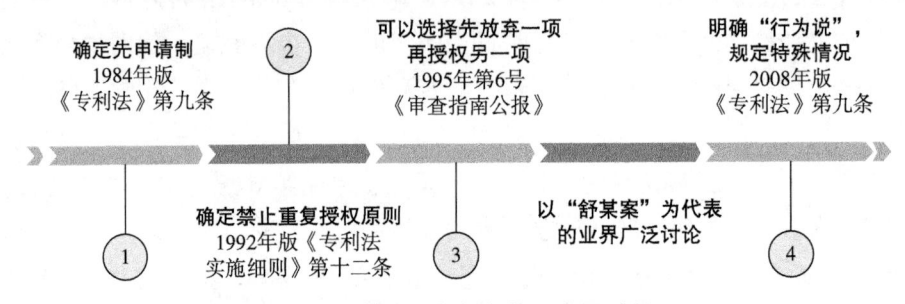

图 5-3　禁止重复授权体系发展过程

1. 确定先申请制　1984年版《专利法》第九条
2. 确定禁止重复授权原则　1992年版《专利法实施细则》第十二条
3. 可以选择先放弃一项再授权另一项　1995年第6号《审查指南公报》
4. 以"舒某案"为代表的业界广泛讨论
5. 明确"行为说"，规定特殊情况　2008年版《专利法》第九条

第二节　我国禁止重复授权制度的相关规定

一、禁止重复授权原则与先申请原则

我国《专利法》第九条规定：

同样的发明创造只能授予一项专利权。但是，同一申请人同日对同样的发明创造既申请实用新型专利又申请发明专利，先获得的实用新型专利权尚未终止，且申请人声明放弃该实用新型专利权的，可以授予发明专利权。

两个以上的申请人分别就同样的发明创造申请专利的，专利权授予最先申请的人。

第九条第一款"但书"前面的部分，主语是"同样的发明创造"，是从"发明创造"的角度规定"同样的发明创造只能被授予一项专利权"，我们通常称之为"禁止重复授权原则"。参见本章第一节的分析，此处"一项"应该被理解为"一次"。禁止重复授权的原因也显而易见，专利权是国家授予的一种独占权利，如果针对同样的发明创造重复授予专利权，一方面浪费了行政资源，另一方面也会让公众产生疑惑：该项发明创造的专利权到底属于谁？以后是否还会有同样的发明创造再次被授予专利权？因此禁止重复授权原则是《专利法》的一项基本的原则。

再看"但书"部分："但是，同一申请人同日对同样的发明创造既申请实用新型专利又申请发明专利，先获得的实用新型专利权尚未终止，且申请人声明放弃该实用新型专利权的，可以授予发明专利权。"可见，这是属于图5-1中第1象限相同申请人同日申请的情况，并且只是第1象限中的一种特殊情况。"但书"前面的禁止重复授权原则涵盖了四种情况，涉及的范围更广，"但书"部分只是针对其中一种情况的一部分进行了例外规定。

第九条第二款主语是"申请人"，从"申请人"的角度规定"两个以上的申请人分别就同样的发明创造申请专利的，专利权授予最先申请的人"，我们通常称之为"先申请原则"。既然"授予最先申请的人"，言外之意就是涉

及先后申请的情况。因此，第九条第二款属于整个第 3 象限不同申请人先后申请的情况。"先申请原则"与"先发明原则"相对应。"先申请原则"就是谁先对发明创造提出专利申请，这项专利权就授予谁；"先发明原则"就是谁先完成发明创造，专利权就授予谁。"先申请原则"与"先发明原则"各有利弊。"先申请原则"会鼓励发明人尽快将发明创造申请专利，促进社会整体技术快速更新迭代，但是对于实际先完成发明创造但是在后申请的申请人是比较可惜的。"先发明原则"更加注重保护最先完成发明创造的申请人的利益，但是要证明其具体完成发明创造的时间，难度和成本都较高。世界上绝大多数国家都采用"先申请原则"，我国从专利法颁布之初就选择"先申请原则"。为了克服其弊端，我国《专利法》第七十五条中的规定，"（二）在专利申请日前已经制造相同的产品、使用相同方法或者已经作好制造、使用的必要准备，并且仅在原有范围内继续制造、使用的"，不视为侵犯专利权。一定程度上弥补了实际先完成发明创造但是没有在先申请的遗憾。

由此可见，"同样的发明创造只能授予一项专利权"涵盖了四个象限，是一个总的原则。"但书"部分和《专利法》第九条第二款则是限定了两种具体的情况，分别位于图 5-1 中第 1、第 3 象限。可见，《专利法》第九条对我国专利禁止重复授权原则和先申请原则进行了原则性规定，并对例外情况的限制条件进行了规定。

二、《专利法实施细则》第四十七条对禁止重复授权例外情况的规定

《专利法实施细则》第四十七条规定：

两个以上的申请人同日（指申请日；有优先权的，指优先权日）分别就同样的发明创造申请专利的，应当在收到国务院专利行政部门的通知后自行协商确定申请人。

同一申请人在同日（指申请日）对同样的发明创造既申请实用新型专利又申请发明专利的，应当在申请时分别说明对同样的发明创造已申请了另一专利；未作说明的，依照专利法第九条第一款关于同样的发明创造只能授予一项专利权的规定处理。

国务院专利行政部门公告授予实用新型专利权,应当公告申请人已依照本条第二款的规定同时申请了发明专利的说明。

发明专利申请经审查没有发现驳回理由,国务院专利行政部门应当通知申请人在规定期限内声明放弃实用新型专利权。申请人声明放弃的,国务院专利行政部门应当作出授予发明专利权的决定,并在公告授予发明专利权时一并公告申请人放弃实用新型专利权声明。申请人不同意放弃的,国务院专利行政部门应当驳回该发明专利申请;申请人期满未答复的,视为撤回该发明专利申请。

实用新型专利权自公告授予发明专利权之日起终止。

可见,《专利法实施细则》第四十七条第一款属于不同申请人同日申请的情况,位于图 5-1 中第 2 象限。第四十七条第二款属于相同申请人同日申请的情况,位于第 1 象限,且只是第 1 象限中的一种特殊情况,是对《专利法》第九条第一款的补充限定,即如果想要满足《专利法》第九条第一款中"但书"规定的做法,必须在申请时说明对同样的发明创造已申请了另一专利。《专利法实施细则》第四十七条第三款、第四款和第五款又是对《专利法实施细则》第四十七条第二款规定的情形的后续处理方式进行的进一步限定,同属于第 1 象限的情形。第三款规定了对实用新型专利授权时必须告知公众还存在有同日申请的发明专利申请;第四款规定了当发明专利申请满足授权条件时的具体做法;第五款规定了依据第四款对发明专利申请进行授权时,实用新型专利权的终止时间,实现发明专利权和实用新型专利权的无缝衔接,如图 5-4 所示。

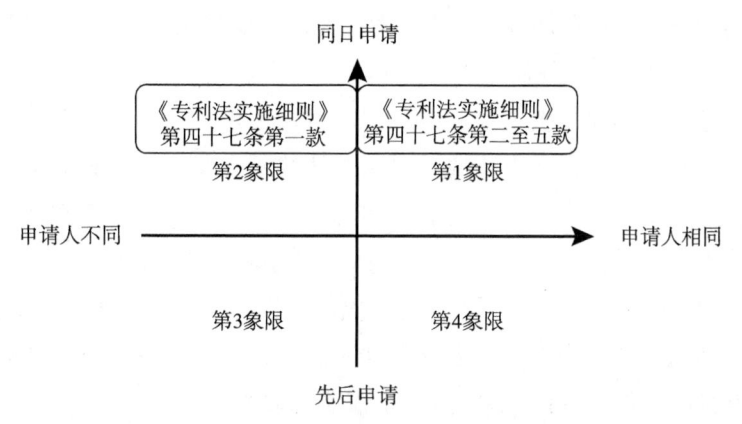

图 5-4 《专利法实施细则》第四十七条所涉及的部分

三、三个容易混淆的概念

《专利法》第九条中"同样的发明创造"是禁止重复授权原则的基本概念，设置"同样的发明创造"这一概念是为禁止重复授权服务的，是为了防止权利之间存在冲突。而权利要求才是一项专利保护范围的体现，因此，《专利审查指南》第二部分第三章第6节明确了"同样的发明创造"是指两件或两件以上的申请（或者专利）中存在保护范围相同的权利要求。也就是说，比较的对象是两件申请（或者专利）的权利要求，与申请文件的其他部分没有直接关系。

《专利法》第二十二条第二款中"同样的发明或者实用新型"是新颖性评述的基本概念，是为了避免将公众已经知晓的技术（即现有技术）或者已经在先申请的专利（抵触申请）再次授予专利权，那么就应该是将专利申请的权利要求与公众已经知晓的技术或者在先的申请（或者专利）的全部内容进行比较，而不仅局限于两者权利要求之间的比较。新颖性是指要求请求保护的技术方案是新的，禁止重复授权是指要求请求保护的技术方案没有被授权过。可见，新颖性的要求更高，是更优先使用的法条。因此，在先申请（或者专利）构成抵触申请或者现有技术的，同时权利要求保护范围还完全相同的，也就是属于第3、第4象限的情形，应根据《专利法》第二十二条第二款进行审查，而不是根据《专利法》第九条对在后专利申请进行审查，此时比较的对象是专利申请的权利要求与对比文件的全文。

《专利法》第二十九条中"相同主题"的发明是优先权制度的基本概念，是为了方便申请人在首次申请后的十二个月内，再次到其他国家或者本国申请专利，其核心在于在后申请的寻求保护的技术方案能够享有首次申请的申请日。因此，就需要将在后申请的权利要求与首次申请的申请文件全文进行比较。

"同样的发明创造""同样的发明或者实用新型"和"相同主题"的发明，三个概念仅从字面意义上看非常接近，难以区分。只有了解了分别定义它们的目的，才能让它们各司其职，发挥各自作用。[1]

---

[1] 邵中林. 对专利法上禁止重复授权原则的理解[J]. 人民司法·应用, 2008 (21): 41.

四、《专利审查指南》对"同样的发明创造的处理"的规定

（一）实审程序中的处理方式

《专利审查指南》第二部分第三章第 6.2 节对几种特殊情形的处理方式进行了规定，其中涉及图 5-1 中第 1、第 2 象限中的部分情形。

1. 对两件专利申请的处理方式

在申请人相同的情况下：

对于同一申请人同日（指申请日，有优先权的指优先权日）就同样的发明创造提出两件专利申请，并且这两件申请符合授予专利权的其他条件的，应当就这两件申请分别通知申请人进行选择或修改。申请人期满不答复的，相应的申请被视为撤回。经申请人陈述意见或者进行修改后仍不符合专利法第九条第一款规定的，两件申请均予以驳回。

上述情形与《专利法》第九条第一款"但书"部分规定的情形同属于第 1 象限。由于实用新型专利申请公开的同时就会授权，而没有公开的阶段，实审审查员也不能确定其存在，因此，上述情形通常是指两件发明专利申请。《专利法》第九条规定了禁止重复授权原则，只有"但书"部分规定的特殊情况可以作为例外。那么，对于两件发明专利申请来说，自然就不能适用"但书"部分规定的处理方式。此时，两件专利申请都还没有被授予专利权，审查过程中应该尽量避免直接对某一件专利申请授予专利权而将难题留给后续程序。与此同时，因为两件申请的申请人相同，该共同的申请人有条件也有义务进行选择或修改，避免将矛盾留给后续程序。

在申请人不同的情况下：

对于不同的申请人同日（指申请日，有优先权的指优先权日）就同样的发明创造分别提出专利申请，并且这两件申请符合授予专利权的其他条件的，应当根据专利法实施细则第四十七条第一款的规定，通知申请人自行协商确定申请人。申请人期满不答复的，其申请被视为撤回；协商不成，或者经申请人陈述意见或者进行修改后仍不符合专利法第九条第一款的规定的，两件申请均予以驳回。

上述情形属于前述《专利法实施细则》第四十七条第一款的情形，也就

是图 5-1 第 2 象限的情形。此时应该尽量避免直接对某一件专利申请授予专利权而将难题留给后续程序。因为属于不同的申请人，如果要求某一位申请人去修改权利要求甚至放弃该专利以克服重复授权的问题，这对该申请人来说明显不公平。只能让上述不同申请人去协商确定一个申请人或者通过修改权利要求使其不属于同样的发明创造。以上方式是双方申请人可以根据实际情况去选择的。因为专利申请属于不同的申请人，如果申请人之间没有任何关联，协商的难度通常较大。但协商不成，两件申请均会被驳回，这也促使双方有动力去进行协商。实际审查过程中，出现这种情况的概率也是很小的。

2. 对一件专利申请和一项专利权的处理方式

关于同一申请人同日就同样的发明创造提出的一件专利申请和一项专利权的处理方式，应当通知专利申请的申请人进行修改。申请人期满不答复的，其申请被视为撤回。经申请人陈述意见或者进行修改后仍不符合《专利法》第九条第一款规定的，应当驳回其专利申请。但是，对于同一申请人同日（仅指申请日）对同样的发明创造既申请实用新型专利又申请发明专利的，在先获得的实用新型专利权尚未终止，并且申请人在申请时分别作出说明的，除通过修改发明专利申请外，还可以通过放弃实用新型专利权避免重复授权，如图 5-5 所示。

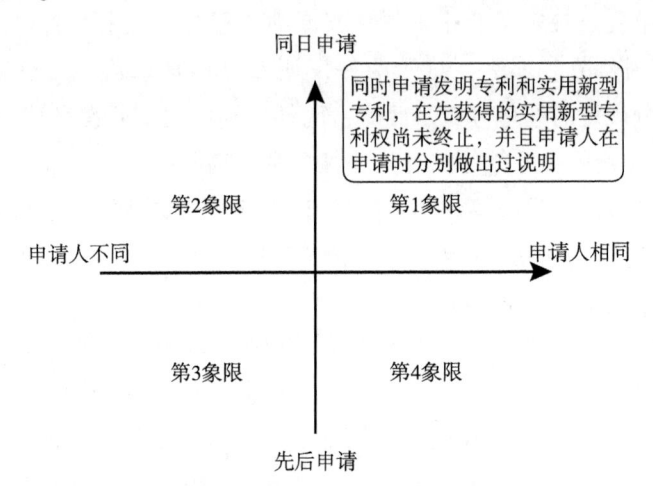

图 5-5 同时申请发明专利和实用新型专利所涉及的部分

由于种种原因，如果其中一件发明创造已经授权，例如，情况一：其中一件为实用新型专利；或者情况二：其为发明专利，但在实质审查过程中另一件专利还没有公开或者没有检索到。因为是同一申请人，不存在不公平的问题，就无需像两件专利申请的处理方式一样让申请人进行选择，可以直接让申请人进行修改。当属于情况一时，且实用新型专利权尚未终止，并且申请人在申请时分别作出说明的，就满足了《专利法》第九条第一款"但书"部分的条件，还可以通过放弃实用新型专利权避免重复授权。

（二）无效程序中对重复授权的处理

《专利审查指南》第四部分第七章对无效宣告程序中对于同样的发明创造的处理进行了规定。

参见本章第一节的分析，对于图 5-1 中第 3、第 4 象限中先后申请的情形，在实审阶段，在先申请（或者专利）构成抵触申请或者现有技术的，如果权利要求保护范围也完全相同，应根据《专利法》第二十二条第二、第三款，而不是《专利法》第九条对在后专利申请进行审查。与之相对应，在无效宣告程序阶段：任何单位或者个人以某项发明专利权或者实用新型专利权与申请在先的另一项发明专利权或者实用新型专利权构成同样的发明创造而不符合《专利法》第九条的规定为由请求宣告无效的，如果申请在先的专利已构成现有技术或者属于任何单位或者个人申请在先公开在后的专利，合议组可以依据《专利法》第二十二条的规定进行审查。

对于图 5-1 中第 1、第 2 象限同日申请的情形，影响处理方式的因素还包括授权公告日是否相同，本节以下内容就基于申请日相同进行讨论。因此，为了便于形象化地理解和记忆，我们将图 5-1 进行了适应性改进，横坐标是关于专利权人是否相同，横坐标右侧是专利权人相同，横坐标左侧是专利权人不同；纵坐标是关于授权公告日是否相同，纵坐标上方表示授权公告日相同，纵坐标下方表示授权公告日不同，如图 5-6 所示。

对于专利权人相同且授权公告日不同的情形，即图 5-6 第 4 象限的情形，此时应该维持在先授权的专利权有效，宣告在后授权的专利权无效。因为，在先的专利权授权时，客观上还没有被重复授权；在后的专利权授权时，就造成了重复授权的客观事实，而这两项专利权都属于相同的权利人，宣告在后授权的专利权无效是合乎逻辑的处理方式。

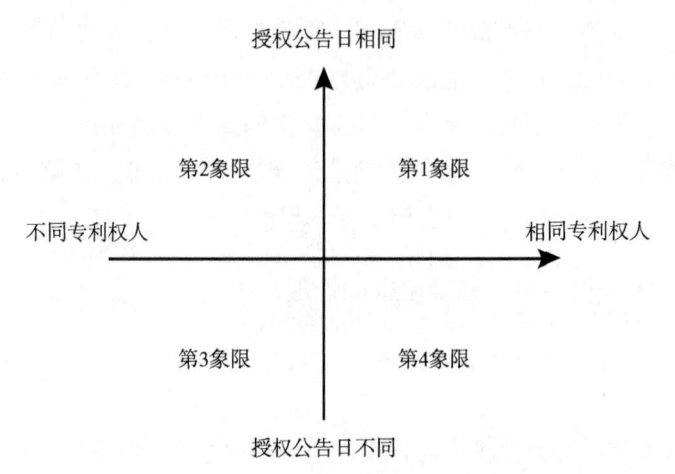

```
                    授权公告日相同
                         ↑
                         |
         第2象限          |     第1象限
                         |
   不同专利权人 ←─────────┼─────────→ 相同专利权人
                         |
         第3象限          |     第4象限
                         |
                         ↓
                    授权公告日不同
```

图 5-6　无效宣告程序中禁止重复授权所涉及的四种情况

对于专利权人相同且授权公告日相同的情形，即图 5-6 第 1 象限的情形，需要先查看无效宣告请求人是仅针对其中一项还是两项专利权提出无效宣告请求。如果仅针对其中一项专利权提出无效宣告请求，则宣告被请求宣告无效的专利权无效；如果针对两项专利权均提出无效宣告请求，一般合并审理并在告知的情况下要求专利权人进行选择，保留其中一项专利权，宣告另一项专利权无效，否则宣告两项专利权均无效。

对于专利权人不同的情形，即图 5-6 第 2、第 3 象限的情形，如果两项专利权都被请求宣告无效，一般也应当合并审理，在两项专利权构成同样的发明创造的情况下，在告知的前提下要求两专利权人协商选择保留其中一项专利权，宣告另一项专利权无效，否则宣告两项专利权无效。如果只有一项专利权被请求宣告无效，应当告知双方当事人构成同样的发明创造，且以前述处理方式或者依请求人的无效宣告请求宣告无效。

简而言之，图 5-6 第 1 象限的情形直接请求宣告无效的专利权无效或者需要进行选择；第 2、第 3 象限的情形，需要权利人进行协商；第 4 象限的情形维持在先授权的专利权有效，宣告在后授权的专利权无效。

第三节　典型案例

虽然目前的专利法体系对于禁止重复授权的规则制定已经非常精妙完备，但是由于其需要考量的因素众多，在实际审查过程中，重复授权的处理仍然比较容易出现疑难问题。对照《专利法》第九条第一款："同样的发明创造只能授予一项专利权。但是，同一申请人同日对同样的发明创造既申请实用新型专利又申请发明专利，先获得的实用新型专利权尚未终止，且申请人声明放弃该实用新型专利权的，可以授予发明专利权"，重复授权相关的典型和疑难案例，主要集中在申请人异同的处理方式、申请日异同的处理方式，同样的发明创造的判断，尚未终止的判断等。

一、关于"申请人异同"的处理方式

案例 5-1　申请人相同且其中一申请人进行了变更

【案情介绍】

申请人 A 同时申请了发明专利和实用新型专利，并在请求书中分别说明已就同样的发明创造同日申请了另一专利。发明进入实质审查阶段时，实用新型专利已授权。

2013 年 5 月 2 日，申请人 A 为克服重复授权的问题提交了放弃实用新型专利权的声明。

2013 年 5 月 14 日，申请人 A 提交了著录项目变更申报书，申请将该发明专利申请的请求人由 A 变更为 B。

2013 年 5 月 23 日，专利局发出手续合格通知书。

申请人 A 就同样的发明创造于申请日提交了发明专利申请和实用新型专利申请时，分别作出了说明。在发明专利授权前，发明专利申请人变更为他人，发明专利申请和实用新型专利构成了申请人和专利权人为不同人的同样的发明创造。那么，如何对发明专利申请继续进行审查？

【建议做法及理由】

该案申请时，发明专利和实用新型专利为同一申请人，符合《专利法》第九条第一款"但书"部分的规定，属于《专利法》第九条的例外情况，并且申请人在申请时也分别作出了说明，符合其规定的可以通过放弃实用新型专利权以使发明专利申请获得授权的情形。

但该案的特殊之处在于：由于在发明专利申请的审查过程中，发明专利申请的申请人发生变更。变更后，发明专利申请人无权直接对实用新型专利权进行放弃。此时，如果直接把发明专利和实用新型专利当成不同的申请人对待，那么申请人只能修改发明专利的权利要求才能克服重复授权的问题进而获得专利权。这样做也符合《专利法》《专利法实施细则》和《专利审查指南》的相关规定。

法律上没有禁止将发明专利申请人由 A 变更为 B。分析案件的来龙去脉，专利转让之前，A 可以通过放弃实用新型专利权获得发明专利权；转让之后，B 成为发明专利的申请人，只能通过修改权利要求的方式来克服重复授权。事实上，该案发明专利新的申请人 B 与实用新型专利权人 A 之间为受让人与转让人关系，并不是完全无关的两个主体，是具备协商基础的。如果允许发明申请人 B 与实用新型专利权人 A 进行协商，通过实用新型专利权人 A 放弃已取得的实用新型专利权，来克服重复授权的问题，那么最终就只有一项垄断权利被授权。A 已经决定将发明专利的申请人转让给 B，只是没有一同将实用新型专利一并转让（如果一并转让，那么问题也就更加简单），此时如果 A 放弃实用新型专利权，没有损害权利人 A 的利益，B 的正当权益也不会受到影响。原本该发明专利就是可以通过放弃实用新型专利来获得专利权的，此时继续通过该方式给发明专利授权，社会公众的利益也没有受到影响。

因此，建议发出审查意见通知书要求发明专利的申请人 B 对权利要求进行修改或与实用新型专利权人 A 进行协商。若实用新型专利权人 A 放弃实用新型专利权，则对发明专利申请进行授权；若实用新型专利权人 A 不放弃实用新型专利权，发明专利申请人 B 需对发明专利申请进行修改，克服重复授权，否则驳回该发明专利申请。

二、关于"申请日异同"的处理方式

案例 5-2　申请日和优先权日相同

【案情介绍】

申请人同时申请了发明专利 X 和实用新型专利 Y1，并在请求书中分别说明已就同样的发明创造同日申请了另一专利。随后，申请人再次申请了实用新型专利 Y2，要求了 Y1 的国内优先权，申请实用新型专利 Y2 的时候没有在请求书中说明已就同样的发明创造同日申请了另一专利，由于 Y1 被要求了国内优先权，在还没有公开的时候就因为要求了国内优先权被视为撤回。发明专利进入实质审查阶段时，实用新型专利 Y2 已授权。此时，发明专利 X 与 Y2 保护范围完全相同，发明专利 X 已符合授权的其他条件，那么能否对发明专利 X 直接授权？

【建议做法及理由】

该案申请时，发明专利和实用新型专利申请分别作出了说明，符合规定的可以通过放弃实用新型专利权以使发明专利申请获得授权。如果对发明 X 直接授权，实用新型 Y1 因为要求了国内优先权被视为撤回，此时发明专利 X 与实用新型专利 Y1 自然是不存在重复授权的问题，但是发明专利 X 与实用新型专利 Y2 存在重复授权的问题。另外，申请实用新型专利 Y2 的时候没有在请求书中说明已就同样的发明创造同日申请了另一专利，因为在 Y2 的申请日确实不存在就同样的发明创造同日申请的另一专利，但是 Y1 的优先权是声明过的。《专利法实施细则》第四十七条第二款规定：同一申请人在同日（指申请日）对同样的发明创造既申请实用新型专利又申请发明专利，应当在申请时分别说明对同样的发明创造已申请了另一专利。此处"同日"用括号注明的方式，清楚限定了是指申请日。换句话说，《专利法》第九条中的例外情况就是对禁止重复授权原则做的一种特殊规定，不适合对这种例外情况进行随意延伸和扩展。

因此，建议做法是发出审查意见通知书要求发明专利申请的申请人对权利要求进行修改。

案例 5-3　发明专利申请在前，实用新型专利申请在后

【案情介绍】

发明专利的申请人在其申请日后的第二天，提交了同样的实用新型专利申请，并且该实用新型专利已被授权。如果在审查时发现发明专利申请符合授权条件且与已授权实用新型属于同样的发明创造，那么由于之前授权的实用新型专利权的存在，则会存在重复授权问题，应该如何处理？

【建议做法及理由】

该案的关键在于发明专利申请是已授权的实用新型专利的抵触申请。出现这种情况的主要原因是我国发明专利申请和实用新型专利申请实行不同的审查制度，实用新型专利申请不经过实审，因此会更早获得授权。虽然发明专利是在先申请，由于存在《专利法》第九条第一款避免重复授权的规定，导致不能被授权的尴尬结果。如果直接授予发明专利权，有利之处在于给予了在先发明专利申请人合理的权利；有害之处在于，社会上就存在两份一模一样的专利，一方面会让公众质疑专利行政部门行为的合法性，另一方面也会给后续程序带来很多的不确定性。特别是在发明专利和实用新型专利的申请人相同的情况下，由于不存在利益冲突的权利人，没有人会主动来申请其实用新型专利宣告无效。现实的情况是，出现这种特殊情形的案例，基本上全是同一申请人提出的申请。

如果驳回发明专利申请，其弊端在于，由于该发明专利构成实用新型专利的抵触申请，在后续无效宣告程序中，实用新型专利因发明专利构成其抵触申请将被宣告无效，当事人两项权利都会失去，很显然这不是其申请专利的初衷。驳回发明专利申请的有利之处在于，涉及此类情况的绝大部分案件都是同一申请人，同一申请人可以在收到不符合《专利法》第九条第一款规定的通知书之后进行权衡，要么放弃实用新型专利，要么对发明专利进行修改使之与实用新型专利权利要求不同，从而使得申请人的权益不受到侵害。

《专利法》第九条第一款规定："同样的发明创造只能授予一项专利权。但是，同一申请人同日对同样的发明创造既申请实用新型专利又申请发明专利，先获得的实用新型专利权尚未终止，且申请人声明放弃该实用新型专利权的，可以授予发明专利权。"从立法本意来看，其中"同样的发明创造只能

授予一项专利权"应当理解为对同样的发明创造从根本上就不能授予两项专利权;其中"但是……可以授予发明专利权"应当理解为是禁止重复授权原则的例外情况,除此例外情况,其他情形均不允许对同样的发明创造再次授予专利权。

根据《专利法》第九条第一款第一句关于"同样的发明创造只能授予一项专利权"的规定,对于同一申请人的两项同样的发明创造,已授予实用新型专利权的,不能够再授予发明专利申请专利权,否则,将造成重复授权。关于《专利法》第九条第一款第二句的规定:"但是,同一申请人同日对同样的发明创造既申请实用新型专利又申请发明专利,先获得的实用新型专利权尚未终止,且申请人声明放弃该实用新型专利权的,可以授予发明专利权。"该案申请人分别于不同申请日就同样的发明创造既申请实用新型专利又申请发明专利,因此,该规定不适用该案,该案申请人不能够通过放弃实用新型专利权获得发明专利权。

《专利法》第九条第二款规定:"两个以上的申请人分别就同样的发明创造申请专利的,专利权授予最先申请的人。"该规定不适用该案同一申请人就同样的发明创造分别申请专利的情况,因此,该案发明专利申请不能够利用先申请原则得到授权。

综上所述,综合权衡申请人和社会公众的利益,除非申请人对发明专利的权利要求进行修改,使其不构成重复授权,否则该发明专利申请不能被授予专利权。

三、关于保护范围是否相同的判断

案例 5-4　数值范围的表述存在区别(一)

【案情介绍】

发明的权利要求 1:

一种管式降膜蒸发器,包括……下管板上分布有若干扇形下换热管布置区域……

实用新型的权利要求 1:

一种管式降膜蒸发器,包括……下管板上分布有至少两个扇形下换热管布置区域……

发明专利和实用新型专利仅在用词"若干"和"至少两个"有所区别，其他内容相同。能否认为两者属于同样的发明创造？

【建议做法及理由】

从字面含义来看，"若干"不能等同于"至少两个"，"若干"还包括"一个"的情形。但对于权利要求中"若干"的理解，应结合权利要求中的技术特征来看。该发明专利申请的权利要求1中记载了"上管板上分布有至少两个扇形上换热管布置区域""下管板上分布有若干扇形下换热管布置区域"，"上换热管布置区域和下换热管布置区域对应"，所属领域技术人员按照惯常理解，要实现上下换热管布置区域的对应，前提就是二者的布置区域数量是相同的。权利要求中还记载了"组成上换热管布置区域的穿孔和组成下换热管布置区域的穿孔——对应"，穿孔的——对应同样要以上下换热管布置区域的数量相同为基础。因此，从整体上来理解发明专利的权利要求1，其中的"若干"应该理解为"至少两个"，二者要求保护的范围相同，属于同样的发明创造。

案例5-5 数值范围的表述存在区别（二）

【案情介绍】

发明专利的权利要求如下：

权利要求1：一种抗震限压锚索锚头，其特征在于：包括液压缸、阻尼弹簧、至少两个锚索以及至少两个活塞连杆；第一环形隔板以及套设于所述第一环形隔板外的第二环形隔板将所述液压缸由内至外依次分为内腔室、第一环形腔室和第二环形腔室；所述第一环形腔室内设有第一活塞，各所述活塞连杆的一端与第一活塞连接，另一端从远离所述液压缸的安装壁的一端伸出至所述液压缸外；所述内腔室和所述第二环形腔室中均设有第二活塞，所述第二活塞通过阻尼弹簧与该腔室远离所述液压缸的安装壁的一端连接；于靠近所述液压缸的安装壁的一端，所述内腔室与所述第二环形腔室均与所述第一环形腔室连通；各所述锚索均沿所述第一环形隔板贯穿所述液压缸且与所述液压缸的安装壁连接固定；所述第二环形腔室靠近所述液压缸的安装壁的一端安装有恒压阀；各所述锚索沿所述第一环形隔板的周向均匀分布。

实用新型专利权利要求如下：

权利要求1：一种抗震限压锚索锚头，其特征在于：包括液压缸、阻尼弹簧、至少两个锚索以及至少两个活塞连杆；通过第一环形隔板以及套设于所述第一环形隔板外的第二环形隔板将所述液压缸由内至外依次分为内腔室、第一环形腔室和第二环形腔室；所述第一环形腔室内设有第一活塞，各所述活塞连杆的一端与第一活塞连接，另一端从远离所述液压缸的安装壁的一端伸出至所述液压缸外；<u>所述内腔室、所述第二环形腔室中至少有一个腔室中设有第二活塞</u>，所述第二活塞通过阻尼弹簧与该腔室远离所述液压缸的安装壁的一端连接；于靠近所述液压缸的安装壁的一端，所述内腔室与所述第二环形腔室均与所述第一环形腔室连通；各所述锚索均沿所述第一环形隔板贯穿所述液压缸且与所述液压缸的安装壁连接固定；所述第二环形腔室靠近所述液压缸的安装壁的一端安装有恒压阀，各所述锚索沿所述第一环形隔板的周向均匀分布。

两者区别仅在于所述画线部分，发明专利权利要求中限定为"所述内腔室和所述第二环形腔室中均设有第二活塞"，实用新型专利权利要求中限定为"所述内腔室、所述第二环形腔室中至少有一个腔室中设有第二活塞"。此处，两个专利的附图相同，如图5-7所示。

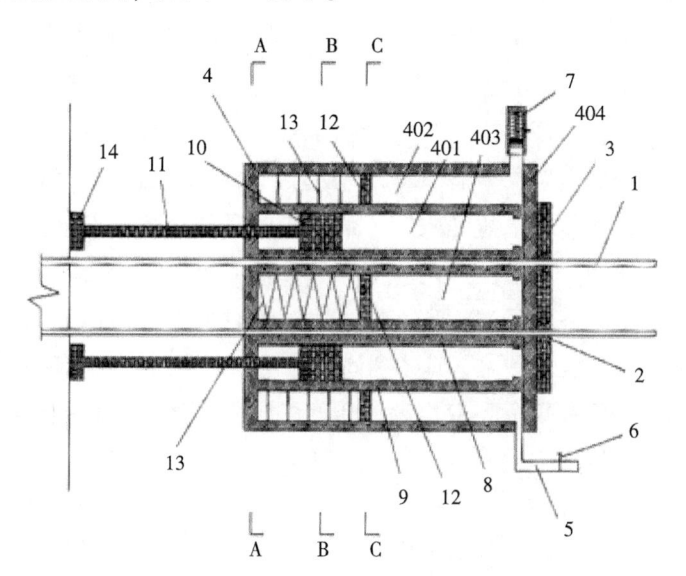

图5-7　内腔室和第二环形腔室结构

【建议做法及理由】

该案的重点在于数值范围两者和"至少有一个"是否会导致构成同样的发明创造。

通常来说，如果一项权利要求请求保护了多个并列技术方案，则应当以各个技术方案为基准分别判断其是否属于同样的发明创造。但如果并列选择概括的权利要求难以明确划分成多个具体技术方案时，则将其作为一个整体技术方案来判断是否属于同样的发明创造。权利要求涉及连续数值范围的，将该连续数值范围作为一个整体予以考虑。对于数值范围，自然界中表示"个数"的数值通常是自然数，然而表示个数的数值范围不宜拆分成多个并列的技术方案，应该作为一个整体进行认定。因为很多技术特征从自然属性上来说都可以理解为多个更下位的技术特征的组合，一件发明专利或者实用新型专利对现有技术作出的贡献有可能就在于选择了更下位的技术特征或者更小的数值范围，如果将其拆分开来而认定为构成重复授权，有可能会损害申请人的利益。类似的，在判断是否构成重复授权的过程中，通常不会把"卤族元素"拆分成所有卤族元素的组合专利而是认定为包括多个并列技术方案。因此，一般而言，"至少一个"和"两个"通常会导致各自技术方案属于不同的发明创造。

但是，对于该案来说，液压缸仅包括有内腔室和第二环形腔室两个腔室，"至少有一个"的上限值为"二"；而一般情况下没有规定上限值时，我们可以认为其上限值是本领域技术人员认为的合理数值。"至少有一个腔室"也就仅包括"只有内腔室""只有第二环形腔室"以及"内腔室和第二环形腔室"三种可能性。权利要求中清楚限定了液压缸的具体结构，设置活塞的目的是提供阻尼进行缓冲。如果在"内腔室和第二环形腔室"中的其中一个腔室设置活塞，另一个腔室不设置，那么就失去了设置两个腔室的意义，这显然不是申请人的本意。也就是说，具体到该案的技术方案，"至少有一个"所包括的三种可能性，只有两个腔室均设置活塞的技术方案是合理的，能够体现申请人意图。此处将"至少有一个"限定为两个并没有作出技术上的贡献。此时，如果仍然机械地将"至少有一个"的数值范围理解为不可拆分的整体，进而认为该发明专利和实用新型专利不属于同样的发明创造，会将两者都授予专利权。那么就对实质上保护范围一样的两项权利要求进行了两次授权，这与禁止重复授权的原则是不一致的。另外，该发明专利在原始记载中就是与实用新型专利完全一样的表述方式，申请人为了更加清楚直接地体现发明专利的实质，才将发明专利中相应数值修改为两个"均"，申请人也认为其属于相同的发明创造。

综上所述，该案应该认为发明专利和实用新型专利属于同样的发明创造。

案例 5-6　使用方法对装置的限定作用

【案情介绍】

发明专利的权利要求1：

1. 一种过滤器，包括罐体及搓洗分离装置，其中罐体的底部设置反冲洗配水系统及反冲洗进水口，上部设置电机，罐体的侧壁设置进水口，其特征在于：所述搓洗分离装置包括集水输送机构、旋流分离机构、过滤介质输送机构及卸料机构，其中集水输送机构内设有集水腔、旋流分离机构内设有旋流腔、过滤介质输送机构内设有过滤介质收集输送腔、卸料机构内设有卸料腔；

所述集水输送机构包括集水圆筒，圆筒内形成集水腔，集水圆筒的上下沿分别加工为法兰盘结构，上沿与电机同心、法兰连接，下沿与罐体上口同心、法兰连接，电机的输出轴穿过集水圆筒顶壁与穿过集水圆筒底壁的轴通过联轴器连接在一起，轴的下部加工为外螺纹，集水圆筒的侧壁设有排水口；

所述旋流分离机构包括大径段外圆管及内圆管，大径段外圆管上沿与集水圆筒底壁固定连接，大径段外圆管上部沿管壁均布有混合液入口；内圆管的上沿焊接在集水圆筒的底壁上，内圆管与集水腔相通，下口敞开；固定后的内圆管、大径段外圆管与轴同心，大径段外圆管长度大于内圆管长度；大径段外圆管与内圆管之间的环形空间内插入螺旋带状的导翼并将其点焊固定在内圆管上，导翼、大径段外圆管及内圆管围成旋流腔；

所述过滤介质输送机构包括缩径段外圆管、小径段外圆管及固定在轴上且位于小径段外圆管内的输送螺旋，缩颈段及小径段外圆管围成过滤介质收集输送腔；其中大径段外圆管、缩径段外圆管及小径段外圆管构成外圆管的三段；

所述卸料机构包括两端敞口、直径相同的上、下圆筒，上、下圆筒围成卸料腔，上、下两圆筒间法兰连接，上圆筒的上沿与小径段外圆管下沿焊接在一起，上圆筒内设置上闸门、下圆筒内设置下闸门，上、下闸门交替开关；

对所述过滤器进行反冲洗的方法是：

a. 在过滤器内设旋流腔，混合液流经旋流腔时被迫进行旋转运动，从而产生对过滤介质进行搓洗及对混合液进行离心分离的作用力；

b. 在过滤器内设集水腔及过滤介质收集输送腔，使离心分离后的悬浮杂质被收集到集水腔后排放，分离出的过滤介质被集结到过滤介质收集输送腔中；

c. 在过滤器内设卸料腔，使过滤介质收集输送腔内的过滤介质被送回罐内。

实用新型专利的权利要求1~5：

1. 一种轴向动态反冲洗过滤器，包括罐体及搓洗分离装置，其中罐体的底部设置反冲洗配水系统及反冲洗进水口，上部设置电机，罐体的侧壁设置进水口，其特征在于：所述搓洗分离装置包括集水输送机构、旋流分离机构、过滤介质输送机构及卸料机构，这些机构内对应设有集水腔、旋流腔、过滤介质收集输送腔及卸料腔。

2. 根据权利要求2所述的过滤器，其特征在于：所述集水输送机构包括集水圆筒，圆筒内形成集水腔，集水圆筒的上下沿分别与电机及罐体上口同心、法兰连接，电机的输出轴穿过集水圆筒顶壁与穿过集水圆筒底壁的轴通过联轴器连接在一起，轴的下部加工为外螺纹，集水圆筒的侧壁设有排水口。

3. 根据权利要求3所述的过滤器，其特征在于：所述旋流分离机构包括外圆管及内圆管，外圆管分为三段，分别为大径段、缩径段及小径段，外圆管上沿与集水圆筒底壁固定连接，外圆管上部沿管壁均布有混合液入口；内圆管的上沿焊接在集水圆筒的底壁上，内圆管与集水腔相通，下口敞开；固定后的内、外圆管与轴同心，大径段外圆管长度大于内圆管长度；大径段外圆管与内圆管之间的环形空间内插入螺旋带状的导翼并将其点焊固定在内圆管上，导翼、大径段外圆管及内圆管围成旋流腔。

4. 根据权利要求4所述的过滤器，其特征在于：所述介质输送机构包括缩径段外圆管、小径段外圆管及固定在轴上且位于小径段外圆管内的输送螺旋，缩颈段及小径段外圆管围成过滤介质收集输送腔。

5. 根据权利要求5所述的过滤器，其特征在于：卸料机构包括两端敞口、直径相同的上、下圆筒,上、下圆筒围成卸料腔,上、下两圆筒间法兰连接,上圆筒的上沿与小径段外圆管下沿焊接在一起,上、下两圆筒内分别设置有交替开关的上、下闸门。

发明专利的权利要求1和实用新型专利的权利要求5是否构成重复授权?

【建议做法及理由】

虽然发明专利的权利要求1中引用了对过滤器的反冲洗方法,而实用新型专利的权利要求中没有对反冲洗方法的限定,但是基于发明的内容,所属领域的普通技术人员通过对过滤器的反冲洗方法特征的理解,在过滤器各部件连接关系确定的前提下,对装置反冲洗方法特征并不会导致过滤装置的结构发生变化。因此,发明专利申请修改的权利要求1与实用新型专利的权利要求5属于重复授权,发明专利的权利要求2与实用新型专利的权利要求6属于重复授权。

案例5-7 实用新型存在"不清楚"的问题

【案情介绍】

该案申请人同日申请了发明专利和实用新型专利,实用新型专利已授权。在发明专利审查过程中,申请人在答复第一次审查意见通知书时,将原权利要求2合并到权利要求1中以克服创造性的缺陷,同时对权利要求1中的两处作了进一步解释。

答复第一次审查意见通知书修改的发明专利的权利要求1如下(画线部分是为了克服重复授权从说明书中加入的进一步解释的内容):"1. 一种自清洁聚合反应器,包括密封的卧式筒体,其特征在于所述卧式筒体的横截面形状呈双圆形,所述双圆形是指由两个圆相互交叉后,由两圆的外露圆弧组成的封闭图形,筒体内设有两个主轴,所述两主轴分别位于所述双圆形的两个圆心处,所述双圆形的两个圆心是指构成该双圆形的两个相互交叉的圆的圆心,所述主轴上设有若干星形转子,所述星形转子由盘体和设置在盘体中央的轮毂组成,所述盘体设有多个辐条,所述轮毂套接在所述主轴上,所述两个主轴的动力输入端均延伸在所述卧式筒体外,并分别连接用于驱动两主轴同步且反向转动的驱动装置,所述转子上的辐条的数量均为3个,同一主轴上相邻转子以位相角差为180°的方式交错分布,相邻两主轴上的转子轴向排列方式和排列位置相同，在同一轴向位置上，一个主轴上的转子的辐条恰好与另一主轴上的转子的辐条间隙相对应，所述相对应是指当一个主轴的转子的一个辐条水平指向另一个主轴时，恰好位于另一个主轴的对应转子的两个辐条的中间。"

筒体结构如图5-8所示。

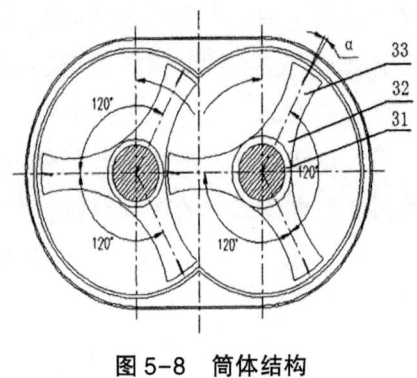

图5-8 筒体结构

那么，实用新型专利中的表述"一个主轴上的转子的辐条恰好与另一主轴上的转子的辐条间隙相对应"，此处"相对应"是否清楚，与发明是否构成重复授权？

【建议做法及理由】

有一种观点认为：该发明专利申请和实用新型专利中的表述"一个主轴上的转子的辐条恰好与另一主轴上的转子的辐条间隙相对应"清楚，即有两种情况：①所述"相对应"是指当一个主轴的转子的一个辐条水平指向另一个主轴时，恰好位于另一个主轴的对应转子的两个辐条的中间；②所述"相对应"是指当一个主轴的转子的一个辐条水平指向另一个主轴时，不是恰好位于另一个主轴的对应转子的两个辐条的中间，而是偏差一定的角度。而该发明专利申请进一步限定了所述"相对应"是指当一个主轴的转子的一个辐条水平指向另一个主轴时，恰好位于另一个主轴的对应转子的两个辐条的中间，因而与实用新型专利的保护范围不一致，不构成重复授权。

但是，确定权利要求保护范围是否清楚，还是要基于本领域技术人员的水平，在发生侵权纠纷时能否清楚界定其保护的范围。本领域技术人员并不能确定其属于上述情况①还是情况②，或者是更上位的①和②都包括，因此该发明专利申请和实用新型专利中的表述"一个主轴上的转子的辐条恰好与另一主轴上的转子的辐条间隙相对应"不清楚,本领域技术人员不知道何种关系为"相对应",因而基于实用新型专利的权利要求 1(即发明专利申请的原权利要求 1)的记载,所属领域的普通技术人员不能直接、毫无疑义地确定该权利要求的保护范围,此时参照说明书(包括附图)才能认定"相对应"的特征是指当一个主轴的转子的一个辐条水平指向另一个主轴时,恰好位于另一个主轴的对应转子的两个辐条的中间。当实用新型专利的权利要求保护范围不清楚时,应当以说明书来解释权利要求。因此,该案中待授权的发明专利的权利要求的保护范围与实用新型专利的保护范围相同,属于重复授权。

四、关于尚未终止的判断

案例 5-8 关于尚未终止的判断

【案情介绍】

申请人在同日对同样的发明创造同时提交了发明专利申请和实用新型专利申请,实用新型专利申请先获得授权。

2014 年 9 月 26 日,专利局相关部门发出缴费通知书,指出应在 6 个月之内补缴年费以及滞纳金,最迟应在 2015 年 2 月 26 日之前补缴。

2015 年 1 月 5 日,发明专利申请经审查符合授予专利权的其他条件,审查员在第一次审查意见通知书中指出该发明专利申请的权利要求与申请人在同日提交的已授权的实用新型专利的权利要求的保护范围相同。

2015 年 2 月 12 日,申请人提交了放弃实用新型专利权的声明。

2015 年 4 月 28 日,专利局相关部门发出专利权终止通知书。

2015 年 10 月 14 日,专利公报上公告,该实用新型专利未缴纳年费,专利权终止。

2015 年 12 月 3 日,实审审查员再次处理该发明专利申请,该如何处理?

【建议做法及理由】

《专利法》第九条第一款规定,同一申请人同日对同样的发明创造既申请实用新型专利又申请发明专利,先获得的实用新型专利权尚未终止,且申请人声明放弃该实用新型专利权的,可以授予发明专利权。

《专利法实施细则》第四十七条第四款中进一步规定，发明专利申请经审查没有发现驳回理由，国务院专利行政部门应当通知申请人在规定期限内声明放弃实用新型专利权。《专利法实施细则》第四十七条第五款还规定，实用新型专利权自公告授予发明专利权之日起终止。

另外，《专利审查指南》第五部分第九章第4.2.2节规定："专利年费滞纳期满仍未缴纳或者缴足专利年费或者滞纳金的，审查员应当发出专利权终止通知书。专利权人未启动恢复程序或者恢复权利请求未被批准的，专利局应当在终止通知书发出四个月后，进行失效处理，并在专利公报上公告。专利权自应当缴纳年费期满之日起终止。"

由上述规定可知，当拟对发明专利申请作出授权决定时，审查员需查询该实用新型专利权的法律状态。如果实用新型专利权处于专利权维持的状态，则申请人可以通过声明放弃实用新型专利权的方式获得发明专利申请的专利权；如果实用新型专利权处于待缴年费的滞纳期或者处于权利恢复期等悬而未决的状态，审查员应当与申请人进一步沟通，申请人应缴纳年费使得发明专利申请授权公告前实用新型专利权处于专利权维持的状态，否则，存在发明专利申请授权公告之前，实用新型专利权由于未缴纳年费而终止的风险；如果该实用新型专利权因未缴纳年费专利权终止的事项已经在专利公报上公告，如该案，则只能修改发明专利申请的权利要求，使之与实用新型专利权的保护范围不同来获得发明专利申请的授权。同时，需要指出的是，审查员在收到申请人的实用新型专利权放弃声明后，应该对发明专利申请作出及时处理，避免给申请人带来权利的损失。

如果发明专利申请存在同日提交的保护范围相同的实用新型专利申请，且申请人在申请时分别作出说明，应当核实同日申请的实用新型专利权的状态，该同日申请的实用新型专利权的状态与对应的处理方式具体如表5-1所示。

表5-1　同日申请的实用新型专利的不同状态对应的处理方式

同日申请的实用新型专利的状态	发明专利申请授权时的处理方式
视为放弃、失效或主动撤回	可直接授予发明专利权
专利权维持	实用新型专利可以放弃
待缴年费滞纳金	进一步沟通，缴齐年费、权利恢复后可放弃

续表

同日申请的实用新型专利的状态	发明专利申请授权时的处理方式
未缴年费的专利权终止，待恢复	进一步沟通，缴齐年费、权利恢复后可放弃
专利公报公告终止	实用新型专利不能进入放弃程序，可对发明专利权利要求进行修改
未缴年费致权利终止失效	实用新型专利不能进入放弃程序，可对发明专利权利要求进行修改

第二部分

材料领域热点问题的审查

第六章

互联网证据的审查

随着信息传播技术的迅速发展，现有技术或设计的表现形式已经不再局限于传统的纸质印刷品、照片，或者录像带、磁带、光盘等信息传播载体，以计算机、网络通信为代表的信息技术革命在社会各个领域都得到了广泛的应用，其对社会和经济的影响涉及各个方面，通过互联网进行的产品交易、展示以及公众交流等形式多种多样，各种网站运行机制也各不相同，使得互联网已经不再单纯地仅以出版物的方式公开各种技术或设计信息。作为证据的电子数据的获取和保存在专利审查程序中越来越普遍，电子证据主要存在于社交平台、视频网站、电子商务平台、文库类网站、应用程序等。

从证据认定的角度来看，专利审查过程中出现了类型多且内容不断变化的电子证据，这类电子证据的"真实性"和"合法性"审查问题也越来越多，越来越复杂。因此，在发明专利申请的实质审查过程中如何对涉及互联网证据类案件进行审查一直是一个难点。

虽然在《专利审查指南》第二部分第三章 2.1.2.1 节"出版物公开"中新增了"存在于互联网或者其他在线数据库中的资料"，明确其定义、获得途径、公开日的确定原则以及特殊情形的处理，但是实际审查过程中网络证据的公开时间由于不同网页的性质内容不同、发布规则不同、发布后可能存在修改或更新，其所记载的时间点与发布内容之间的对应关系经常难以确定，所以在互联网证据的使用方面存在困难。但是随着互联网的发展，大量现有技术通过互联网公开，为了确保审查质量，平衡专利申请人和公众之间的利益关系，一方面需要对采用互联网证据持开放态度，尽量避免本应属于现有技术的网络证据不能被采用，损害社会公众利益；另一方面也需要严谨地认定互联网证据的公开时间和内容，确保专利审查的客观、公正。因此，在实质审查过程中使用互联网公开的证据要考虑其真实性和合法性。

从证据的真实性来看，一方面要考虑内容真实性，互联网证据公开了与申请文件相关的技术内容；另一方面要考虑时间真实性，互联网证据的公开时间是互联网证据作为现有技术的必要条件。

从证据的合法性来看，一方面，正如《专利审查指南》第二部分第三章2.1.2.1节提到的"存在于互联网或者其他在线数据库中的资料应当是通过合法途径能够获得的，资料的获得与是否需要口令或者付费、资料是否有人阅读过无关"，即取证方式合法；另一方面，证据的形式通常为打印件或者电子扫描件，形式要合法。

但是互联网证据类型较多，其真实性和合法性容易遭受质疑。因此，本章将结合案例介绍互联网证据真实性的确定、互联网证据公布日的确定和互联网证据的存证。

第一节　互联网证据真实性的确定

对于互联网证据的真实性需要从以下几个方面进行考虑：（1）网络证据所在网站的运营主体，是政府网站、企业网站还是个人网站；（2）网络证据所在网站的管理运行机制，是人工编辑发布审核，还是系统自动生成审核；（3）网络证据编辑权限，用户和管理员是否可以修改、编辑，或者是否拥有修改日志的权限。

以下介绍常用的几种互联网证据。

一、可信度较高的网站类证据

政府类或公共组织类网站、大型电商网站、大型视频网站、图书和期刊数字化网络出版等均是可信度较高的证据来源。它们通常具有较高的社会知名度、良好的资信、健全的信息管理机制，在无相反证据证明发布时间不可信或确有误时，认定发布时间即为公开日。

（1）政府类或公共组织类网站、大型电商网站、大型视频网站上发布的相关信息是自发布之日起就处于公众想得知就能够得知的状态,同时由于政府类或公共组织类网站上信息的形成、保存由相关制度予以保障,标准组织网站上也会将文档上传至官网的时间作为文档的公开日,因此在没有相反证据的情况下,政府类或公共组织类网站、标准组织网站的相关网络证据,可以认可其真实性。大型电商网站、大型视频网站具有完整的网络检测和审核机制,用户对其后台数据进行无痕迹修改的成本较高且概率极小,也属于可信度较高的网站。

(2)图书和期刊数字化网络出版,一般会包括书名、作者、出版者(报刊名称、卷号或期号)等信息,其公开日通常为发布时间。对于公信力及知名度都较高且著录了传统出版物出版信息的文献数据库,即使无传统出版方式出版的版本,通常也可以根据著录的出版信息确定相应证据的公开日期。通过网络出版的电子书和期刊文献,其公开日并非网络投稿日,而应当以其网络发布时间来认定网络公开日。

案例 6-1 大型视频网站证据

申请号为 2019103226623 的专利申请(一种新型娱乐泳池),其中证据 1 为 bilibili.com 网站发布的网页视频。bilibili.com 网站是一家国内知名的视频弹幕网站,具有较完整的网络监测和审核机制,用户对其后台数据进行无痕迹修改的成本较高且概率极小,属于可信度比较高的网站。在没有任何证据表明请求人或申请人与该网站存在利害关系的情况下,作为案外第三方网站,如果没有证据证明该网站发布的视频存在被修改或替换的故意人为行为,申请人也未对其真实性提出异议,可以认可其公开内容的真实性。对于一般网站而言,其文件的发布时间即为该文件可以被正常浏览的时间,该案申请人未对该视频的公开日期提出异议,因此该视频的公开时间以其发布时间为准,也具备公开时间的真实性。

案例 6-2 App 作为网络证据的公开时间的认定

该案的专利申请日为 2016 年 4 月 20 日,该案检索到的对比文件为网络证据,是在网络下载平台"安智市场"中的"高尔夫管家"App 的 6.5 版本,发布作者是该案的申请人。按照该版本进行安装和运行,内容可覆盖该专利申请。该版本的网站记录的更新日期为 2016 年 3 月 30 日,该申请的申请日为 2016 年 4 月 20 日,审查员在第一次审查意见通知书中以该 App 的 6.5 版本评述新颖性。申请人答复第一次审查意见通知书,争辩理由为"高尔夫管家" App 来源不明,软件的更新日期和内部程序都可以修改,质疑其作为对比文件的客观真实性。

"安智市场"中的"高尔夫管家" App 的 6.5 版本能否作为现有技术?

在该案中,在现有证据基础上,认为该 App 的 6.5 版本在该申请的申请日以前已公开,理由如下。

(1)网站的可信度较高。"安智市场"成立于 2010 年 2 月,其属于影响力较大的 App 下载平台,每日下载量超过 2000 万次。可以看出,"安智市场"具有一定的知名度,是一个较为成熟可靠的平台,可信度较高。

(2)有证据链条支持 App 公开的时间和内容。根据网站规则,App 在网站的更新时间是软件发布时间,能如实反映网站公开信息。现有证据表明,在申请日之前,"高尔夫管家" App 的 6.5 版本已在该网站处于公众可以下载使用的状态,已构成专利法意义上的公开。

(3)申请人具备反证的举证条件,相关质疑却缺乏证据支持。无证据表明网站人员与该申请有利害关系,也没有证据证明该 App 的更新时间可以自由定义或者在后台对该 App 的内容作出修改而不改变网站平台上 App 版本的发布时间。

综上所述,在现有证据下,可以认定该 App 的 6.5 版本在申请日前已经公开,可以作为现有技术使用。

案例 6-3　链接失效或与当前链接内容不一致的网络证据

该案在第一次审查意见通知书中引用了一篇互联网文献,用于评价权利要求的创造性,在通知书中提供了该文献的网址 A,并将该文献提供给申请人。

申请人在答复第一次审查意见通知书时,并没有针对该文献的有效性提出疑问,而是申请人在答复第二次审查意见通知书时才质疑该文献的证据有效性,具体理由是根据该网址 A 无法成功访问获得相应文献。

经核实,上述网址 A 确实无法访问,已变更为新网址 B。据分析,这是由于网站服务器修改文件目录名称导致的，即该非专利文献在服务器的存储位置发生了变化，因此其访问网址也相应发生了变化，通过原地址无法访问。

该案中，在所述互联网证据受到申请人质疑的情况下，审查员是否可以继续使用？

就该案而言，第二次审查意见通知书中使用互联网证据时，已给申请人提供了网络链接以及互联网证据的电子文档，虽然之后链接地址发生变更，但属于网站内部调整，实质上并未导致互联网证据的灭失；理论上不存在提供虚假证据的主观故意；另外，申请人答复第一次审查意见通知书时，并未对证据的真实性提出疑问，可以推定当时其认可证据的真实性，只是在答复第二次审查意见通知书时才提出此问题。因此，就该案而言，在后面的程序中可以继续使用该互联网证据。

对于互联网证据链接地址变更的情形，在审查实践中要对变更情况进行核实，在后续通知书中说明情况并将变更后的网址告知申请人，以更好地满足听证原则，也可消除不必要的争议。

另外，专利审查过程中，为避免互联网证据灭失的风险，审查员在使用互联网文献作为现有技术证据时，除了向申请人提供完整的网址信息外，还应通过电子文档、保存网页、截屏、录屏等方式，保存包含网址信息、内容信息、公开时间等的完整页面，在还存在由其他用于证明公开时间等的证据的情况下，应注意保存表明证据之间关联性的信息，尽可能将其固化保全，并将所有有利于听证的证据一并提供给申请人，以利于后续程序的处理。

对于链接失效或与当前链接内容不一致的网络证据，在审查阶段，在数据的生成、收集、存储、传输过程的一个或多个环节的真实性存疑的情况下，真实性的认定需要其他证据予以佐证，否则不认可此类网络证据的真实性。

二、新闻报道

新闻报道的内容是处于公众想得知就能够得知的状态，考虑到新闻的时效性以及新闻媒体的公信力，通常可以认为新闻报道公开的网页或客户端上显示的时间为其公开日。

案例6-4 新闻报道的网络视频证据

该案审查意见通知书中引用的一篇证据是一份公证书,公证的是央视网"第一时间"节目的视频截图。首先考虑其真实性,对于互联网证据的证明力要考虑信息发布来源的可信度,信息的产生、公布和存储的方法或方式的可靠性。央视网是中央广播电视总台主办的以视频为特色的中央重点新闻网站,其可信度是比较高的。该案中涉及的视频证据是中央电视台财经频道面向全国甚至可能是全球的观众播出的新闻类节目,该视频的发布时间通常是由服务器根据发布的时间自动生成,自发布时起即面向公众公开于网络。众所周知,新闻对内容的真实性要求较高,从发布该视频的目的和机制上考虑,修改视频的可能性较小。网页实时更新的参数是否表明网页存在修改的可能性呢?网页参数发生变化可能是网页版面调整或者广告栏更新等常规操作引起,网页参数的变化并不一定意味着网页播出的新闻节目发生了修改。如果没有足够的反向证据表明该视频证据被修改过,那就可以认定该视频证据的发布时间即为该视频证据的公开时间。

如果新闻报道的内容只能表明发生的事件,但是没有披露具体有关技术的内容实质,则不能认为涉及该事件的新闻报道中公开了相关技术内容,使得该技术处于公众想得知就能够得知的状态。

案例6-5 新闻报道证据

该案涉及一种箱型桥梁的桥式盾构施工方法,其中一份证据来源于建筑施工方在其官网上公布的网页,网页展示了业主多次组织其他市政施工单位和记者参观其工地的文字报道,并配有一张工地施工照片。该新闻报道仅证明了该项目是在2005年10月31日之前开工的,并邀请了其他市政施工单位和记者参观,但该新闻报道并未涉及工地施工的具体情况。同时,建筑施工所采用的施工方法涉及多个阶段,且不同阶段存在不同的技术问题,所采用的施工方法也不同,使用的设备也不同,即使有人参观了工地,了解了其施工过程,也不能说明参观人员了解了所述的桥式盾构施工方法的全过程,其报道也只是施工方法的很小一部分,同时也无法进一步证明进入工地参观的人员参观过程是否对工程有介入以及介入的程度,因此该证据不能视作其已经处于为公众所知的状态。

三、电子商务平台

电子商务类网站不仅是产品销售平台，还是产品信息发布平台，在销售产品的同时卖家还会提供产品的具体信息，不限于结构、参数和材质等信息，同时还能提供产品交易完成后买家对产品的评价，有的还具有买家晒单功能，结合买家网络晒单的信息就可以确定销售产品是处于公众想要得知就能够获知的状态。对于其公开日，通常产品网页发布的时间是由服务器自动生成的发布时间，同时结合已经确定评价内容或晒单图片一旦生成不能再进行编辑的情况，就可以认定销售网页上相关信息是自发布时间起就处于为公众所知的状态。但是如果电子商务平台上展示产品的最早可获取的相关信息的时间不变，而在网站发布产品信息时网页标注显示的产品图片可以更改，那么在不能证明图片具体的更改时间的情况下，是不宜直接将电子商务平台网页下显示的产品图片认定为其在上述最早可获取的相关信息的时间就处于为公众所知的状态。

例如，淘宝网是最常用的电子商务平台之一，该平台上所公开的交易快照信息是在完成交易后由系统自动生成的，除网站经营者以外的任何人一般都不能修改交易快照的相关信息，在无反向证据证明交易快照被修改的情况下，是可以确认其真实性的。

案例 6-6　电子商务平台产品证据

该案证据记载了输入卖家的账户名及密码登录淘宝网后，在卖家的交易记录中显示了多条交易记录。其中，该证据显示了某一商品订单编号交易记录的成交时间，进一步点开交易快照，可以浏览并放大该产品图片。淘宝网是较知名的电子商务平台，其交易快照是淘宝作为第三方，对买卖双方在平台上的交易信息进行记录，包括交易的产品、交易的时间等。该交易快照信息是交易完成后系统自动生成，其本意是为了记录买卖双方交易凭证，所有的信息均由淘宝网管理，网站经营者以外的任何人一般不能改变交易快照信息。在无任何反向证据证明其真实性的情况下，应该对该证据的真实性予以认可。

对于在电子商务平台上向公众出售的产品，可以认定该产品已处于公众想得知就能得知的状态；当有其他证据能够证明出售产品的具体结构时，就能够认为该产品的结构自电子商务平台销售之日起就成了现有技术。

案例6-7 出售产品证据1

该案例的对比文件为在京东网络平台上搜索某产品获得相应信息的网页截图。京东网络平台也是信誉度较高的知名电子商务平台，在其网络端售卖的产品来自京东自营和第三方网店，其中京东自营的商品的信息由京东负责发布。经核实，该产品自上架后有上万条商品评价记录，并且还附有带图片的晒单，其中多条带图片的晒单是在该案专利申请日之前发布的，且晒单图片中显示的产品与卖家所展示的商品一致。同时考虑到，只有购买了该款商品的买家才有发表带图片的晒单的权利，并且晒单一经生成就无法再进行编辑，晒单的发布时间也是系统自动生成的，买家是不能进行修改的。因此，在没有反向证据的情况下，是可以认定该商品在该案专利申请日前已经在互联网上进行公开销售的，其可以作为该案的现有设计。

还有一种情况，如果卖家通过电子商务网站平台发布商品信息时，网页上标明的最早可获取该信息的时间不变，但是网页上显示产品的图片信息可以更改，在无法证明图片更改的时间的情况下，不宜直接将网页当前显示的产品图片认定为已于上述最早可获取时间前就处于为公众所知的状态。

案例6-8 出售产品证据2

某证据是在亚马逊网站公开的某一产品的网页。专利权人当场在网页上操作在上架时间不变，即最早可获取该信息的时间不变的情况下，同一链接地址的网页上的图片是可以修改的。尽管专利权人演示修改的网页并不是上述证据中涉及产品的网页，但是基于此可以证明亚马逊网页上显示的上架时间与网页上展示的图片实际的公开时间并不一定是相同的，在网页上显示的上架时间不变的情况下，网页上的图片等内容都是可以进行编辑或修改的。因此，不能直接确定亚马逊网站产品网页上的时间即网页目前所显示图片的公开时间。同时对该证据而言，除了在亚马逊网站产品网页上显示的"Date

First Available June 4, 2012"的时间外,也无其他相关证据证明的情况下,并不能确定该网页上显示的时间即网页当前显示的产品外观图片的公开时间。所以在该证据中,图片发布信息的公开时间并不一定就是亚马逊网站产品网页上显示的时间,同时在无其他证据证明其公开时间的情况下,对证据中涉及图片的信息已在该案专利申请日前公开的认定是不予支持的,该证据公开的图片不能作为该案专利申请日之前的现有技术。

产品一旦在电子商务平台上对外销售,那么该产品就已经处于公众想得知就能够得知的状态。当有相关证据证明所出售产品的具体结构时,则能够证明涉及该具体结构的产品自电子商务平台网站销售之日起就构成了现有技术。

案例 6-9　出售产品证据 3

该案的证据一是关于在京东网络平台上出售的一款产品的网页打印件,其展示了该产品的相关情况以及销售情况。该产品被售卖后,在其售卖的网页评价页面中展示了该产品在该案专利申请日前已被他人购买。证据二是在百度上搜索到的证据一中同款产品的拆解文章。对于证据一,京东是信誉度较高的知名电子商务平台,通过证据一中产品的介绍页面、产品的展示页面、销售页面以及买家的评论,可以进一步佐证该证据一的产品在该案申请日前已构成现有技术。证据二是在百度上搜索获取的同款产品的拆解文章,百度是我国较为著名的搜索引擎网站,该拆解文章是发布在某专栏上的,该专栏的网页上也显示了其他的文章,由此可以得出该专栏所公开的内容并不是独立的。综合上述分析,在没有相反证据证明其不真实性的情况下,应该认可该网页上公开的内容的真实性。该文章还具体介绍了该产品涉及的品牌,同时在拆解文章的首页,其中一幅图展示了证据一中购买页面示出的相同的商品的编号,且也标注了售价和购买渠道等。因此,从该拆解文章所显示的该产品的商品编号、相关图片、产品名称、产品售价来看,与证据一所显示的产品均一致,由此说明该拆解文章中涉及的产品正是证据一中所销售的同款产品,即证据二所展示的拆解结构为证据一的产品的技术方案。因此,证据一与证据二已经联合证明了由京东网络平台销售的产品构成涉案专利的现有技术。

四、社交平台

社交平台是通过社交关系和/或共同兴趣或共同利益将人与人之间联系起来的网络架构，用户可以通过社交平台对应的客户端或者网页服务分享见解、照片或视频。由于社交平台有其特殊的用户隐私设置规则，其隐私设置包括对所有人公开、朋友圈公开、部分公开或仅自己可见等多种方式。在公开范围一经设置就不能更改的情况下，如果通过任意账号都可以浏览社交平台上的任意内容，就可以认为其原始设定的隐私范围是对所有人公开，其公开的相关内容是处于公众想得知就能够得知的状态。

案例 6-10　微博证据

该案证据是一篇微博，在"360 安全浏览器"中打开新浪微博，以任意第三人的账号登录后，进入某公司官方微博，找到该证据，其中包含五幅附图。新浪微博是新浪网提供微型博客服务的社交网站，在国内拥有较多用户，具有一定的影响力。通常在微博中上传的图片即公开发布。虽然新浪微博在发布每一条微博时可以选择其公开的范围，例如对所有人公开、好友圈公开和仅对自己可见，并且微博公开范围仅能修改一次，全部公开的范围可以转成私密，但私密不能转成公开。对于该案，采用任意第三人的账号进行登录，就能够浏览该微博的信息，因此可以证明该微博的公开状态是对所有人公开的，且未变更过其公开范围。与此同时，该微博显示的内容主要是用于宣传，在没有相反证据推翻上述内容的情况下，认可其真实性。由于该案中该证据在微博上显示的发布日期处于该案专利申请日之前，可以认定该微博公开的图片所展示的产品构成该案的现有设计。

对于通过搜索引擎获取的在社交平台上推送的文章，则可认为该文章已经处于公众想得知就能够得知的状态。进一步地，如果能够确定该文章的发布时间是通过服务器自动生成的，除了删除文章的方式以外，对已推送的内容无法进行修改，则可以认为该发布时间为该文章的公开日。

案例 6-11　博客证据

该案申请日是 2010 年 12 月 27 日。检索过程中，审查员检索到一篇来自"bolg.e-works.net.cn"（"制造业信息化门户网博客"）的博文。单从博文记载的内容来看，其可以评价该案所有权利要求的创造性。关于博文的公开日期，博文中显示"发表于：2009-01-12"，审查员认为该博文来自可信网站，可信度高，并将博文中的发表日期"2009-01-12"确定为博文的公开日，早于该申请的申请日，该博文构成该申请的现有技术。

申请人答复时认为，该博文发表时间不能作为其公开日，具体理由如下：

（1）作为电子证据的网页很容易修改，证据不固定，申请人对于该时间不认可，该时间有可能是作者自己标注的时间。

（2）2009 年 1 月 12 日可能是作者的本地系统时间，也可能是网站的系统时间，而这两者均非国家的标准时间，可以随意调整。

（3）发表时间也并不一定是公开时间。存在由于严格的信息审查程序导致公开时间滞后于发表时间。

（4）博客网站可将博文设置为私密属性，避免他人看到（比如新浪博客中，用户可以在发表或编辑博文时，通过对文章权限来设置是否允许他人查看博文）。被设置为私密属性的博文只有解密后才公开，但发表时间实际上可能是写文章时的时间。

对于该案，从该互联网证据的真实性和合法性来综合考虑和判断如下。

对于真实性，政府网站、知名网站等信誉较高的网站，尤其是相关时间只有网站管理方才能够更改，且获得该证据的来源较为可靠（如经公证等）的网站，在没有证据表明网站的管理方与该案当事人存在利害关系，也没有证据证明其公开时间（如上传时间）是被更改的情况下，可以认定该网站内容的真实性。该申请中博文出处涉及的 e-works 由华中科技大学教授李培根创办，可以认定为可信网络资源。对于公开时间的确定，从网页生成的技术角度而言，网页的上传时间是指，撰稿生成的网页被上传到网站并且记录到网站数据库的时间。而网页的发布时间（网页上记载的时间）是网页被业务层应用到网页的实务管理中，是网页访问者可以看到网页内容的起始。从专利法意义上讲，网页发布的时间才是网络证据公开的起始时间。不过，大部分网站的"网页的上传时间"与"网页的发布时间"很接近。在该申请中，可以通过查阅确定网站发表时间是否为发布时间；可根据网站实际情况，例如日志信息（上传时间、发布时间、修改时间）等，推定网页发布时间。该申请的申请日和博文发表日相差2年，从合理时间考虑，也应认为博文公开时间早于申请日。

对于合法性，现有技术应当在申请日前处于能够为公众获得的状态。如果该博客仅限定少数人可以阅读且被要求保密，则不构成专利法意义上的公开。在该申请中，没有证据表明上述博文仅在小范围披露且被要求保密；博文的内容涉及技术性的论文，并非个人私密性日记，并且博客本身就是一种新型的交流平台，所以从发表博客目的的一般合理推定，可以认为该博文已处于公众可以访问的状态，已构成专利法意义上的公开。

对于该案，如果审查员认定网络证据可作为现有技术证据，则可以认定该网络证据的公开时间（如必要可保存其网页打印页或在通知书中附上网址）。回案后，如果申请人对于审查员通过上述分析确定的对比文件的使用存有异议，审查员应要求申请人提供相应的证据。

案例6-12　微信公众平台证据1

该案的证据是某家具公司在其微信公众平台上发布的家具广告相关文章的网页，网页上记载了文章标题、公开时间、家具公司的名称和文章正文，篇末还公开了其微信号、"微信扫一扫"、"关注该公众号"、"分享到朋友圈"等信息。微信公众平台是腾讯为微信用户提供的公众服务平台，是信誉度较高的公众平台，其系统环境较稳定，管理机制也较规范。微信公众号内容一经由账号管理员发布后，系统就自动生成发布时间；文章一经平台发布，账号管理员不具有对其内容进行修改的权限，仅能对其进行删除操作，普通公众也不具备任何修改的权限。在无有力证据证明微信公众平台发布及修改文章的规则与目前已知情形不同，或是有证据证明该文章经发布后被修改过的情况下，应当认为微信公众号经微信公众平台发布的文章的内容与发布时间直接关联。同时，该涉案公众号专为该家具公司发表广告类文章，经微信公众平台发布后，关注该公众号的订阅用户都可以对该公众号下发布的内容进行浏览；同时，公众通过微信搜索功能也可以查找到并浏览文章的具体内容，由此表明证据可以为不特定人群所获知，因此，该证据所采用的公众号公开的文章构成了专利法意义上的公开。该证据所显示的发布时间早于该案申请日，由此可以确定该证据所公开的产品构成该案专利的现有设计。

案例 6-13　微信公众平台证据 2

该案证据是卡米罗家居发布在微信公众平台的网站宣传资料的打印件。专利权人认为，无论是微信公众平台本身还是平台文章内容都不能作为合法有效的证据来源，文章发布时间、发布内容易被修改，发布时间不能唯一对应发布内容。在口头审理中经当庭演示，通过访问"卡米罗国际家居"的微信公众号，由合议组随机抽取文章，以账号登录后台对所选文章进行修改并重新发布，演示结果显示原有文章无法再找到。决定认为，微信公众平台是腾讯公司为微信公众号用户提供的服务平台，作为我国大型互联网综合服务提供商之一，腾讯公司的信誉度较高，系统环境相对稳定可靠，管理机制相对规范。就微信公众平台的使用而言，微信公众号一经取得后即由账号管理员负责信息发布，但发布时间由系统自动生成；文章一经平台发布，账号管理员仅能对其进行删除操作，不具有其他修改权限。当庭演示的结果印证了这一机制。公众号的订阅用户和普通公众对其更不具备任何修改权限。因此，在专利权人未提供有力证据证明微信公众平台发布及修改文章的规则与已知情形不同，或是该证据经发布后确实已被修改的情况下，应当认为该证据确系微信公众平台发布的文章，其真实性可以得到认可。

案例 6-14　微信朋友圈证据

在微信朋友圈发布的信息，如果仅是对具有权限的微信好友可见，该信息就属于通过特定途径传递的信息，在没有相关证据证明该信息已不向特定的公众传播的情况下，不能认定该信息能够为公众获得。

该案证据为一份 PPT 文件，该 PPT 是来自于微信账号朋友圈转发的 PPT 文件，该转发的 PPT 内容并不是任意的微信用户均可以通过公开途径获得的，该 PPT 是特定的微信用户在其朋友圈内转发的，该转发的内容仅仅是具有相应权限的微信好友才能获取。基于已有证据，不足以认可微信用户所转发的 PPT 是任一社会公众都能获取的。

案例 6-15　论坛证据

论坛是一个网上交流的场所，为用户提供了信息分享和交流讨论的平台，其具有开放性，在论坛上发布的帖子通常已经处于公众想得知就能够得知的状态。论坛的交互是具有实时性的，该帖子上所显示的时间即为服务器自动生成的发帖时间，一旦帖子被修改，网页上会留下修改后内容的最后编辑时间，对于有修改帖子的最后编辑时间或未修改帖子的发布时间即可视为其公开时间。

该案证据是某汽车论坛网页内容截屏的打印件。经确认，该汽车论坛成立时间较长，注册用户近千万，日均浏览量超过一亿，拥有上千个开放的互动交流平台，是国内规模较大的汽车论坛，在广大车友中具有一定影响力。经核实，在该论坛发布帖子，帖子显示的发表时间就是网友提交帖子的时间，但帖子一旦发布，发布人有权对帖子进行修改，每次修改后，帖子首页上显示的发表时间不会改变，但是在帖子的结尾处会显示该帖子的最后编辑时间。也就是说，若发布人对已经发布的帖子的内容进行修改，在网页上也会显示出帖子最后修改的时间。该案中，证据的网页信息里并没有显示最后修改的时间，可以推知该帖子自发布之后未被修改过。基于以上情况，对证据中网页内容的真实性可以予以认可，并且其公开日在涉案专利申请日之前，由此可以确定该证据所公开的产品构成该案专利的现有设计。

案例 6-16　QQ 空间证据

对于允许用户任意设置规则决定其对外开放权限，权限的设置和更改不会在网页或服务器上保留记录的社交平台，在公开的内容仅涉及图片的情况下，通常需要综合考量相关信息，不能直接认定该图片处于公众想得知就能够得知的状态。

该案涉及的证据是 QQ 空间中公开的产品图片。首先，用户可以设定 QQ 空间发布内容对外开放的权限，即可以选择对所有人开放或部分人开放，也可以设定为任何人均不能访问的私密状态，用户是否选择公开 QQ 空间上的信息具有较强的随意性。其次，QQ 空间的服务器不会记录访问权限的设置和更改信息，即用户对访问权限的设置和改变无迹可查。因此，无法证明上述证据上传时是处于全部公开的状态，同样，其上传日期并不能等同于专利法意义的公开日期。对于 QQ 空间截图证据公开性的认定，还应当从 QQ 空间的性质及该用户所公开的所有信息进行综合考量。

五、域外证据

除特别规定，中华人民共和国领域外形成的证据应当经所在国公证机关进行公证，并经中华人民共和国驻该国使领馆予以认证，或者履行中华人民共和国与该所在国订立的有关条约中规定的证明手续。未履行公证认证手续的域外证据，对其真实性通常不予认可；但是，如果其待证事实得到其他证据的印证，则可以认可该证据的真实性。如果域外证据能够从除香港、澳门、台湾地区外的国内公共渠道获得，则不需办理公证认证手续。

案例 6-17　域外证据 1

该案证据是一本国外出版的外文书复印件。有人认为，该证据是域外证据，缺乏公证认证手续，对其真实性提出异议。该证据确实属于未履行公证认证手续的域外证据，在证明形式上存在一些瑕疵。但是，鉴于该证据的作者、出版商、版次、相关页码与该案说明书"发明背景"部分中引用的书籍及其页码完全一致，并且该证据相关部分的内容也与该案说明书涉及和概括的内容对应一致，因此该案说明书"发明背景"部分描述的内容能够证明该证据的真实性。

履行公证认证手续并不意味着域外证据必然具有真实性，应该从证据的表现形式、证据的来源、证据的内容等多方面审核域外证据的真实性。

案例 6-18　域外证据 2

该案证据为经公证认证的美国某画册相关页。该案提供的公证认证是由美国加利福尼亚州政府出具的公证书，由中华人民共和国驻旧金山总领事馆办理的认证手续，形式上无明显问题。公证书是对"画册的封面页和版权信息页进行了翻译"这一事实进行的公证，该公证手续可以证明翻译行为，但并未证明该画册的来源，在无其他证据加以证明的情况下，仅凭该公证认证手续不足以证明画册的真实性，应当不予认可其真实性。

如果是从除香港、澳门、台湾地区外的国内公共渠道获得的域外证据，就不需要办理公证认证手续。

> **案例6-19　域外证据3**

该案证据为外文文献，在国内公共图书馆能够获取该证据的馆外索取证明，同时提供了盖有"上海图书馆上海科学技术情报研究所文献服务部"印章的《馆外索取证明》，证明该外文文献可以以馆际互借的方式从国家图书馆索取，能找到该文件的ISBN编号、版权所有人等信息。基于此，表明该外文文献是可以通过国内公共渠道获得的域外证据，即使其未履行公证认证手续，其真实性也应该得到认可。

六、其他

检测机构在其官网上公开的检测报告提供了查询和下载途径，但是仅委托检测的特定主体才具有查询和下载的权限，该委托检测的特定主体之外的公众是不具备查询和下载资格的，此种情况下，上述文档不处于公众想得知就能够得知的状态。

> **案例6-20　检测机构公开的检测报告**

该案请求人提供的证据是从某检测机构的官网上下载的测试报告，该测试报告的封页显示测试申请人为请求人。经核实，如要获得查询报告，首先需要在检测机构的官网查询入口处同时输入正确的报告编号、报告日期和送检的产品名称这三项信息后方可获得报告。该检测机构仅是针对委托检测的特定主体的委托开展测试业务，其官网只为委托人提供申请测试产品测试结果的查询途径，其并不向所有公众公开检测结果，一旦输入的报告编号、报告日期、产品名称三项信息有误，则无法获取检测报告。因此，检测报告并不是处于任何人想查询就可查询到的状态，这种网络查询途径不属于专利法意义上的公众想得知即可得知的公开状态。

第二节　互联网证据公布日的确定

《专利审查指南》第二部分第三章第2.1.2.1节记载："存在于互联网或者其他在线数据库中的资料的公开日一般以发布日为准，有其他证据证明其公开日的除外。以网络方式出版的书籍、期刊、学位论文等出版物，其公开日为网页上记载的网络发布日。如果上述出版物同时具有内容相同的纸质出版物，也可以根据纸质出版物的印刷日确定公开日，通常以能够确定的最早的公开日为准。对于网页上未明确发布日或者发布日存疑的资料，可以参考日志文件中记载的发布日期和修改日期、搜索引擎给出的索引日期、互联网档案馆服务显示的日期、时间戳信息或者在镜像网站上显示的复制信息的发布日期等信息确定公开日。"

互联网档案馆定期收录并永久保存全球网站上可以抓取的信息，被抓取的网页上会记录时间记录条，每个时间记录条会对应一个时间。

公开日的确定需要从两个方面进行考虑，一是判断公开日期是否已经明确给出，二是判断相关内容是否确实是在该日期提供给了公众。

对于公开时间的确定，从网页生成的技术角度而言，网页的上传时间是指，撰稿生成的网页被上传到网站并且记录到网站数据库的时间。而网页的发布时间（网页上记载的时间）是网页被业务层应用到网页的实务管理中，是网页访问者可以看到网页内容的起始。从专利法意义上讲，网页发布的时间才是网络证据的公开起始时间。不过，大部分网站的"网页的上传时间"与"网页的发布时间"很接近。

案例 6-21　互联网证据公开时间的确定

该案采用的对比文件是来自中国博士学位论文全文数据库的一篇博士论文，网络出版投稿时间为 2010 年 11 月 29 日。网络出版投稿时间是否可以认定为论文的公开时间？进一步核对发现，该论文公开发表在中国博士学位论文全文数据库（电子期刊）中的工程科技Ⅱ辑（月刊）2011 年第 3 期，2011 年 2 月 16 日至 2011 年 3 月 15 日出版。由于在线电子期刊的网络出版时间

（即在线电子期刊对外公开发表或出版的时间）可以视为公开日，所以对比文件2的公开日期应为2011年3月15日。而作为对比文件的学位论文的网络投稿日是指作者将该学位论文投稿到在线电子期刊的时间，不能视为该学位论文在线电子期刊的网络出版时间，对比文件2的网络投稿日不能视为对比文件2的公开日期。由于对比文件2的公开日晚于该申请的申请日，因此对比文件2不属于现有技术。

表6-1列举了常用的几种中文非专利文献公开日期的确定。

表6-1　中文非专利文献公开日期的确定

文献类型	数据库	时间字段/内容	字段示例	字段释义
期刊	CNKI	网络首发时间	2021-04-02 16：21：10	在CNKI平台以数字出版方式优先出版学术期刊单篇论文的时间
		优先出版	2019-12-05 14：55：15	学术期刊优先于印刷版纸质发行、以单篇或整期发布的方式，在CNKI平台以数字出版方式完整呈现论文的时间
		发表时间	2021-04-02 16：21：10	网络首发文献：与网络首发时间一致
			2019-12-05 14：55：15	优先出版文献：与优先出版时间一致
			2021-06-02 2020-11-15	非网络首发和优先出版文献：如果在CNKI平台更新时间比纸刊发布时间早，则发表时间取在平台上的更新日期；如果更新时间比纸刊发布时间晚，则依据纸刊出版时间
		在线出版时间	2021-01-22	该期刊官网所显示的在线发布稿件的时间
		原版目录页	2021-04-28	文献所在纸质期刊封面页、版权页等显示的印刷出版时间。部分期刊显示的印刷出版时间未精确到日
	万方	在线出版日期	2021-03-09	万方公司取得相关资源版权后上传到万方平台的时间
学位论文	CNKI	博硕士学位论文全文数据库（电子期刊）的目次页	2021-01 2020年12月16日-1月15日出版	电子期刊分年、期按月出刊，月刊目次页显示的时间段为一个出版周期，通常为上月16日到当月15日，以最后的日期为实际公开日
	万方	在线出版日期	2021-03-09	万方公司取得相关资源版权后上传到万方平台的时间

续表

文献类型	数据库	时间字段/内容	字段示例	字段释义
会议论文	CNKI	时间/会议时间	2021-05-21	若召开会议，指"会议召开时间"；若未召开会议，字段取会议论文集或专题资料汇编的"出版日期"或"汇编时间"
		发表时间	2018-11-08	若召开会议，指"会议召开时间"；若未召开会议，仅有专题资料汇编，发表时间为"出版日期"或"汇编时间"精确到日；若晚于平台的更新日期，则发表时间采用更新日期（此处更新日期是指文献在CNKI平台上的公布时间）
		出版日期	2017-10	收录入CNKI的会议论文有明确的出版日期，即2017年10月，通常可以将相关会议论文信息的公开日认定为2017年10月31日，但是有充分证据证明该会议论文的实际公开时间不是CNKI显示的出版日期除外
	万方	在线出版日期	2021-03-09	万方公司取得相关资源版权后上传到万方平台的时间
	以互联网方式公开	发布时间		正规网站，真实性可确认的情况下，以网站上的发布时间为公开时间；发布时间难以确认的，以会议召开的最后一天作为公开日期
报纸	CNKI	日期/出版日期	2021-04-15	报纸的出版日期
标准（内网）	CNKI	发布日期	2001-07-16	标准全文封面上显示的发布日期
图书	超星	出版日期	2003-08	图书版权页显示的出版时间
	读秀	出版日期	2008	图书版权页显示的出版时间
科技成果信息	CNKI-科技成果数据库	成果入库时间	2011	科技成果信息被在线数据库收录的时间（即成果入库时间）是公众从该日起能够通过在线数据库检索到相关资料的时间。因此，可以将CNKI的"中国科技项目创新成果鉴定意见数据库"中收录成果的入库时间推定为科技成果信息的公开时间

案例6-22　互联网证据的公开时间的认定是否考虑时差？

该案专利申请日为2017年3月31日。

对比文件属于该发明的发明人在国外网站提交的文档，申请人答复审查意见时，提交了证据表明该对比文件上传时间为法国时间2017年3月30日22时54分，其对应北京时间2017年3月31日5时54分，而该专利申请递交的时间为北京时间2017年3月31日0时6分，因此，申请人认为该对比文件不属于该专利申请的现有技术。

根据《专利法》《专利法实施细则》和《专利审查指南》的规定，关于现有技术的认定，以日为单位确定是否属于申请日以前在国内外为公众所知的技术。对于向我国提交的专利申请，通常应以北京时间确定申请日和相关技术公开的时间。就该案而言，申请日为2017年3月31日，该对比文件的公开时间也是2017年3月31日，因该申请的申请日以前，该对比文件并不处于能够为公众获得的状态，因而不属于现有技术。

需要注意的是，绝大多数情况下是否考虑时差问题不影响互联网证据是否属于现有技术的认定结果，因而，通常不需要将每件互联网证据的公开时间转化为相应的北京时间，但互联网证据的公开时间与专利申请日（优先权日）足够接近且可能影响到是否为现有技术认定的情形除外。

公开时间确定之后，还要进一步审查公开时间的真实性。

（1）对于社会知名度较高、资信良好，信息管理机制健全，信息发布、编辑、删除等网络证据具备溯源条件的，同时没有利害关系的，可确定网络电子证据信息的发布时间。

（2）对于用户可自由发布、编辑、删除，设置访问权限、访问周期的网络电子证据，首先，可以根据符合实际的逻辑推理，对可能存在利害关系的，根据日常生活经验，结合该电子证据所在系统的运行、管理机制，以及该网络证据的阅读、评论、转发等附属信息、衍生信息综合判断发布时间；其次，判断公众获取该电子证据信息的可能性，确定公众想要知道就能知道的状态而不是为多少人实际得知的状态。

（3）对获取该信息的群体范围以及信息发布主体的身份、发布意图、发布方式、发布内容、有无保密要求等进行综合判断。

(4）审查判断有访问限制的网络证据时，要审查该信息的阅读数量、转发数量、评论留言数量及阅读、转发、评论留言时间，综合判断该网络电子证据信息是否具备公开性。

判断涉及限制访问的QQ空间、微博、微信朋友圈是否具备公开性。以微信朋友圈为例，微信朋友圈是否具备公开性，需要视其访问权限设置而定。目前，微信朋友圈的访问权限有公开（所有朋友可见）、私密（仅自己可见）、部分可见（包括不给谁看）三种，或者设置可见时长。在私密的情形下，其他任何人都无权访问或者获知其内容，因此并不具备公开性。其余两种情形比较复杂：有的人认为公开访问的机制，任何人都可以获知其内容，其公开性不必提；而部分可见，只有拥有权限的人才能访问，并不具备公开性。这种观点虽有一定的道理，但仍有片面之嫌。在讨论公开性时，并不仅仅关心当下的公开性，还要关注申请日之前的公开性，申请日之后的公开并不丧失"新颖性"。按照微信朋友圈的访问机制，用户随时可以更改"可见范围"而不留任何痕迹，即公开可以改为私密，私密也可以改为公开。因此，举证时处于公开访问状态的朋友圈应当证明其在申请日之前是公开的。这里就涉及一个证明标准的问题，由于更改访问机制并不会留痕，申请日提交的证据要达到微信朋友圈在某时间段内处于对所有用户开放的证明标准，难度极大。因为要证明过去的时间内处于所有人可以访问的状态并非易事，在实际操作上也很难实现，缺乏可操作性。这就需要对待证事实进行解构，从更多的细节上来把握是否已经达到了证明标准：当前微信朋友圈的访问状态是公开还是加密？访问量如何？微信朋友圈设立的目的是什么？从微信朋友圈目前的内容来看，能否推测出账号所有者发布信息的目的？申请日之前的留言评论数量如何，与账号所有者互动情况如何？如果当前微信朋友圈处于开放访问状态，访问量巨大，发布内容多为产品推广、销售、联系电话、联系人、销售价格等，内容十分详尽；且从评论内容、时间来看，申请日之前留言人数较多；从互动情况来看，微信朋友圈与访客之间并非熟人，则从社会一般认知来看，申请日之前该微信朋友圈处于开放访问状态具有高度的可能性。

案例 6-23　微信朋友圈网络证据的公开性确定

该专利权无效宣告请求案涉及名称为"一种复合装饰板"的实用新型专利，请求人的无效宣告请求的理由为该专利不符合《专利法》第二十二条第二、三款的规定。请求人提交的证据是一个微信用户于 2019 年 5 月 15 日发布的朋友圈内容。

合议组对该证据的真实性和公开性无异议，认为该案中，该微信用户发布该朋友圈的目的在于宣传、推广该产品，因此可认定该证据所示的朋友圈自发布之日起就处于非私密状态具有高度盖然性。因而，在无相反证据的情况下，合议组认定该证据的内容自发布之日起已处于公众想得知即可得知的状态，属于专利法意义上的公开。由于微信朋友圈内容自发布之后，发布者只能对其进行删除操作，未提供可对其进行编辑的功能，因此可认定该证据发布时间为 2019 年 5 月 15 日，在该专利申请日之前，可以作为评价该专利创造性的现有技术证据使用。

对于公开性的判断分析没有一个同一性的标准，必须根据不同的证据形式进行综合判断，从公开时间的确定，到公众获取该电子证据信息的可能性，涉及的群体范围，相关附属信息和痕迹信息，都是需要考虑的因素，仅依靠单一的评价标准已经不足以对是否构成专利法意义上的公开作出科学、客观的评价。特定圈子、设定技术访问限制、限定访问范围的信息未必都是"不公开"的，而已经公开了的信息也未必一定符合"公开"的实质特征，必须建立系统、科学、客观的评价体系。

第三节　互联网证据的存证

互联网证据属于电子证据，电子证据的存证通常有三种方式，包括自行存证、公证存证和第三方存证。

自行存证，指审查过程中，当事人或代理人或审查员通过下载、截屏、拍照等方式固定并保存互联网电子证据的存证方式。该存证方式具有存证效率高、费用低的优点，但也存在电子证据被篡改或网页被伪造的可能性，以及存证信息不全等缺点。

公证存证，指审查过程中，由公证处对记载互联网事实的网页截屏或拍照，对目标软件或视听资料、图片等进行下载和不删改的存储，最终形成纸面文档的公证书和公证封存的电子证据的光盘、U盘等电子存储的存证方式。公证存证本质就是将互联网上的电子证据转化为传统的书证证据。该存证方式具有证明效力强，易被司法机关或行政机关采纳的优点，但其也具有存证周期长、费用高、一旦原网页变化公证存证的电子证据无法溯源、固定范围有限的缺点。

第三方存证，指当事人利用第三方存证平台对已经存在的或正在产生的电子证据进行收集固定，而后将取得的电子证据计算哈希值之后存入第三方存证平台服务器进行保存，防止被篡改的存证方式。该存证方式具有第三方存证平台技术性较强、防止证据被篡改或损毁、满足电子证据固定及时性的要求、存证效率高、成本低的优点，但其也具有第三方存证平台资质没有统一规定、取证流程和取证技术没有标准规范、电子证据固定数据范围不统一、不能证明电子证据本身真实性和公开时间的缺点。

综上所述，三种存证方式各有优劣，但是在专利审查的实质审查阶段，自行存证由于其经济成本和时间成本较低，可操作性更强。因此，实审审查员多采用自行存证。

第七章
涉及宽限期类案件的审查

新颖性宽限期作为不具备新颖性的例外情形，是指在专利申请前的一定期限内，一定主体对专利内容公开而不被认为破坏了新颖性。这样的规定使得在申请日之前，申请人能够进行一定级别的技术交流，而减少了发明人稍有不慎就提前披露相应技术内容而导致后续申请专利不具备新颖性的顾虑，真正从更加广义的程度上鼓励发明创造，并推动技术创新的发展。

第一节 关于新颖性宽限期的相关规定

新颖性宽限期源于《保护工业产权巴黎公约》中的临时保护[①]：

1. 本联盟国家应按其本国法律对在本联盟任何国家领土内举办的官方的或经官方承认的国际展览会展出的商品中可以取得专利的发明、实用新型、工业品外观设计和商标，给予临时保护。

2. 该项临时保护不应延展第四条规定的期间。如以后要求优先权，任何国家的主管机关可以规定其期间应自该商品在展览会展出之日开始。

3. 每一个国家认为必要时可以要求提供证明文件，证实展出的物品及其在展览会展出的日期。

为了对发明人的技术活动进行一定的临时保护，大多数国家对于新颖性宽限期均有一定的规定，但是宽限时间有 6~12 个月不等，同时对于适用的情形有一定的差异。以下对有关新颖性宽限期的规定归纳说明。

---

① 尹新天. 中国专利法详解 [M]. 北京：知识产权出版社，2011：324.

一、美国专利商标局关于新颖性宽限期的规定

一年宽限期是从任何美国或外国专利申请的申请日开始计算的。如果从公开本身可以明显看出其是发明人发起的公开，则该公开不是现有技术。具体而言，在下述情形下不得被认为是现有技术：①在要求保护的发明的有效申请日前一年或更短时间内作出；②将发明人或共同发明人命名为作者或发明人；③不指定其他人作为出版物的作者或专利的共同发明人。这意味着，在申请将其他人命名为联合发明人的情况下，相对于出版物中被命名为作者的人（例如，申请中联合发明人为 A、B 和 C，出版物中作者为 A 和 B），并且该出版物在有效申请日前一年或更短时间内发表，很明显该公开是宽限期内发明人的公开，并且该公开不是现有技术。然而，如果该申请的联合发明人姓名少于一份出版物（例如，该申请的联合发明人为 A 和 B，出版物的作者为 A、B 和 C），则从该出版物中不容易看出这是发明人发起的公开，并且该出版物将被视为现有技术，除非有记录证据表明其是发明人发起的公开。

二、日本特许厅关于新颖性宽限期的规定[*]

日本特许厅规定的适用发明的新颖性丧失的例外规定的适用对象——"被公开的发明"为以下从其被公开开始直至提交专利申请为止的期限为 1 年以内的发明：

（1）违反权利人意愿被公开的发明。（第 1 款）

（2）因权利人的行为而导致被公开的发明。（第 2 款）

另外要想适用第 2 款的规定，必须自专利申请之日起 30 日以内提交证明说明"被公开的发明"为能够适用第 2 款规定的发明文件。

第 1 款中主要存在以下具体的情况：①权利人和公开人之间虽然签署了保密协议，负有保守秘密的义务，但是公开人仍然进行了公开。②权利人以外的人通过盗窃、欺诈、强迫及其他不正当手段进行了公开。

---

[*] 国家知识产权局专利局审查业务管理部. 日本发明·实用新型审查指南［M］. 北京：知识产权出版社，2020：168.

而第 2 款中存在提交"证明文件"的例外。原则上，当权利人的行为导致存在多个被公开的发明的时候，应该分别就被公开的发明提交证明文件。但是，如果权利人能够证明被公开的发明满足下列条件时，则可不提交证明文件：与基于证明文件已被认可适用第 2 款规定的发明相同或可以视作相同；属于通过与已被认可适用第 2 款规定的发明的公开行为有密切关联的公开行为被公开的发明，或者被并非权利人或权利人委托公开的人的任何一方的其他人公开的发明；属于已被认可适用第 2 款规定的发明公开以后被公开的发明。

三、欧洲专利局关于新颖性宽限期的规定

欧洲专利局在以下两种情况下，发明的先前公开不被认为是现有技术：
（1）明显滥用申请人或该申请人的法定前身，例如发明源自申请人或该申请人的法定前身，并在违背其意愿的情况下披露。
（2）申请人或其法定前身在规定的官方认可的国际展览会上展示发明。
上述披露必须在提交申请前不早于 6 个月。在计算 6 个月期限时，相关日期是欧洲专利申请的实际提交日，而不是优先权日。对于"明显滥用"的成立，披露发明的人必须有造成损害的实际意图或实际的或建设性的知识，即这种披露可能导致损害。而对于展示，如果展示不影响申请，则必须在该发明在展览会上公开后 6 个月内提交申请。此外，申请人必须在提交申请时声明其发明已经如此展示，并必须在 4 个月内提交证明。

四、中国国家知识产权局关于新颖性宽限期的规定[*]

根据《专利法》第二十四条的规定，申请专利的发明创造在申请日以前六个月内，有下列情况之一的，不丧失新颖性：
（一）在国家出现紧急状态或者非常情况时，为公共利益目的首次公开的；
（二）在中国政府主办或者承认的国际展览会上首次展出的；

---

[*] 国家知识产权局. 专利审查指南［M］. 北京：知识产权出版社，2024：180.

（三）在规定的学术会议或者技术会议上首次发表的；

（四）他人未经申请人同意而泄露其内容的。

对于第（一）种情形和第（四）种情形，申请人在申请日前已获知的，应当在提出专利申请时在请求书中声明，并自申请日起两个月内提交证明材料。申请人在申请日以后自行得知的，应当在得知情况后两个月内提出要求不丧失新颖性宽限期的声明，并附证明材料。对于第（二）种情形和第（三）种情形，应当在提出申请时在请求书中声明，并在自申请日起两个月内提交证明材料。如果没在规定的期限内提交证明材料，则不能享受新颖性的宽限期。

五、小结

对上述新颖性宽限期的期限和在先公开的种类进行总结和归纳，具体如表7-1所示。

表7-1 关于新颖性宽限期的对比

主体	期限	在先公开种类
美国专利商标局	1年	①公开本身可以明显看出其是发明人发起的公开。 ②另一人对从发明人或共同发明人处所获得的内容的披露
日本特许厅	1年	①违反权利人意愿被公开的发明。 ②因权利人的行为而导致被公开的发明
欧洲专利局	6个月	①明显滥用申请人或该申请人的法定前身，例如发明源自申请人或该申请人的法定前身，并在违背其意愿的情况下披露。 ②申请人或其法定前身在规定的官方认可的国际展览会上展示发明
中国国家知识产权局	6个月	①在国家出现紧急状态或者非常情况时，为公共利益目的首次公开的。 ②在中国政府主办或者承认的国际展览会上首次展出的。 ③在规定的学术会议或者技术会议上首次发表的。 ④他人未经申请人同意而泄露其内容的

从表7-1可以看出，美国专利商标局和日本特许厅对于新颖性宽限期的规定最松、中国国家知识产权局次之、欧洲专利局的规定最为严格。主要体现在以下两个方面：一是时间期限，美国专利商标局和日本特许厅规定的时

间期限均为1年，欧洲专利局和中国国家知识产权局规定的时间期限均为6个月；二是在先公开的种类，美国专利商标局和日本特许厅对于由于权利人自身的行为而导致公开的情形没有特别具体的限制，而欧洲专利局则严格限定在官方认可的国际展览会上展示公开，中国国家知识产权局则增加了在规定的学术会议或者技术会议上首次发表，同时还根据具体国情的需要增加了由于国家出现紧急状况时为公共利益目的的首次公开。

第二节 新颖性宽限期、优先权和现有技术概念之间的关系

一、新颖性宽限期和优先权之间的关系

《专利审查指南》第一部分第一章第6.2节中规定："申请人就相同主题的发明或者实用新型在外国第一次提出专利申请之日起十二个月内，又在中国提出申请的，依照该国同中国签订的协议或者共同参加的国际条约，或者依照相互承认优先权的原则，可以享有优先权。这种优先权称为外国优先权。申请人就相同主题的发明或者实用新型在中国第一次提出专利申请之日起十二个月内，又以该发明专利申请为基础向专利局提出发明专利申请或者实用新型专利申请的，或者又以该实用新型专利申请为基础向专利局提出实用新型专利申请或者发明专利申请的，或者申请人自外观设计在中国第一次提出专利申请之日起六个月内，又向专利局就相同主题提出外观设计专利申请的，可以享有优先权。这种优先权称为本国优先权。"

根据上述相关概念的定义可知，涉及新颖性宽限期的发明创造，其申请日并没有改变，也就是说并不能将发明创造的申请日提前至首次公开日、首次发表日、首次展出日和泄露日，在授权和确权程序中的时间界限点仍然是发明创造的实际申请日。而在发明创造的优先权成立的情况下，授权和确权程序中的时间点界限则是优先权日。由此可见，新颖性宽限期仅仅是在无可避免公开发明创造的某些特殊情形下，专利法给予的一个挽救措施，其保护是有限的，没有优先权的效力强。例如，在宽限期和申请日之间，第三人独

立完成了同样的发明创造且申请了专利，则新颖性宽限期失去效力；但如果是在优先权日和申请日之间，第三人独立完成了同样的发明创造且申请了专利，则优先权日依然有效。

且根据《专利法》第二十四条可以看出，当发明创造既涉及新颖性宽限期又涉及优先权时，新颖性宽限期和优先权的期限是叠加的关系，这点与《保护工业产权巴黎公约》中关于临时保护和优先权的期限不同，临时保护中优先权的起算时间是展出日。

二、新颖性宽限期和现有技术之间的关系

根据《专利法》第二十二条第五款的规定，现有技术是指申请日以前在国内外为公众所知的技术。现有技术包括在申请日（有优先权的，指优先权日）以前在国内外出版物上公开发表、在国内外公开使用或者以其他方式为公众所知的技术。

发明创造公开以后已经成为现有技术，只是《专利法》第二十四条规定的情形下的公开在一定期限内对申请人的专利申请来说不视为影响其新颖性和创造性的现有技术。

《专利法》第六十七条规定："在专利侵权纠纷中，被控侵权人有证据证明其实施的技术或者设计属于现有技术或者现有设计的，不构成侵犯专利权。"在实际的侵权判定中，涉及新颖性宽限期的公开，并且按照规定提交了证明材料，也不能被用作现有设计/技术的抗辩。

第三节 《专利法》第二十四条规定的宽限期

根据《专利法》第二十四条的规定，在申请日以前六个月内，在四种情况下的公开不影响专利新颖性。

一、在国家出现紧急状态或者非常情况时，为公共利益目的首次公开的

在国家出现紧急状态或者非常情况时，为公共利益目的首次公开的这一种情形是《专利法》第四次修正时新增的条款，一些发明创造一旦成功之后需要立即在实践中投入使用，以维护公共利益，但是由于之前不丧失新颖性的宽限期并没有涵盖这一情形，就会导致存在相关发明创造因为丧失新颖性而使得发明创造不能获得专利权保护的风险。

而该条款与发明专利的强制许可条款之一类似："在国家出现紧急状态或者非常情况时，或者为了公共利益的目的，国务院专利行政部门可以给予实施发明专利或者实用新型专利的强制许可。"例如，专利权人拥有用于疫情防控的药品专利，却不同意在国内自己制造或者是许可他人制造药品，这显然将损害社会公众利益。在这种情况下，国务院行政管理部门可以请求获得实施相关专利的强制许可。新颖性宽限期的制定是为了平衡社会公众利益和发明创造主体的利益，而发明专利的强制许可则更多是为了社会公众的利益，限制专利权人的专权力。

二、在中国政府主办或者承认的国际展览会上首次展出的

申请人在国际展览会上首次展出发明创造的公开属于新颖性宽限期的情形（二），但是展览会的规格只限于"中国政府主办或者承认的国际展览会"。根据《专利审查指南》的规定："中国政府主办的国际展览会，包括国务院、各部委主办或者国务院批准由其他机关或者地方政府举办的国际展览会。中国政府承认的国际展览会，是指国际展览会公约规定的由国际展览局注册或者认可的国际展览会。所谓国际展览会，即展出的展品除了举办国的产品以外，还应当有来自外国的展品。"

案例 7-1　在中国政府主办或者承认的国际展览会上首次展出的

该案涉及新颖性宽限期，申请人（清华大学、清华大学无锡应用技术研

究院）在请求书中勾选了不丧失新颖性宽限期声明中的"已在中国政府主办或承认的国际展览会上首次展出"项，同时在申请日当天提交了不丧失新颖性证明文件，申请人提交的证明文件中给出如下信息：

展览会名称：第十六届中国（无锡）国际设计博览会

主办单位：国家知识产权局、中华人民共和国科技部、江苏省人民政府

承办单位：江苏省知识产权局、江苏省科学技术厅、无锡市人民政府

展览会时间：2020年11月14日至2020年11月16日

展览会地点：无锡太湖国际博览中心

展出产品名称：水生态环保厕所系统（免水冲自封堵粪尿集蹲便器、免水冲小便器、粪尿分集处理器）

展出单位：清华大学无锡应用技术研究院

其中，证明文件中的签章是中国（无锡）国际设计博览会组委会，而非展会的主办方或承办方。

该案的焦点问题为不丧失新颖性宽限期的国际展览会证明材料出具方公章效力的判断。具体来说，不丧失新颖性证明文件的签章为展览会的组委会，并非展览会的主办方或组织方，该签章是否具有效力，是否能够满足新颖性宽限期证明材料的签章要求？

该案申请人提交了相应的证明材料，其中写明了主办单位名称，并加盖了中国（无锡）国际设计博览会组委会的签章，可以视为展览会主办单位所出具的证明材料，能够证明涉案产品在相应国际博览会上展出，证明材料真实有效，申请人履行了举证要求。

同时，根据证明材料中所写明的主办单位名称，可确认该国际展览会属于中国政府主办的国际展览会。因此，综合以上因素，应当认为申请人提交的证明材料满足新颖性宽限期的举证要求。

三、在规定的学术会议或者技术会议上首次发表的

根据《专利审查指南》的规定："规定的学术会议或者技术会议，是指国务院有关主管部门或者全国性学术团体组织召开的学术会议或者技术会议，以及国务院有关主管部门认可的国际组织召开的学术会议或者技术会议。不包括省以下或者受国务院各部委或者全国性学术团体委托或者以其名义组织

召开的学术会议或者技术会议。在后者所述的会议上的公开将导致丧失新颖性，除非这些会议本身有保密约定。"

案例7-2　在规定的学术会议或者技术会议上首次发表的

该案例涉及实用新型专利。该实用新型专利授权后，某公司（下称请求人）于1995年11月16日向专利复审委员会提出无效宣告请求，其理由是该实用新型专利的权利要求1不满足《专利法》第二十二条关于新颖性的规定。请求人提交了书面证据附件年会论文集，而发表在此书证中第8～12页上的文章是署名为专利权人（该案被请求人）的论文，而且论文中涉及该案专利权利要求的技术方案，专利权人对该附件的真实性和客观性也未予以否认，专利权人提出此次年会属于《专利法》第二十四条规定的情形，该专利不丧失新颖性。请求人在规定的期限内以正式的意见陈述书表格提交了关于论文集的陈述意见，同时补交了7份附件，以证明该论文集的发表日期、形式和所述年会的会议名称以及召开日期、地点和学会的性质，认为这次技术会议不是由中国电子学会召开的，不属于《专利法》第二十四条所指的规定的学术会议，该论文在上述会议上作了口头和书面公开已构成现有技术，被请求人要求不丧失新颖性的依据不足，上述附件清单如下：

(4-1～4-6省略)

4-7 该会议通讯录序号52第4页

根据请求人提交的附件4-7，即该年会论文集的序言，可认定，这是一般性的学术交流年会，目的是扩大广大科技人员之间的交流和合作，与会人员不具有任何保密义务和特定限制，因此并不能享受新颖性的宽限期，从上述案例也可以看出，对于专利法规定的这一情形，对于会议的级别有一定的要求，并不是所有的会议均能够享受新颖性宽限期。

四、他人未经申请人同意而泄露其内容的

根据《专利审查指南》的规定："他人未经申请人同意而泄露其内容所造成的公开，包括他人未遵守明示或者默示的保密信约而将发明创造的内容公开，也包括他人用威胁、欺诈或者间谍活动等手段从发明人或者申请人那里

得知发明创造的内容而后造成的公开。"可见在该情形下，申请人提出新颖性宽限期声明的，应当证明泄露者有违反保密合约的行为或者采用了威胁、欺诈或者间谍活动的手段。司法实践中往往还要求权利人进行举证，证明自身对该技术泄露不具有漠视和放任行为。如某涉及玩具的案例，权利人虽然主张经销商未经其同意泄露了该技术，但是权利人和经销商二者签订的合同中却并不包含有保密条款或者保密义务，因此对权利人的新颖性宽限期声明，法院未予以认可，从而采纳了被公开的文件作为现有技术，认定专利无效。

案例 7-3　他人未经申请人同意而泄露其内容的

该案例涉及高校专利申请，申请日是 2022 年 2 月 22 日，申请人是广西医科大学，发明人是 A 和 B 等。审查员在首次检索时，以申请人为入口，检索到了一篇学术论文，公布时间为 2022 年 02 月 10 日，在该案例申请日之前。该论文与该案例的发明构思完全相同。第一次审查意见通知书采用该论文作为对比文件 1，指出权利要求 1 不具备新颖性，权利要求 2~8 不具备创造性。

申请人在第一次审查意见通知书发出后两个月内提交了意见陈述和证明材料，认为发明人 B 未经申请人广西医科大学同意，于 2022 年 1 月 22 日向期刊投稿时，选择了公开预印本，导致该技术内容提前被平台泄露，且申请人在收到第一次审查意见通知书后才得知上述事实，同时提交了"发明人与申请人的关系说明""情况说明"和"投稿证明"，要求享有不丧失新颖性宽限期。

审查员认为申请人提交的证明材料不符合《专利法》《专利审查指南》的有关规定，应视为未要求不丧失新颖性宽限期。继续以原证据发出第二次审查意见通知书，评述了权利要求的新颖性。

申请人在答复第二次审查意见通知书时，补充提供了 2011 年 2 月印发的《广西医科大学科研道德与诚信规范（试行）》，其中第二章第六项第八条规定："科研不端行为包括以下情形：未经学校许可，私自将自己或他人的职务发明、科技成果和有关技术资料转让或泄漏出去。"据此坚持认为该案例应该享有不丧失新颖性宽限期。

关于新颖性宽限期中的"他人未经申请人同意而泄露其内容"的规定，目的在于避免申请人因非自己的过错而丧失获权机会，其核心在于审查他人是否违背申请人意愿公开了发明创造的内容。具体判断时,可以综合考虑申请人的主观意愿和客观行为,即申请人主观上是否愿意公开或者是否放任公开行为的发生,客观上是否采取了一定保密措施使其发明创造不易被公众所知晓。

该案例中,申请人广西医科大学在收到审查意见时指出发明人是未经其同意而在投稿时选择了可能导致内容提前公开的"预印本公开",但如果该投稿行为本身不违背申请人的意愿,而申请人又未对投稿时公开方式的选择进行提醒,则即便申请人非有意提前公开该内容,但其不作为也放任了提前公开行为的发生,存在一定过错。

关于投稿行为是否违背申请人意愿,关键在于确定发明人B是否对文章内容负有明示或默示的保密义务和保密责任,也就是《专利审查指南》提及的"未遵守明示或默示的保密信约而将发明创造内容公开"。

申请人两次意见陈述共提交了四份证据,分别是"关系说明""情况说明""投稿证明"和"诚信规范"。"关系说明"和"投稿证明"仅能证明发明人B的人事关系属于申请人广西医科大学,其投稿论文被杂志接收,并不能证明B对文章内容负有保密责任和保密义务。虽然在"情况说明"中,发明人自认了未经申请人同意,擅自选择了"预印本公开",但这仅表明发明人在选择公开方式时没有请示或征求申请人的意见,在没有其他佐证的情况下,并不能证明申请人广西医科大学对发明人投稿时选择何种公开方式有特殊要求或提示。同时该"情况说明"还表明,发明人认为其投稿行为本身并不违反申请人的意愿。广西医科大学的"诚信规范"仅仅是一般性规定了未经学校许可,不能私自将科技成果和有关技术资料泄露出去,并没有规定投稿方式需经学校审批许可,更没有对专利申请与论文投稿发表的时间和公开形式进行约束。况且从实践看,高校科研人员发表研究论文是正常的学术成果公开行为,甚至是高校所鼓励的行为,不能归属于"泄露"学术成果的行为。因此,在缺乏其他佐证的前提下,无法确认发明人B的投稿行为违背了申请人的意愿。

至于发明人选择"预印本公开"这一行为,无论申请人是否知情,其都应当知晓在申请专利之前就相关内容向期刊投稿,可能导致相关内容可能提前公开导致专利不能获权。因此,申请人未在发明人投稿时进行必要的提醒,无论是由于申请人主观上不知情还是客观上放任,其都存在一定过错,应该承担在后申请的专利丧失新颖性或创造性的后果。该案例不属于"他人未经申请人同意而泄露其内容"的情形，不能享受不丧失新颖性宽限期。

第四节　新颖性宽限期审查实践中的重难点问题

通过对复审无效和中国裁判文书网上关于新颖性宽限期的案例进行梳理，发现目前主张新颖性宽限期得不到支持的原因主要考虑的因素是以下几个方面：声明享受新颖性宽限期的时机、证明文件的效力和多次公开的情形。因此，下文重点对这几方面进行阐述。

一、声明享受新颖性宽限期的时机

根据《专利审查指南》的规定，对于展会或者是会议公开应当在提出申请时在请求书中声明，并在自申请日起两个月内提交证明材料。如果没在规定的期限内提交证明材料则不能享受新颖性的宽限期。展会或者会议公开是申请人自己在先的公开行为，因此申请人在申请专利时已经知晓这个事实，在提出申请时就应该对申请新颖性宽限期的事实进行声明，并在一定的期限内提交证明文件。但是在实际的案例中，涉及新颖性宽限期主张失败的情形之一就是因为涉及展会或者会议公开情形的在申请时未作出声明。

案例 7-4　声明享受新颖性宽限期的时机 1

该案例属于无效宣告请求案例。该实用新型专利权授权后，请求人提交了专利权人在先发表的论文以表明其不具备新颖性。专利权人则辩称其是在全国性学术团体组织召开的学术会议上发表的论文，其应该享有不丧失新颖性的宽限期。然而经审查，虽然该论文符合要求，是在规定的学术会议或者技术会议上首次发表，但是专利权人于申请日 2013 年 9 月 29 日提交了《发明专利请求书》，该《发明专利请求书》并未体现要求享受不丧失新颖性宽限期的声明（即该《发明专利请求书》表格的第 19 项并未勾选）。而根据

《专利审查指南》的规定，对于展会或者是会议公开应当在提出申请时在请求书中声明，因此专利权人的意见陈述没有说服力，最终该专利权被宣告无效。

而对于他人未经同意而泄露的情形，则应当在得知情况后两个月内提出要求不丧失新颖性宽限期的声明，并附具证明材料，则可享受新颖性宽限期。

案例7-5　声明享受新颖性宽限期的时机2

该案例涉及申请日为2004年08月11日的专利申请。对比文件1的出版时间为2004年2月，由此应推定其公开时间为2004年02月28日。实质审查过程中，国家知识产权局于2006年12月8日发出第一次审查意见通知书，指出权利要求1~2相对于对比文件1不具备新颖性。申请人于2007年1月23日提交了答复意见及附件1，载明四人未经中国医学科学院药物研究所同意，将合作项目内容公开于专利申请前，即对比文件1。附件1中有四位当事人的签字以及中国医学科学院药物研究所的盖章。该案中，申请人虽未在提出专利申请时提出声明，但是在得知情况（即收到第一次审查意见通知书）后的两个月内提交了证明材料，同时提交了附件1，提出适用宽限期的申请，因此符合专利法及其实施细则的相关规定。

根据上述分析可知，对于《专利法》第二十四条规定的不同情形，对于申请人有不同的声明时机要求，申请人应该根据实际情况进行符合时机的声明，避免由于声明时机不对导致申请被驳回。

二、证明文件的效力

对于《专利法》第二十四条规定的四种情形，《专利审查指南》对展会和会议的级别以及泄露的情形进行了相应的规定。因此，申请人或者专利权人提交的证明文件应该达到相应规定的要求。在实际审查或司法实践中，比较复杂的是证明由于他人未经申请人同意而泄露其内容的情形。

案例 7-6　证明文件的效力

该案例在实审过程中采用对比文件 1 进行了新颖性的驳回。该发明的申请日为 2013 年 1 月 31 日，上述对比文件 1 的公开日期为 2012 年 12 月 19 日，该日期在申请日之前六个月内，复审时请求人争辩对比文件 1 中的技术内容是他人未经申请人同意而泄露的内容，并提交了如下证明文件：

证明 1：复审请求人安徽理工大学盖章证明的不丧失新颖性的声明。

证明 2：发明人 A 签名的不丧失新颖性材料的证明材料，包括发明人 A 和 B 的 QQ 聊天记录、所发帖子、B 注册的飞信用户账号昵称和头像，该聊天记录用于证明 B 未经复审请求人和发明人的许可，私自发帖公开了该发明的技术方案。还包括"xiao-panda"所发其他帖子的截图，用于证明"xiao-panda"就是 B。

证明 3：发明人 A 和 B 的语音通话记录，该通话记录也证明是 B 未经复审请求人和发明人的许可私自发帖公开了该发明的技术方案。

证明 4：通话录音，该录音也能证明 B 发布上述帖子的事实。

在实审阶段，该复审请求人委托某知识产权代理事务所进行申请事宜（有专利代理委托书）；在上述证明 2 的 QQ 聊天记录中，B 已经承认小木虫网站的"xiao-panda"是她的账号，并在小木虫网站发过关于浓差电池的帖子，也承认其在某知识产权代理事务所工作过，并与 C 一起申请该发明，而且二人在聊天记录中涉及删除帖子的谈话。因此，结合上述聊天记录以及该帖子实际被删除的事实看，"xiao_panda"与 B 存在关联性，并且帖子的内容也与该发明的专利申请事宜有关。虽然目前复审请求人所提交的证据均为其一方提供，但从提交证据情况来看，复审请求人已经尽力举证证明其内容是其他人未经其允许而泄露的。在没有其他反证的前提下，当前证据能够满足高度盖然性标准。因此，因已有证据表明他人未经复审请求人同意而将其技术内容予以泄露从而导致公开，该内容的公开在该专利申请日以前六个月内，且复审请求人在得知情况后两个月内提出了要求不丧失新颖性宽限期的声明，在这种情况下，对比文件 1 公开的技术内容不构成影响该申请新颖性、创造性的现有技术，不能用于评述该发明权利要求的新颖性和创造性。

三、多次公开的情形

《专利审查指南》规定："发生专利法第二十四条规定的任何一种情形之日起六个月内，申请人提出申请之前，发明创造再次被公开的，只要该公开不属于上述四种情形，则该申请将由于此再次公开而丧失新颖性。再次公开属于上述四种情形的，该申请不会因此而丧失新颖性，但是，宽限期自发明创造的第一次公开之日起计算。"

案例7-7 多次公开

该案例涉及一种板面标高控制系统、方法、装置和计算机设备，申请人是北京测绘学会、中建一局集团建设发展有限公司和北京中建华海测绘科技有限公司，发明人是A和B等，申请日为2021年2月7日。审查员在审查中获得和使用对比文件1评价了权利要求的创造性（第一次审查意见通知书的发出时间为2021年8月2日）。该对比文件1属于该专利申请的第二发明人在中国测绘学会2020年学术年会中的汇报PPT，由署名为中国测绘学会的网络用户上传至搜狐网，发布时间为2020年11月10日。

答复审查意见时（2021年9月24日），申请人表示对比文件1是他人未经申请人同意而泄露的内容，要求享有新颖性宽限期，并附上了由中国测绘学会工测分会秘书长署名的说明。该说明表示：2020年10月27~30日，在中国测绘学会召开的2020学术年会上，第二发明人作了相关的报告，该项会议中申请人北京测绘学会与分论坛报告人之间存在默示保密义务，而在2020年11月10日，该项会议的汇报PPT，在未经申请人同意的情况下被他人转发到网上，造成方案泄露。

经过检索，中国测绘学会的官网上也发布了第二发明人在此次会议作汇报的完整视频，视频同样公开了该汇报PPT的内容，发布时间为2020年11月3日，标注来源为第二发明人，而且中国测绘学会历年的学术年会视频都在其官网公开。中国测绘学会的官网上还发布了一篇题为《大型电子厂房精密施工测量技术研究与实施》的报道，发布时间是2020年11月11日，标注来源为中国测绘学会，作者为第二发明人，该篇报道同样公开了该PPT的内容。

申请人提交意见陈述，要求享有新颖性宽限期的时间为 2021 年 9 月 24 日，而第一次审查意见通知书的发文日为 2021 年 8 月 2 日，符合《专利审查指南》规定的"在得知情况后两个月内提出要求不丧失新颖性宽限期的声明"，因此该案满足享有新颖性宽限期的时间条件。

对比文件 1 记载的内容（即第二发明人在中国测绘学会 2020 年度学术年会中的汇报 PPT）先后经历了四次公开，包括第二发明人在中国测绘学会 2020 年度学术年会现场汇报公开、中国测绘学会官网的视频公开、搜狐网上的公开以及中国测绘学会官网的报道中的公开。而上述四次公开的内容都源于第二发明人在中国测绘学会 2020 年度学术年会上的现场汇报，且后三次都由中国测绘学会在网络上公开，因此证明这四次公开属于他人未经申请人同意而泄露其内容的关键在于证明中国测绘学会与该发明的申请人之间存在明示或者默示的保密义务。如果中国测绘学会与申请人之间存在明示或者默示的保密义务，则第二发明人在中国测绘学会 2020 年度学术年会现场汇报不属于公开行为，后三次的公开都是由于中国测绘学会未遵守明示或者默示的保密义务而将发明创造的内容公开，属于《专利法》第二十四条第（四）项的情形，因此可以享有新颖性的宽限期。

申请人提交的证明材料只说明了申请人北京测绘学会与分论坛报告人之间存在默示保密义务，即申请人和第二发明人之间存在默示保密义务。即使该证明材料的证明内容被接受，也只能证明第二发明人在中国测绘学会 2020 年度学术年会的现场汇报属于《专利法》第二十四条第（四）项的情形，而不能证明后三次公开也属于《专利法》第二十四条第（四）项的情形。而且该证明材料的署名为中国测绘学会工测分会秘书长，其作为第三方也无法证明申请人和第二发明人之间存在默示保密义务，因此该证明材料希望证明的内容也是不能被采纳的。

综上所述，按照申请人提交的证明材料，不能享有新颖性的宽限期。申请人需要在规定时间内提交由中国测绘学会出具的证明中国测绘学会 2020 年度学术年会为保密会议或者中国测绘学会对第二发明人在会议上汇报的内容负有保密义务的证明材料，才能享有新颖性宽限期。

本章对《专利法》第二十四条涉及的新颖性宽限期的四种情况进行了详细的分析，并对该法条具体应用过程中涉及的重难点问题进行了阐述，对于该法条，审查和司法实践中最主要的问题集中于：声明享受新颖性宽限期的时机、证明文件的效力和多次公开的情形。对于享受新颖性宽限期的时机，其中第（一）种情形和第（四）种情形则应当在得知情况后两个月内提出要求不丧失新颖性宽限期的声明，其中第（二）种情形和第（三）种情形则应当在提出申请时在请求书中声明。而对于证明文件的证明效力，《专利审查指南》对展会和会议的级别以及泄露的情形进行了相应的规定，因此申请人或者专利权人提交的证明文件应该达到相应规定的要求。至于他人未经申请人同意而泄露其内容的情形，往往要求申请人或者权利人进行举证证明自身对该技术泄露不具有漠视和放任行为，如权利人与泄露方明示或者默示了保密义务等。如果无证据证明他人违反保密合约，或者采用威胁、欺诈以及间谍活动的手段，那么权利人主张的新颖性宽限期可能不会被支持。

第八章
技术融合类案件的审查：以智能家居为例

随着物联网、人工智能等技术的革新，家电消费呈现出家电家居一体化、智能化的发展趋势，行业发展逐渐迈进"场景替代产品、生态覆盖行业"的新阶段。根据 incoPat 创新指数研究中心与 IPRdaily 联合发布的 2020 年全球智慧家庭发明专利排行榜（TOP100）显示，进入前 100 名的申请人中，中国申请人占 37%，海尔智家以 2034 件发明专利位居第一名，格力集团、美的集团分别以 1864 件、1148 件发明专利排名第二位和第五位。

智能家居属于传统家用电器和物联网、人工智能等新技术的交叉学科，由于该领域的特点，其与生活密切相关，发明构思来源于生活常识，创造性评述的把握缺乏统一的标准。这些问题成为审查实践中常见的困惑。如何做到充分站位本领域技术人员，客观看待人工智能技术与传统家居环境结合下的技术构思，既不盲目授权，也不做"事后诸葛亮"，成为亟需解决的问题。

第一节　国内外对人工智能类案件的审查标准对比

目前，人工智能的专利主要集中在中国、美国、欧洲、日本等国家或地区，但是不同专利法对人工智能领域的专利审查规定都不尽相同，这给许多企业带来了困扰。针对人工智能及机器学习领域的专利形势，日本、美国、欧洲已修改了审查指南。在人工智能技术的应用场景专利中，创造性评价问题变得尤为突出，如果相关的机器学习算法是已知的，应用场景的技术也是已知的，将机器学习的算法应用到新的场景中，这样的技术方案的创造性如何克服是目前在相关审查中所遇到的棘手的问题。

2019年3月，日本特许厅制定了AI相关专利案例指引 *Case Examples Pertinent to AI-Related Technology*。同时，将案例集中的相关案例补充至审查手册 Examination Handbook for Patent and Utility Model in Japan，其中4件是与创造性判断相关的案例。

日本专利法中规定的权利要求的创造性类似于我国《专利法》第二十二条第三款规定的创造性。作为判断人工智能相关技术的发明的创造性的基础，与通常的创造性判断一样，需要判断本领域技术人员相对于现有技术（对比文件和技术常识）是否能够容易地得到该发明。

对于与人工智能技术相关的发明，存在以下三种常见类型。

（1）与单纯的人工智能的应用有关的发明。

如果仅仅是单纯地使用人工智能技术将由人类进行的处理（如由人类手动计算的公式、操作方法）进行系统化而使其由计算机来处理的发明、或者将用于根据原始输入数据来生成预测结果的预测方法单纯地从现有技术变更为人工智能技术，则上述改进往往会被认为是本领域技术人员能够预料的，而创造性不会被认可。

（2）与训练数据的变更有关的发明。

一般而言，由于在利用相关关系不明确的数据对训练数据进行变更（例如添加到输入数据中）时，存在产生数据噪声的可能性，所以如果该发明能够通过对训练数据进行变更而产生难以预料的显著技术效果，则会被认可创造性。反之，如果对训练数据的变更只是能够被本领域技术人员预料到相关关系的数据组合且并未产生显著技术效果，则创造性不会被认可。

（3）与对训练数据实施预处理有关的发明。

一般而言，通过对用于输入的训练数据实施一定的预处理而变更训练数据的形式，以提高目标输出数据的精度，会被认为是单纯的设计手段的变更，而创造性不会被认可。但是，如果对训练数据实施的预处理未被现有技术公开且产生了显著技术效果，则创造性能够被认可。

2018年，《欧洲专利局专利审查指南》中针对人工智能及机器学习领域补入了相应的内容，规定如下：人工智能和机器学习基于用于分类、聚类、回归和降维的计算模型和算法。这些计算模型和算法具有抽象的数学性质的本质，不管它们是否可以基于训练数据"训练"。因此，G-II 3.3中提供的指南通常也适用于这种计算模型和算法。事实上，虽然欧洲专利局在人工智能所涉及的相关专利上主要围绕客体问题进行分析和研究，但近年来，欧洲专利局上诉委员会已经产生了大量判例法，为计算机实现的发明（包括涉及人工智能的发明）申请专利，制定了明确、稳定和可预测的原则。在确定了权利要求具有技术特性之后，再根据新颖性和创造性的要求对权利要求进行审查。从评估创造性来说，数学方法需要有助于发明的技术特性，才能用于评估创造性。数学方法可通过两种方式助力发明的技术特性，即有助于产生服务于技术目的的技术效果：第一，将其应用于技术领域；第二，使其适应特定技术实现。确立了这种服务于技术目的的技术效果之后，算法的计算效率可以用于评估创造性。但是如果这种服务于技术目的的技术效果没有确立的话，算法的计算效率是不能用于评估创造性的。关于计算机程序的发明也做了类似的更新。计算机程序本身也不具备可专利性。但是，具有技术特性的计算机程序可能具备可专利性。为了具有技术特性，计算机程序在计算机上运行时必须产生"进一步的技术效果"。"进一步的技术效果"是一种超出程序（软件）与运行该程序（软件）的计算机（硬件）之间的"正常"物理交互作用的技术效果。非常相似，欧洲专利局新修改的专利审查指南指出，如果已经确立了计算机程序的进一步的技术效果，算法的计算效率可以用来评估创造性。

作为人工智能相关专利申请最多的国家，美国围绕相关专利的审查，主要关注的是可授权的客体层面。很多在欧洲、日本获得授权的专利，在美国就以客体方面的问题予以驳回。美国专利商标局多次对专利客体适格审查进行修订，美国专利商标局局长 Andrei Iancu 指出，适格的专利权对美国的经济增长至为关键，提供高质量、高效的专利申请审查将更好地服务美国经济。

根据《美国专利法》一百零一条规定："无论是发明或发现任何新的和有用的过程、机器、产品或物质组成，或任何新的和有用的改进，符合本标题的条件和要求，都可以获得专利权。"但属于"司法例外"的自然法则、物理现象、抽象概念不可以获得专利权。新修改的审查指南对客体问题放宽了态度，有利于人工智能及机器学领域的专利授权。

第二节 智能家居创造性审查中存在的主要问题

　　智能家居领域创造性的审查中既存在"过严"的问题，也存在"过松"的问题。对于采用简单的技术手段解决生活中的实际需求、改善生活品质的发明，审查员在创造性审查时，尺度容易"过严"；而对于包含众多常用技术特征，或者撰写较拗口而没有创造性的申请，则可能由于区别技术特征较多，在创造性审查时，尺度容易"过松"。创造性审查尺度的"过严"和"过松"都有悖于专利法鼓励发明创造的宗旨，不利于真正鼓励和有效保护行业创新。因此，需要在智能家居领域提出一个合理的审查指导原则。

　　产生上述问题的原因主要来自两个方面：一是与智能家居领域的申请特点相关；二是审查员对创造性的理解和站位本领域技术人员的能力不足。

　　智能家居领域相关专利申请的特点在于：有些专利申请是为了解决生活中的实际需求，技术方案简单易懂，而另外有些专利申请跨越多个技术领域，需要较强的专业知识；有些专利申请的权利要求高度概括，而有些则权利要求冗长，包含众多技术特征。这些特点造成在审查标准一致性的把握上出现一定难度。

　　创造性理解能力不足主要体现在：①确定发明实际解决的技术问题时，易将发明实际解决的问题上位化、宽泛化，从而影响对发明智慧贡献的准确认定，直接影响创造性评判的结论；②在判断对比文件和公知常识是否给出了解决技术问题的启示时易于发生认识错误，更容易出现"事后诸葛亮"的问题。

　　本领域技术人员站位能力不足主要体现在：①站位过高，认为手段简单则不具备创造性，区别技术特征易于被认定为公知常识；②站位过低，对于常用技术特征的堆叠以及特征是否属于公知常识无法形成正确认识。

第八章 技术融合类案件的审查：以智能家居为例

第三节 审查中应当把握的基本原则

审查中需要时刻坚守的两条原则如下：①准确理解发明构思，正确应用"三步法"，坚持普适的创造性审查标准不动摇；②准确站位本领域技术人员，立足于证据，做到客观审查。

创造性审查的实质在于对智慧贡献的审查，而不能只停留于对技术特征的审查。审查过程中，不仅需要观察特征对比"表象"，更需要通过"表象"分析发明所带来的实质智慧贡献。这就要求创造性评价的重点在发明构思，而不是技术特征。不能以技术特征的多少来作为权利要求是否具有创造性的标准。我们需要重点关注的是技术问题的提出，区别技术特征所起的作用以及发明整体上所获得的技术效果。

在准确站位本领域技术人员方面，智能家居领域是一个综合性极强的技术领域，其涉及的内容很可能同时横跨材料、光电、电学、通信、机械等多个技术领域，这要求审查员不仅要充分认识当前智能家居领域的技术发展现状与问题，更要将视野拓展到相关联的各个技术领域中，做好技术积累。在案件涉及的领域跨度过大时，可以考虑跨领域联合审查等方式，提高站位本领域技术人员的水平。

第四节 常见问题的指导性做法

一、涉及引入新的控制参数的专利申请

通过各种控制参数来限定设备的工作过程或工作方法是本领域中常见的一类专利申请。对于引入了新控制参数的申请，显然不能仅仅因为控制参数是新的就认为其具备创造性，但是如何判断新提出的控制参数是否能够带来

创造性，仍存在一定的困难。对于该类案件，从以下三个步骤进行分析（以下简称"三步骤"）。

（1）判断引入新的控制参数所要解决的技术问题是否为本领域技术人员所知晓的。新的控制参数的引入可能伴随着新的技术问题的解决，如果现有技术都没能解决或者没有想到需要解决该技术问题，则专利申请具备创造性。

（2）判断与解决相同技术问题的现有技术中的相关控制参数的关联性的大小。如果新引入的控制参数只是现有技术中的控制参数的类似参数，或者本领域技术人员知晓新的控制参数和现有的控制参数之间存在较强的关联性，例如可以换算得出、呈现正/负相关性等，且效果可以预期，那么新的控制参数在现有技术的基础上通过合乎逻辑的分析、推理就可以获得，则专利申请不具备创造性。

（3）判断专利申请是否取得了预料不到的技术效果。虽然新的控制参数和现有的控制参数存在一定的关联性，但是新的控制参数的控制效果显著地优于现有的控制参数，本领域技术人员也无法从两者的关联性中分析出效果的差异时，则申请具备创造性。

案例8-1　涉及引入新的控制参数的审查

【背景技术】

该案要解决的技术问题是：在夏天人们通常会在夜间使用空调来提供一个舒适的睡眠环境。在入睡时如果室内温度较高，人们通常会把空调温度调节得较低。但在入睡后，随着室内外温度的降低，如果空调仍以较低的温度工作，则经常会使人不适甚至生病。而如果在入睡前将空调温度调高，又有可能使人难以入睡，或者入睡后被热醒。

【权利要求】

1. 一种调节空调温度的方法，其特征在于，包括：

当确定用户进入睡眠状态时，获取所述用户的人体血液流动速度参数；

根据所述用户的人体血液速度参数，判断所述用户的血液流动速度变化是否符合预设的血液速度变化条件；

当所述用户的血液流动速度变化符合所述血液速度变化条件时，判断所述用户的睡眠状态变化是否符合预设的睡眠状态变化条件；以及

第八章　技术融合类案件的审查：以智能家居为例

当所述用户的睡眠状态变化符合所述睡眠状态变化条件时，根据所述用户的血液流动速度变化，调节空调温度。

【案例分析】

基于"三步骤"来进行创造性评判。

1. 新的控制参数是否区别于现有的控制参数？

该发明的效果为根据人体血流速度及人体睡眠状态，来判断用户体感，从而帮助用户自动调节空调的温度，改善用户的体验。在现有技术中，通常关于睡眠模式下的控制策略为：检测生理信息——判断睡眠状态——调节空调运行。最接近的现有技术即对比文件1（CN102043385A）公开了一种基于使用者睡眠状态的家电控制装置及其控制方法，生理信息监测器接收生理参数，根据生理参数得出睡眠状态信息，空调睡眠控制器根据睡眠状态信息调整设置的温度。生理参数列举了诸如脉搏、呼吸声、眼动、翻身和脑电等。首先，其没有提到检测血流速度；其次，该申请还是如大多数现有技术中提到的一样"生理参数的获取只是为了获取睡眠状态"，类似的对比文件还可以检索到很多（如CN105352127A，CN104864554A，CN104748303A等），都是基于这一构思。然而在现有技术中，并没有提到使用空调时在睡眠状态下检测使用者的血流速度的；更没有提到单独检测血流速度，根据其来调节温度的。也就是说，血流速度作为一个新的控制参数被引入。

2. 新的控制参数是否从现有的控制参数上难以想到或推理出？

尽管血流速度是生理参数之一，但在该申请中，这一参数是从众多参数中独立出来的，不是根据其来判断睡眠状态。该申请说明书中［0059］~［0060］段提到获取人体生理参数（如心率参数、体温参数以及人体移动参数等）来判断用户是否进入睡眠状态。可知血流速度检测是单独的，与通常意义上的判断是否处于睡眠的参数不一样。本领域技术人员知晓现有技术中有设备能检测血流速度，如血流计或者一些智能穿戴设备能显示人体的血流速度，但在现有技术没有公开在睡眠模式下单独检测血流速度的前提下，本领域技术人员并不能想到去检测血流速度。

3. 新的控制参数带来的新的控制策略是否取得了意料不到的技术效果？

该申请的控制策略为在根据生理参数确定用户处于睡眠状态后，再采集血流速度，判断血流速度是否符合预设变化，是因为现有技术中，只根据睡眠状态来调节空调温度。但不同人的体质是不一样的，同样的睡眠状态，同样的升高温度或降低温度不能满足个性化需求，所以该申请首先测定血流速度，血流速度加快，说明体表散热加快；血流速度减慢，说明体表散热减慢，在后续判断升温或降温时作为重要参考，且该申请也不是只考虑血流速度，在血流速度符合条件后，还要进一步考虑睡眠状态的变化是否符合条件，在两者均满足条件时，再根据血流速度调节温度，这一控制方法是互有联系、整体运行、密不可分的。也就是说，在引入新的控制参数后，新的控制策略使得睡眠模式下的空调运行更加精准地满足人体需求，解决了现有的控制参数难以解决的技术问题，取得了意料不到的技术效果。

二、涉及公知常识认定的专利申请

智能家居领域的专利申请往往通过对现有的成熟技术手段的应用来解决生活中实际的问题。因此，单从技术手段来看，每一个技术手段往往都是本领域常见的技术手段，而申请文件往往只会强调技术方案整体的技术效果，不会单独记载每个技术手段所起的作用。因此，在判断区别技术特征是否为公知常识时，需要审查员判断区别技术特征在该申请中实际解决的技术问题；同时，智能家居领域正处于高速发展阶段，审查员难以全面地了解本领域的公知常识。这两个原因造成了公知常识判断的困难。

对于公知常识的判断，建议注意以下三个方面的问题。

（1）公知常识的认定需要整体考虑技术手段和技术手段在该申请中实际解决的技术问题。在确定实际解决的技术问题时需要以发明构思为基础，分析区别技术特征在解决申请人声称的技术问题的过程中所起到的作用，基于该作用确定实际解决的技术问题，进而判断解决该技术问题采用的技术手段是否为公知常识。切不可仅因为手段简单则认定为公知常识。

（2）在判断公知常识时，还需要结合现有技术给出的启示，以及本领域技术人员的知识和能力。若现有技术已经解决了该申请的技术问题，且技术效果基本相同，只是技术手段或方法步骤上略有区别，基于现有技术整体的状况，从本领域技术人员的视角分析，在对比文件的启示下，本领域技术人员有动机采用手段替换或步骤调整，那么这些区别不能视为该申请的发明贡献，其只是本领域技术人员能力范围内的常规调整，仍属于公知常识。

(3) 注意公知常识的时间界限。智能家居领域目前正处于高速发展阶段，新的想法和创意在不断地涌现，不能想当然地认为审查时某个技术手段为公知常识，则申请日以前该技术手段也为公知常识。

案例 8-2 涉及公知常识的审查

【背景技术】

该案要解决的技术问题是：随着智能家电的普及，需要用户通过移动终端管理的智能家电越来越多，然而，目前的智能家电大多是单体控制，即一种类别的智能家电对应一个智能家电 App，导致用户的移动终端界面上存在众多智能家电 App，从而降低了用户操作效率，也无法一次性获取家庭中所有智能家电的运行状态，用户体验较差。

【权利要求】

1. 一种家用电器的控制方法，其特征在于，包括：

接收用户设置的家庭信息，并根据所述家庭信息创建家庭地图，其中，所述家庭信息包括家庭的房屋类型、房屋户型；

获取至少一个已配置的家用电器的家电信息，并根据所述家庭地图和所述至少一个已配置的家用电器的家电信息创建家电地图并显示；

接收所述用户针对所述家电地图输入的操作以实现对所述至少一个已配置的家用电器进行控制；

提供场景选择界面，其中，所述场景选择界面具有多个场景模式，所述场景模式具有至少一个家用电器对应的预设控制参数，所述场景选择界面用于接收所述用户针对所述场景选择界面中场景模式输入的选择操作；

根据所述选择操作和所述选择操作对应的场景模式中家用电器对应的预设控制参数生成对应的控制指令，并将所述对应的控制指令发送至所述场景模式中对应的家用电器，以使所述场景模式中对应的家用电器根据所述对应的控制指令进行相应的控制；

当所述家电地图中存在家用电器处于运行状态时，控制所述家用电器在所述家电地图中对应的房间以高亮状态进行显示；

所述方法还包括：

接收所述用户输入的家电地图分享请求，并根据所述分享请求分别获取所述家庭地图和所述家电地图的配置信息；

根据所述家庭地图和所述家电地图的配置信息生成对应的二维码并显示，以使家庭其他成员在对所述二维码进行扫描时，识别出所述二维码中所包含的家庭地图和家电地图的配置信息，并根据所述家庭地图和家电地图的配置信息创建对应的家庭地图和家电地图。

【案例分析】

在审查意见中，关于权利要求1中的技术特征"根据所述家庭地图和所述家电地图的配置信息生成对应的二维码并显示，以使家庭其他成员在对所述二维码进行扫描时，识别出所述二维码中所包含的配置信息，并根据所述家庭地图和家电地图的配置信息创建对应的家庭地图和家电地图"，审查员认为：在实际应用中，为了将相关信息进行分享，而通过二维码的方式将相关信息进行承载供其他用户共享，属于本领域的常规技术手段，本领域技术人员有动机将家庭地图以及相关家电地图的配置信息承载于二维码进行分享。

然而，该申请通过将家庭地图和家电地图的配置信息生成对应的二维码，使该布局设置可以分享给其他家庭成员，其他家庭成员通过扫描该分享的二维码即可获得该家庭成员对相同家庭的家庭地图和家电地图的配置信息，直接创建对应的家庭地图和家电地图，无需该其他家庭成员对相同家庭的家庭地图和家电地图再次进行配置操作，简化其他家庭成员的操作，可以提升用户体验。因此，该技术手段的运用至少已经产生了简化其他家庭成员的操作的新作用，运用该技术手段简化其他家庭成员的操作并非该申请的申请日之前的惯用技术手段，不属于本领域公知常识。

三、涉及控制条件组合的专利申请

将现有的控制条件进行组合叠加以形成新的技术方案，也是智能家居领域常见的一类专利申请。由于控制条件都是现有的，因此审查员在考虑此类案件的创造性时容易认为该申请只是现有技术的简单叠加，因而不具备创造性。对于此类案件的创造性，建议从以下两个方面考虑。

（1）需要充分考虑该申请采用的多种控制条件之间是否存在足够的关联性，例如多种控制手段的采用是否为了解决相同的技术问题，多种控制手段之间是否存在协同作用或互补作用。如果多种控制条件之间存在协同或者互补，那么应当将多种控制条件作为一个整体考虑创造性，而不应当将其割裂。但是，如果多种控制条件之间没有关联性，则可以采用分别公开不同控制条件的对比文件评述创造性。

（2）需要考虑多种控制条件的组合是否产生了预料不到的技术效果。当控制条件叠加时，由于多个控制条件之间的相互作用，产生的新技术方案能够解决新的技术问题，或者在效果上远优于单个控制条件下的技术方案，此时可以认为该申请具备创造性。

案例8-3　涉及控制条件组合的审查

【背景技术】

该案涉及一种控制运行模式的方法，具体可以用于空调、风扇、空气净化器等以风扇为主部件的设备，其要解决的技术问题是根据不同的室内人群特点自动调节运行模式，例如不同静音等级的运行模式，即电器设备运行时的声音大小。

该发明的技术方案选取了两种考虑因素作为控制条件，第一种是室内环境中的人员组成情况，如老人或小孩等。以调节运行噪声为例，老人对噪声的耐受能力较差，如果判断出室内人员信息为老人的情况下，将自动调整电器设备为高静音模式，以保证室内人员的舒适度；相对地，小孩对于噪声的承受能力较强，如果判断出室内人员为小孩，将自动调整电器设备为低静音模式；青年人和中年人介于以上两者之间，对应为中静音模式；如果室内同时存在多种人群，如老人和小孩，则以最低容忍度的人员为准，此时应为高静音模式。

第二种考虑因素是室内人员与设备之间的距离。简单来说，距离越远则可容忍的噪声越大，对应较低的静音模式；距离越近可容忍的噪声越小，对应较高的静音模式。另外，该申请还具有综合考虑以上两种因素的实施例，即同时考虑人员组成和用户距离，再进行自动调节。例如，室内同时存在老人和小孩，按照第一种因素考虑应为高静音模式，但是通过距离检测获取的信息是小孩距离设备较近，而老人距离设备较远，那么综合考虑老人虽然对噪声的耐受程度较差，但是由于距离较远，也可以适当地提高设备工作频率，即可以选择中等或低等的静音模式。根据以上的自动调整策略，就能够在最大限度保证室内用户舒适度的前提下兼顾设备的工作效率。

【权利要求】

一种控制运行模式的方法，其特征在于，包括：获取室内环境中的人员信息；根据获取的人员信息确定人员组成模式；确定与所述人员组成模式对应的运行模式；其中，预设的运行模式按照工作时产生的声音大小进行划分；按照确定的所述运行模式工作；所述确定与所述人员组成模式对应的运行模式包括：获取距室内环境中人员的距离；根据获取的所述距离和所述人员组成模式，确定对应的运行模式。

【案例分析】

分析上述权利要求可知，权利要求的最后记载了根据获取的所述距离和所述人员组成模式来确定对应的运行模式，也就是体现了该发明的发明构思。对比文件1（CN104469498A）公开了一种能够自动调节播放参数的电视机及其控制运行模式的方法，电视机中预设有两种播放模式，包括老人模式和标准模式；获取室内环境中的人员信息，根据获得的人员信息确定人员为老人或年轻人（即人员组成模式），确定与人员组成对应的运行模式。若为老人时，运行老人模式，电视机播放的声音比标准模式下的小（即预设的运行模式按照工作时产生的声音大小进行划分）。由此可见，对比文件1完全公开了该申请以第一种考虑因素作为控制条件时的控制运行方法。对于第二种考虑因素，根据人员距离远近来调整设备工作情况，属于本领域的常规调整手段。例如，空调控制中常见的用户距离远则增大出风量，用户距离近则减小出风量。例如，现有技术CN104251539A中公开了：获取所述用户与所述空调器的出风口之间的当前距离；根据所述当前距离调整所述空调器的当前出风风速。

我们判断这一类案件的创造性的关键在于发明声称的多种控制条件之间是否存在关联，是否具有协同控制的效果。以该案为例，人员组成和用户距离原本是毫不相关的两类控制参数，但是该申请的技术方案同时考虑了人员组成类型以及相应人员与设备的距离，在两者之间建立了联系，并取得了一定的技术效果。该效果实际上是不同控制条件耦合达成的协同效果，最终不选择单独参考任意其中一种考虑因素作为控制条件，而是给出了综合的解决方案。反观现有技术的证据，仅单独提到了人员组成或用户距离其中一点，而缺少将两者联系起来的技术启示。该申请相对于现有技术而言，综合考虑了多种控制条件情况。首先，发现多种控制因素之间的耦合关系便是相对于现有技术创新的体现，需要付出创造性的劳动；其次，该申请给出了更优的控制方案，能够在最大限度保证室内用户舒适度的前提下兼顾设备工作效率，相比于单一条件的控制模式来说获得了技术效果上的改进。这种情况下，我们可以认定该申请具有突出的实质性特点和显著的进步。

反之，在该申请的两种控制条件互不干涉的情况下，可以独立看待这两种控制途径，可以认为两者是两条独立的技术路线，互不影响，现有技术能够分别单独给出相应的技术启示。例如，该申请中的第二种考虑因素如果是根据时间来切换静音模式，在夜晚睡觉时间进入静音模式，白天脱离静音模式，那么由于时间的控制条件是独立的，且不受组成人员的影响，这里默认为无论何种家庭人员构成，其在夜晚睡觉时间均需静音模式以保障睡眠，那么时间控制和人员组成控制就作为两种独立的控制条件组合。现有技术中的对比文件1公开了以人员组成作为控制条件的技术方案，如果能够检索到公开了时间控制的现有技术证据，则能够结合评述该申请的创造性。因为两种控制情形的叠加不需要考虑耦合的问题，不会产生额外的功能使用需求，那么同时运用这两种控制条件对智能家居进行功能控制对本领域技术人员是显而易见的，组合的技术方案没有产生额外的具有创造性的技术效果。

四、涉及领域转用的专利申请

智能家居包括众多的应用领域，如智能电视、智能空调、智能冰箱等。这些应用领域存在各自的需求和特点，但是它们之间也存在一些共性的需求和问题，在创造性评判时，其他领域的对比文件能否用于评述创造性也成了一个判断的难点。对于此类案件的创造性，建议从以下两个方面考虑。

（1）技术问题是促使本领域技术人员跨领域寻找技术手段的驱动力。因此，其他领域的对比文件能否用于评述创造性，首先需要判断该申请所要解决的技术问题或者区别技术特征实际解决的技术问题是否为该申请和对比文件所属领域所共有的技术问题。如果该技术问题是该申请的技术领域所独有的，而其他技术领域不存在该技术问题，则本领域技术人员不会去对比文件所在的领域寻找技术手段。反之，如果该技术问题是该申请和对比文件的所属领域所共有的，则本领域技术人员有动机跨领域寻找对比文件。

（2）在存在相同技术问题的基础上，还需要考虑技术手段转用的难度和产生的技术效果。如果由于应用领域的差异导致虽然两个技术领域存在相同的技术问题，但是技术手段在领域之间转用时存在困难，需要申请人付出创造性劳动才能克服这些困难，或者转用产生了新的、难以预料的效果，则这样的转用具备创造性。

案例 8-4　涉及领域转用的审查

【背景技术】

该案要解决的技术问题为：现有的空调器尽管设置了语音控制功能，但是只能通过简单的语音采集实现对空调的控制，智能化程度低，用户体验差。

该案提出的技术方案为：实现空调器的人机交互功能，通过用户语音的采集和判断，根据不同的语音指令，分别实现温度控制类操作、聊天交互式操作。

【权利要求】

一种空调器的人机交互方法，其特征在于，所述人机交互方法包括下述步骤：

获取用户的语音信息；根据用户的语音信息识别用户的需求类型；

根据用户的需求类型执行预设的交互操作和/或功能操作；其中，所述根据用户的需求类型执行预设的交互操作和/或功能操作包括：

若用户的需求类别为情绪类需求，则于情绪类词库内查找是否存在与需求关键词对应的词，若存在，则确定该词的情绪类别信息为用户的情绪类别；生成并执行语音询问指令，所述语音询问指令的内容为询问用户是否处于确定的情绪类别；

若获取到肯定信息，则根据用户的情绪类别，输出对应的语音交流信息、文本交流信息和表情交流信息；

所述根据用户的语音信息识别用户的需求类型包括：

将用户的语音信息进行文本化处理，以形成文本信息；使用预置算法识别文本信息，提取需求关键词；于类别词库内查找是否存在与需求关键词对应的词，若存在，则根据该词汇的类别备注确定用户的需求类别；所述根据

第八章　技术融合类案件的审查：以智能家居为例

该词汇的类别备注确定用户的需求类别包括：若词汇的类别备注为温控类，则确定用户的需求类别为温控类需求；若词汇的类别备注为情绪类，则确定用户的需求类别为情绪类需求；若词汇的类别备注为综合类，则确定用户的需求类别为综合类需求。

【案例分析】

该案申请日为 2019 年 10 月 18 日，最接近的现有技术为：在空调器中设置语音接收模块，接收用户的语音指令，对空调器进行制冷、制热、升温、降温等操作。现有技术中还公开了将语音信息进行文本化处理、提取关键词、在词库中查找对应命令等技术手段。该申请相较于现有技术的主要区别在于：该申请的空调器具有与用户的情绪交互功能。例如，在实施例中给出了交互情景：

用户说："××空调。"（标准开启语音关键词）

空调器输出语音："在的呢。"（随机型标准回应）

用户说："明天就要考试了，我真的好难啊！"（提取关键词"考试""我""好难啊"，通过算法匹配识别为"忧愁"类别）

空调器输出语音："小小考试，难不倒英明神武的主人。我给您唱首歌吧……"（播放进取型歌曲片段，并输出"努力奋斗"类别的表情包）

通过检索发现，对比文件（CN109885277A）的申请人为百度在线网络技术（北京）有限公司，申请日为 2019 年 2 月 26 日，公开日为 2019 年 6 月 14 日。其公开了一种人机交互设备、方法、系统和装置，对比文件中指出，人机交互设备包括但不限于智能手机、可穿戴电子设备（如智能手表等）和专门提供各类人机交互服务的交互机器人。其实施例中给出的人机交互示例为：输入的用户语音为"今天真是太热了"，那么与之相对应的语音应答信息可以是："是啊，今天很热，要注意防晒哦。"显示装置可以呈现一幅艳阳高照的图片。

该案中，对比文件（CN109885277A）的人机交互方法并没有明确指出是用于空调器。关于创造性评判的焦点在于：对比文件（CN109885277A）中罗列的智能手机、可穿戴电子设备（如智能手表等）和专门提供各类人机交互服务的交互机器人相关技术领域能够给出技术启示，使得本领域技术人员对空调器进行改进。在《专利审查指南（2010）》中指出，"如果所要解决的技术问题能够促使本领域的技术人员在其他技术领域寻找技术手段，他也应具有从该其他技术领域中获知该申请日或优先权日之前的现有技术、普通技术知识和常规实验手段的能力。"在"其他技术领域"的认定上，存在一定的主观性和模糊性，可能存在不同层次的划分。例如，空调设备和人机交互机器人属于不同的技术领域（空调和机器人），但又都可以上位为"家电设备"的相同技术领域。因此，在考虑技术领域时主要涉及不同技术领域之间的"共性"和"个性"的分析，领域之间的共性越多，则可以认为技术领域更接近，改进动机和结合启示则更明显。

该案中，权利要求的技术方案并不涉及人机交互功能在空调器中的具体实现方式，也不涉及人机交互功能与空调制冷/制热/送风运行之间如何关联从而达到了特定的有益效果。从这个角度来看，有关空调器本身的个性是比较少的。相反，仅从人和机之间的情绪交流互动而言，这并不是专属于空调器本身的个性，而是智能家居的共性。因此，本领域技术人员在面对空调器具有人机交互功能的技术问题时，可以和应当在智能家居的相近技术领域寻找技术启示，从而评述该案的创造性。

第三部分

材料领域专利申请的撰写建议

第九章
材料领域专利申请撰写的一般建议

专利申请的质量一方面取决于申请人提供的技术方案本身的创新高度，另一方面与申请文件撰写水平也有直接的关系。专利申请文件通常由专利代理师在发明人提供的技术交底书的基础上撰写完成。发明人因为对专利法的了解程度以及看待发明创造的角度不同，技术交底书往往存在很大差别。作为专利技术的源头，发明人的本职工作在于企业经营活动中的各种技术创新，其并不会接受标准一致的知识产权相关技能的训练，从而导致技术交底书千差万别。此时，专利代理师的价值就体现在根据不同类型和质量的技术交底书，撰写出符合专利法相关规定，并且让申请人利益最大化的专利申请文件[1]。撰写水平不高的专利代理师往往满足于将技术交底书转化为专利申请的固定格式即可。但事实上，高质量的专利申请文件不仅需要专利代理师与发明人充分沟通、密切配合，更需要专利代理师超越技术本身，用法律思维的角度对技术交底书提供的技术内容进行重塑和再创造，才能为申请人争取最大的保护范围，并且保证权利的稳定。

第一节 背景技术和发明内容部分

一、《专利法》《专利法实施细则》和《专利审查指南》的具体要求

《专利法实施细则》第二十条对于背景技术和发明内容的撰写规定如下：

---

[1] 李大. 浅谈专利申请文件的撰写 [J]. 现代国企研究，2015（2）：138.

（二）背景技术：写明对发明或实用新型的理解、检索、审查有用的背景技术；有可能的，并引证反映这些背景技术的文件；

发明内容：写明发明或者实用新型所要解决的技术问题以及解决其技术问题采用的技术方案，并对照现有技术写明发明或者实用新型的有益效果。

《专利审查指南》对于背景技术做了更具体的规定："尤其要引证包含发明或者实用新型权利要求书中的独立权利要求前序部分技术特征的现有技术文件，即引证与发明或者实用新型专利申请最接近的现有技术文件。""此外，在说明书背景技术部分中，还要客观地指出背景技术中存在的问题和缺点，但是，仅限于涉及由发明或者实用新型的技术方案所解决的问题和缺点。在可能的情况下，说明存在这种问题和缺点的原因以及解决这些问题时曾经遇到的困难。"

《专利审查指南》对于发明内容做了更具体的规定。发明内容一般包括"要解决的技术问题""技术方案"和"有益效果"："发明或者实用新型所要解决的技术问题，是指发明或者实用新型要解决的现有技术中存在的技术问题。发明或者实用新型专利申请记载的技术方案应当能够解决这些技术问题"；"一般情况下，说明书技术方案部分首先应当写明独立权利要求的技术方案，其用语应当与独立权利要求的用语相应或者相同，以发明或者实用新型必要技术特征总和的形式阐明其实质，必要时，说明必要技术特征总和与发明或者实用新型效果之间的关系。然后，可以通过对该发明或者实用新型的附加技术特征的描述，反映对其作进一步改进的从属权利要求的技术方案"；"有益效果是指由构成发明或者实用新型的技术特征直接带来的，或者是由所述的技术特征必然产生的技术效果。有益效果是确定发明是否具有'显著的进步'，实用新型是否具有'进步'的重要依据。通常，有益效果可以由产率、质量、精度和效率的提高，能耗、原材料、工序的节省，加工、操作、控制、使用的简便，环境污染的治理或者根治，以及有用性能的出现等方面反映出来。有益效果可以通过对发明或者实用新型结构特点的分析和理论说明相结合的方式，或者通过列出实验数据的方式予以说明，不得只断言发明或者实用新型具有有益的效果。但是，无论用哪种方式说明有益效果，都应当与现有技术进行比较，指出发明或者实用新型与现有技术的区别。机械、电气领域中的发明或者实用新型的有益效果，在某些情况下，可以结合发明或者实用新型的结构特征和作用方式进行说明。但是，化学领域中的发明，在大多数情况下，不适于用这种方式说明发明的有益效果，而是借助于实验数据来说明。对于目前尚无可取的测量方法而不得不依赖于人的感官判断的，例如味道、气味等，可以采用统计方法表示的实验结果来说明有益效果。在引用实验数据说明有益效果时，应当给出必要的实验条件和方法。"

二、撰写过程中容易出现的问题及分析

实际撰写过程中，背景技术和发明内容也是经常容易被忽视的部分。撰写质量不高的申请文件，背景技术和发明内容往往呈现出模板化、套路化的撰写风格。具体表现在：背景技术过于简单、上位、泛泛而谈、言之无物；发明内容中对于解决的技术问题和技术效果，缺少必要的逻辑推理或者具体佐证，只有断言式的效果描述；甚至有意选取发展水平过于落后的"背景技术"来凸显该申请的创新高度。

有人可能会说，申请文件最重要的部分是权利要求和具体实施例，权利要求决定了申请文件的权利范围，具体实施例又是权利要求的基础。只要权利要求和具体实施例是高质量的，最终申请文件的保护范围就不会受影响。"背景技术"和"发明内容"少花些功夫，只是给审查员理解、检索、审查申请文件带来一些不便，不会影响申请人的权益。

对于申请人来说，申请专利的意义在于将申请人完成的发明创造向社会公开，换取相应的垄断权利，也就是"以公开换保护"。高质量的背景技术和发明内容可以让社会公众和审查员快速了解该申请作出的技术贡献，进而在审查过程中快速聚焦发明所做的技术贡献，高效匹配合适和稳定的保护范围，真正维护申请人的合法权益。反之，由于不了解背景技术，导致选取区别较大的背景技术，或者故意选取技术水平较低的背景技术，来凸显该申请的突出实质性特点，在审查实践中往往起到掩耳盗铃、适得其反的作用[①]。对于真正作出了实实在在技术贡献的申请人来说，前者显然是申请文件撰写追求的目标。

同样，如果发明内容中对于发明要解决的技术问题、技术方案与以及技

---

① 姜小薇. 浅议如何撰写一份高质量的专利申请说明书 [J]. 中国发明与专利, 2019, 4 (16)：108.

术效果之间的关系没有清楚的逻辑分析和恰当的归纳概括,那么在实质审查阶段确定发明实际解决的技术问题的时候,就可能不能真正反映发明创造的技术贡献。例如,不得不基于区别特征所具有的固有属性"猜测"技术方案的技术效果,自然容易产生技术方案不具备创造性的预期。

此外,还有一种特殊类型的发明——问题发现发明,其对现有技术的贡献在于发现了现有技术中本领域技术人员没有发现的问题,并采取了相应的技术手段进行改进,这种就更需要在背景技术和发明内容中进行条理清晰的说明。例如,著名的打印纸张跑偏案例,其对现有技术的贡献在于:发现了纸张跑偏是因为印刷机使用一段时间后甲部件变形,相应的将该部件采用了不易变形的材料A。对于这种情况,就需要在背景技术中说明现有技术中存在的问题,然后在发明内容中详细分析这个问题背后的原因,即甲部件太软了。那么,本领域技术人员才能意识到该发明的技术贡献在于第一个发现了纸张跑偏的根本原因在于甲部件太软。至于发现这个问题以后,选择A材料来加强甲部件的硬度,这其实是A材料的固有属性,并不是该发明的主要技术贡献。

三、案例分析

以下两个案例以同一申请文件的"背景技术"和"发明内容"为例,分析其撰写的合理性。

案例9-1 背景技术的撰写

【案情介绍】

技术领域

本申请涉及一种用于固定工业设备的开关的挂锁,所述挂锁具体为所谓的锁定挂锁。(第1段)

背景技术

挂锁的具体应用领域是职业安全领域。对于工业设备的维修,例如生产机器,必须关闭设备的一部分或整个设备。在这里存在这样的风险:在继续维修工作的同时,为了维修工作而停用的工业设备部分被意外地重新激活。这可能会给维修工程师带来很大的危险。因此,通常维修工程师在维修工作

第九章 材料领域专利申请撰写的一般建议

的持续期间,会将与工业设备相关联的开关或关闭部件移动至关闭位置,并将其固定在该位置,即开关被直接阻挡或阻挡接近开关。所述开关通常是能量供应开关,例如工业设备的能量供应装置或控制装置的主电气开关。(第2段)

为了有效地避免另一个人意外地激活工业设备,每个维修工程师在开始工作之前均将挂锁悬挂在指定开关上或与开关相关联的阻挡装置上,并锁定所述挂锁。因此,开关被固定在其关闭(OFF)位置,即,开关不会被另一个人意外地移回至打开(ON)位置。当维修工程师已结束工作时,他再次解锁挂锁,并从开关中释放挂锁。单独的挂锁通常与每个维修工程师相关联。(第3段)

该过程也称为锁定,因此,使用的挂锁称为锁定挂锁。文献US 5449867A示出了这种借助挂锁固定电动摇臂开关的方法。从文献US 3171908 A中已知通过挂锁固定旋转开关的位置。(第4段)

【撰写分析】

第2~3段解释了工业领域固定开关挂锁的应用场景。那么读者根据上述内容可以明确知晓常规的开关挂锁的使用方法以及其解决的技术问题,对通用的工业领域固定开关挂锁有了大概了解;第4段列举了两篇现有技术文献。至此,进行了第一个层级的背景技术介绍。

【案情介绍】

已知与工业设备的开关的这种固定相关联以配备锁定挂锁,所使用的锁定挂锁具有:锁壳,至少部分地由塑料形成;箍状件,可移置地保持在锁壳处;以及锁芯,设置在锁壳中;锁芯壳体和锁芯体,锁芯体能够绕锁芯轴线在锁芯壳体中旋转。挂锁还具有钥匙,通过该钥匙,锁芯体可在锁定位置与解锁位置之间旋转。在锁定位置,箍状件锁定至或可锁定至锁壳,具体是在箍状件的关闭位置,例如在箍状件悬挂在开关的孔眼中之后。在解锁位置,箍状件被释放,以相对于锁壳进行打开运动,例如以便能够从开关的孔眼移除箍状件。(第5段)

通过用塑料形成锁壳,特别轻的挂锁具有足够的机械稳定性,这在用作锁定挂锁时是有利的,因为维修工程师偶尔同时携带多个锁定锁。塑料壳还可有助于所需的电绝缘。通过使用塑料壳,还可特别简单地对挂锁进行颜色标记。(第6段)

215

与由金属制成的锁壳相比，塑料壳的较小的稳定性反而不会表示锁定挂锁中的任何严重缺点，因为挂锁仅用于固定开关以防止意外致动，而不是作为例如防盗保护。也就是说，锁定挂锁无论如何通常在未经授权的人无法访问的环境中使用（例如，安全的工厂现场）。出于这个原因，也可以为锁定挂锁设置相对简单的锁定机构，具体为简单的锁芯。在这方面，锁芯可具有多个栓，这些栓可在释放位置与阻挡位置之间移动，以当锁芯体处于其锁定位置时，相对于锁芯壳体阻挡锁芯体。栓可以通过销形栓形成，销形栓在其阻挡位置的方向上进行弹簧加载，其中，销形栓能够通过将相关的钥匙引入锁芯中来克服其预载荷而移动，使得锁芯壳体和锁芯体之间的分离表面不再被销形栓阻挡。（第7段）

例如，从文献 US 7278283 A、US 5755121 A 和 US 2012/0186308 A1 中已知这种具有由塑料构成的壳体并具有简单锁定机构的锁定挂锁。（第8段）

【撰写分析】

第5段进一步介绍了工业领域固定开关挂锁的具体结构，为进一步分析其优缺点打下基础；第6段分析其中锁壳的材质；第7段分析其结构和材质的优点，以及其与工业领域固定开关的适配性；第8段列举了三篇现有技术文献。至此，进行了第二个层级的背景技术介绍。

【案情介绍】

然而，在恶劣的环境条件下，具体为当工业设备仅部分关闭时，例如，由于生产机器引起并传递至锁定挂锁被固定或悬挂的开关的振动可对锁定挂锁产生有问题的机械效应。（第9段）

【撰写分析】

第9段进一步分析现有工业领域固定开关挂锁也存在不足。至此，进行了第三个层级的背景技术介绍。

案例 9-2　发明内容的撰写

【案情介绍】

发明内容

本申请的目的是提供一种锁定挂锁，该锁定挂锁能够可靠地固定工业设备的开关。（第10段）

【撰写分析】

第 10 段简单介绍了要解决的技术问题，此处的技术问题相对比较上位，给后续程序中可能的修改留下了空间。

【案情介绍】

具体地，锁定挂锁的锁芯具有多个栓，其中，每个栓均可在相应的释放位置和相应的阻挡位置之间移动，其中，在释放位置，栓释放锁芯体，以便旋转至其解锁位置，在阻挡位置，栓将锁芯体阻挡在相对于芯壳体的锁定位置，其中，多个栓包括多个销形栓，这些销形栓在各自的阻挡位置中是弹簧加载的，以及该多个栓还包括多个辅助栓，这些辅助栓不是弹簧加载的，并且可自由移动地支承在各自的释放位置和各自的锁定位置之间。（第 11 段）

【撰写分析】

第 11 段以该发明的必要技术特征总和的形式阐明其实质。

【案情介绍】

因而，根据本申请的锁定挂锁具有锁芯，该锁芯包括弹簧加载的销形栓和非弹簧加载的可自由移动的辅助栓的组合。当锁芯体处于其锁定位置时，弹簧加载的销形栓阻止所述锁芯体相对于锁芯壳体旋转运动。由此，已实现在正常环境条件下的充分的阻挡效果。然而，另外，设置了多个辅助栓，该多个辅助栓可自由移动地支承在锁芯中。与销形栓不同，辅助栓不是弹簧加载的，因而在可能从挂锁环境传递至挂着的挂锁的强力机械振动或不同频率的振动的作用下，展现出与弹簧加载的销形栓不同的运动特性。（第 12 段）

如最初所解释的，由于锁定挂锁通常在未经授权的第三方无法访问的环境中使用，因而，辅助栓对于作为锁定挂锁的应用中的防盗保护的目的而言并非绝对必要。然而，辅助栓可以实现防止锁定挂锁意外打开的附加保护。（第 13 段）

在这方面对于销形栓可以设想的是，销形栓可能由于其弹簧预载而因为从外部引入的强烈振动而意外地加速移动，具体地，在取决于待移动的相应销形栓的质量和弹簧特性的共振频率范围内。相反，由于辅助栓的自由可动性，辅助栓已经可以通过相对弱的振动而在各自的阻挡位置和释放位置之间移动，因而，当发生振动时，辅助栓比销形栓地开始以非均匀模式，在各自的阻挡位置和释放位置之间移动或"跳跃"。由于设置了多个辅助栓，因而减小了辅助栓在强烈振动时都采用相同位置的可能性（即使销形栓抵抗其弹簧

预载荷进行加速)。(第14段)

因此，利用根据本申请的锁定挂锁可以可靠地防止意外地释放锁芯，即使是在异常强烈的机械振动或者可在销形栓的共振范围内从锁定挂锁的紧固环境传递至锁芯的振动的情况下。因而，即使在锁定挂锁的紧固环境中发生异常振动或其他冲击时，也可以比以前更可靠地排除所有栓在没有钥匙的情况下在具体时间点加速和移动而使得锁芯壳体和锁芯体之间的分离表面暂时不再被阻挡。(第15段)

【撰写分析】

第12~15段说明技术方案中必要技术特征与发明效果之间的关系。

可见，该申请文件对"背景技术""要解决的技术问题""技术方案"和"有益效果"进行了清楚、完整的说明。逻辑清晰，重点突出。读者基于上述内容完全能够清楚知晓该发明基于什么样的技术问题、采用何种发明构思、起到了什么样的技术效果。

四、具体建议

显而易见，采用上述案例中的写法，明显提供了更多的有价值的信息，但是如何才能梳理出上述技术信息才是问题的关键。通常需要两条腿走路，一方面，发明人需要介绍本领域技术发展水平，在技术交底书中说明其了解到的本领域比较接近的现有技术都有哪些，例如行业内重要竞争对手所采用的关键技术手段，如果申请人有相关的在先申请，也可以作为重要参考。然后分析现有技术中存在的不足以及该申请如何解决相应的技术问题。发明人作为最熟悉该申请技术方案的技术人员，通常来说也更了解相关的背景技术，为了撰写出高质量的申请文件，发明人有义务主动介绍相应的背景知识。如果发明人没有主动介绍上述信息的意识或者对背景技术知识的介绍重视程度不够，专利代理师需要进行有效沟通，帮助发明人补齐认识上的短板，最终获取足够的技术信息。另一方面，专利代理师也可以通过检索了解现有技术的整体发展水平，进而梳理出现有技术中存在的不足以及该申请如何解决相应的技术问题。专利代理师的检索不仅仅局限于专利文献，也可以包括非专利文献，例如相关的技术综述类文章或者行业内重要的技术论坛等。

第二节　权利要求部分

一、《专利法》《专利法实施细则》和《专利审查指南》的具体要求

《专利法》第六十四条规定："发明或者实用新型专利权的保护范围以其权利要求的内容为准，说明书及附图可以用于解释权利要求的内容。"可见，权利要求是确定最终保护范围的核心所在，是申请文件的重中之重。《专利法》第二十二条、二十六条、三十一条，《专利法实施细则》第二十二条至二十五条，《专利审查指南》第二章等都专门对权利要求的撰写进行了详细具体的规定，在此不再赘述。

二、撰写过程中应该注意的要点

（一）确定合适的权利要求类型

构思权利要求的时候，首先要确定权利要求的类型，清楚哪种类型的权利要求是整个权利要求书的重点，而不是套路化地分别设置装置和方法权利要求。专利代理师需要与发明人充分沟通，了解发明产品是否为即将上市的商品化的产品，使得权利要求的类型至少与产品相匹配。同时，还要考量在后续可能的侵权诉讼过程中调查取证的难易程度等。例如，申请人主要对产品结构或组成进行了改进，售卖的也是具有对应结构或组成的产品。假设申请人分别申请了产品权利要求和产品的制造方法，那么在指控竞争对手侵犯专利权的时候，从市面上购买相应产品即可完成对应产品权利要求的取证；但是对于制造方法的权利要求的举证，在实际操作层面，难度会大很多。因此，需要以产品权利要求为核心，适应性地配置其他类型的权利要求。

（二）撰写准确的权利要求的主题名称

权利要求的主题名称要与技术方案相适应。不能过于上位，否则会将不

相关的领域纳入保护范围，在审查实践中检索到现有技术的可能性变大。有的专利代理师认为，先尽量写一个上位的主题名称，当检索到其他领域的对比文件的时候再进一步缩限也来得及。但最不希望出现的情况是在实审阶段没有找到其他领域的现有技术，而在无效程序阶段被竞争对手找到了，进而导致专利权被宣告无效。但也不能过于具体，导致权利要求的保护范围太小，而被竞争对手轻易绕开。

《专利法》第七十七条规定："为生产经营目的使用、许诺销售或者销售不知道是未经专利权人许可而制造并售出的专利侵权产品，能证明该产品合法来源的，不承担赔偿责任。"也就是说，假设侵权方在不知情的情况下从第三方购买了侵权产品，进行商业化生产，从开始侵权到得知侵权之日的时间段内，是不需要承担赔偿责任的，但上述侵权行为事实上对申请人的利益造成了损害[1]。为了避免上述情形，可以全产业链构建保护的主题。例如，专利申请主要的发明点是对冷凝器进行了改进，那么除了撰写冷凝器主题的权利要求，还可以分别撰写适合应用该冷凝器的空调和冰箱为主题的权利要求，那么即使有空调或者冰箱厂家从第三方购买了该发明所涉及的冷凝器，并宣传其对冷凝器侵犯专利权并不知情，其生产的冰箱或者空调也直接构成了侵权，进而也需要承担赔偿责任。

（三）从不同角度体现发明构思

专利代理师在撰写过程中难以预料在实审、无效或者侵权判定过程中会出现的所有情况。对于同样的发明点或者发明构思，往往可以从不同的角度撰写多组权利要求。从不同的角度体现发明构思，能够最大限度维护申请人的利益。例如，对于电路结构，可以从各个元件的连接关系来体现，也可以用功能性的描述来体现，或者是上述方式的组合。通常来说，针对具体的结构或组成来表达，保护范围清楚，容易得到说明书的支持，是常规的表达方式；而功能性的描述则保护范围更大，能够为申请人争取更大的利益，但在实质审查或者后续程序中也更容易涉及新颖性或创造性的问题。专利代理师需要权衡各种表达方式的不同特点，选取恰当的表达方式。同时，如果设置多组权利要求，多组权利要求之间应该满足《专利法》第三十一条关于单一

---

[1] 刘林涛. 浅谈专利申请文件中权利要求书的主题设置 [J]. 专利代理, 2021 (3)：16-21.

性的规定①。

（四）合理设置从属权利要求

在实审阶段，当独立权利要求不满足新颖性或创造性的相关规定时，从属权利要求可以提供修改的依据。在无效宣告程序中，若独立权利要求由于不满足新颖性或创造性的规定，可以将从属权利要求合并至独立权利要求以继续获得保护。从属权利要求的作用在于形成多层次的保护，其与前期确定的发明构思的不同层次是互相对应的。因此，在独立权利要求已经保护了基本的发明构思的基础上，需要将其他对现有技术作出贡献的特征分别写入从属权利要求中，以获得多层次的保护。

（五）使用合适的数值范围的表达方式

《最高人民法院关于审理侵犯专利权纠纷案件应用法律若干问题的解释（二）》第十二条规定："权利要求采用'至少''不超过'等用语对数值特征进行界定，且本领域普通技术人员阅读权利要求书、说明书及附图后认为专利技术方案特别强调该用语对技术特征的限定作用，权利人主张与其不相同的数值特征属于等同技术特征的，人民法院不予支持。"可见，如果权利要求中使用了上述表达方式，那么就很难主张其他等同的数值范围。撰写过程中应当避免将"至少""不超过"等类型的数值范围写入独立权利要求中。如果发明构思确实需要采用这种数值范围，也可通过多层次撰写的方式进行表达。例如，将"至少""不超过"等数值特征写入从属权利要求中②。

三、案例分析

案例9-3　权利要求的撰写

【案情介绍】

该案例与"背景技术"和"发明内容"章节案例属于相同的申请文件，

---

① 李大. 浅谈专利申请文件的撰写［J］. 现代国企研究，2015（2）：140.
② 李星. 侵权判定中等同原则对专利撰写的启示［J］. 专利代理，2023（1）：64-69.

221

其独立权利要求包括如下多个部分。

【权利要求】

1. 一种挂锁（63），用于固定工业设备的开关（61），挂锁（63）包括：

【撰写分析】

主题名称明确为保护用于固定工业设备的开关（61）的挂锁，准确恰当，没有无意义的上位概括，也没有不当的下位具体限定。

【权利要求】

锁壳（21、23）；

箍状件（13），可移置地保持在所述锁壳（21、23）处；

锁芯（27），设置在所述锁壳（21、23）中，并具有锁芯壳体（35）和锁芯体（31），所述锁芯体（31）能够绕锁芯轴线（A）在所述锁芯壳体（35）中旋转；

其中，所述锁芯体（31）能够通过钥匙在锁定位置与解锁位置之间旋转，在所述锁定位置，所述箍状件（13）被锁定或能够锁定至所述锁壳（21、23），在所述解锁位置，所述箍状件（13）被释放以相对于所述锁壳（21、23）进行打开运动，

其中，所述锁芯（27）具有多个栓，每个栓均能够相对于所述锁芯壳体（35）在相应的释放位置与相应的阻挡位置之间移动，在所述释放位置，所述栓释放所述锁芯体（31），以旋转至其解锁位置，在所述阻挡位置，所述栓将所述锁芯体相对于所述锁芯壳体（35）阻挡在其锁定位置；

其中，所述多个栓包括多个销形栓（61），所述多个销形栓（61）在其各自的阻挡位置的方向上进行弹簧加载，以及……

【撰写分析】

该前序部分虽然篇幅比较长，其存在的意义在于更加清晰地限定在后的特征部分，但上述特征都是本领域挂锁必然会具备的技术特征，上述限定没有导致权利要求的保护范围被不当缩小。

【权利要求】

其特征在于，所述多个栓还包括多个辅助栓（71），所述多个辅助栓（71）不进行弹簧加载，并且能够自由移动地支承在其各自的释放位置与其各自的阻挡位置之间。

【撰写分析】

特征部分采用简练的语言体现了主要的发明构思,其采用否定式限定和功能性限定的方式,最大限度限定了较大的保护范围。

第三节　具体实施方式部分

具体实施方式是说明书的重要组成部分,它对于充分公开、理解和实现发明专利或者实用新型专利,支持和解释权利要求都极为重要。在实际撰写过程中需要重点关注如下几点。

一、多层次撰写

专利代理师撰写具体实施方式主要基于申请人提供的技术交底书从专利视角进行修改和完善。在工程实际应用中,发明人,也就是工程技术人员,需要更多地考虑技术细节以满足设计和生产的需要。在缺少专利申请经验的情况下,发明人往往很难从专利的角度准确客观地抽象描述其对现有技术作出的贡献。因此,发明人提供的技术交底书容易只包括最具体的技术信息,整个技术方案就是一个整体,缺少必要的层次。例如,涉及电路芯片的发明创造,其技术交底书使用了包括所有电子元件的研发设计电路图;涉及计算机软件程序的发明创造,其技术交底书包括所有的流程步骤以及复杂的算法设计;涉及机械结构的发明创造,其技术交底书给出了工程实际应用中的CAD平面图[①]。如果专利代理师直接照搬这种类型的技术交底书作为具体实施方式,在实质审查环节需要修改权利要求的时候有可能会遇到修改超范围的问题。上述方式撰写的具体实施方式中包括了多个技术特征,多个技术特征组成了一个有机整体。那么在修改权利要求的过程中,添加哪个或者哪些技术特征是不超范围的?在审查实践中是否会要求将相关的技术特征都添加到权利要求中?

---

① 李大. 浅谈专利申请文件的撰写 [J]. 现代国企研究, 2015 (2): 138.

相反，如果具体实施方式包括多个层次，那么就给申请人对权利要求的修改保留了较大的空间[①]，更容易满足《专利法》第三十三条的规定。这个时候就需要专利代理师根据发明人提供的背景技术或者检索得到的现有技术，深入透彻地理解发明人提供的技术细节，概括出其对现有技术作出的贡献。基于上述贡献，将申请人提供的电路图、流程图或者机械设计图抽象转化成不同层次的技术方案。例如，将包括所有电子元件的研发设计电路图抽象成多个功能模块的组合，并且上述功能模块可以包括不同的层次。将抽象转化后的结果与发明人进行沟通确认，最终将上述不同层次的技术方案体现在独立权利要求和从属权利要求中。这种抽象和转化就是专利代理师的创造性劳动。

此外，还有另外一种情况，发明人仅仅给出了简单的设想、功能性的描述或者上位的原理图，而没有具体实施方案，同样缺少必要的层次。这种类型的发明创造方案相对简单上位，但往往直接体现了发明人的智慧。这时候专利代理师更需要与发明人交流沟通，从说明书公开充分以及权利要求能够得到说明书的支持的角度，建议发明人补充和完善技术交底书，相应的具体实施方式也尽量包括不同的层次，给后续修改保留相应的空间。

二、多角度撰写

与权利要求需要从不同角度体现发明构思原因类似，具体实施方式也需要从不同的角度来进行详细说明，以与不同角度概括的权利要求相适应，进而满足说明书充分公开和权利要求得到说明书的支持的要求，最终给后续修改保留相应的空间，最大限度地维护申请人的利益。

三、保密与公开充分的平衡

申请人有时候会出于保密的心理，不希望公开太多的技术细节，同时又希望获得尽可能大的保护范围。申请人因为商业竞争的考量，不希望公开所

---

① 于莉. 从审查角度看制剂专利申请文件撰写中的常见问题及改进建议 [J]. 中国医药生物技术，2018，4（13）：382.

有的技术细节，而是采用技术秘密的方式保护自己的技术创新，这本无可厚非。但是隐瞒了关键的技术特征，就容易产生说明书公开不充分的问题。专利申请就是以公开换保护的过程。如果没有平衡好保密与充分公开的问题，就会导致要么泄露了本不希望泄露的技术秘密，要么出现说明书公开不充分的严重问题。那么，专利代理师在撰写过程中就需要考量对于整个技术方案而言，哪些技术手段是必不可少的，那么相应的技术特征就必须体现在说明书实施例中，而一些优选的技术手段，申请人则可以根据情况进行选择。

此外，还需要考量希望保密的技术手段是否容易被竞争对手获取。例如，可口可乐选择技术秘密的方式保护其饮料的配方，是因为公众难以从购买的可乐中分析出具体配方；而一个机械结构类的装置，从其商品中很容易拆解和测量出具体的结构组成，那么此时就需要谨慎选择隐瞒部分的技术特征。

四、可预期性不强的领域重视实验数据

有些领域可预期性较强，例如很多机械领域，"具体实施方式"中往往较少包括实验数据；而有些领域可预期性不强，例如化学领域，其"具体实施方式"中实验数据就是非常重要的一项内容[①]，包括实验方法、实验所用样品或实验结果。这些内容是判断技术效果的重要依据。

总而言之，申请文件的撰写来源于技术交底书，但又要高于技术交底书。专利代理师需要用专利的思维帮助申请人通过公开换取保护，是对具体技术交底书的重塑或再创造。这需要专利代理师有扎实的业务能力，更需要精益求精的工匠精神。

[①] 于莉. 从审查角度看制剂专利申请文件撰写中的常见问题及改进建议 [J]. 中国医药生物技术，2018，4（13）：382.

第十章

特定类型案件的撰写建议

采用功能性限定，能使权利要求具有较宽的保护范围。但是，我国专利制度规定以公开换取保护，权利要求保护的范围，需要从说明书公开的内容中概括得到。《专利法》第二十六条第四款对权利要求和说明书的关系作了规定："权利要求应当以说明书为依据，清楚、简要地限定要求专利保护的范围。"如何在权利要求中合理地使用功能性限定，根据发明所要解决的技术问题以及说明书公开的内容来撰写权利要求，使其既符合专利法要求，又能够获得较宽的保护范围，需要申请人作出慎重的研究。

第一节 功能性限定类案件的撰写

以实际案例的撰写过程为例，阐述如何对说明书的具体实施进行合理的概括，得到一个合适的权利要求，既能够使申请人和发明人的利益最大化，也可最大程度地保护公众的利益。

一、"四步撰写法"——功能性限定类权利要求的一般撰写方法

案例 10-1　功能性限定类权利要求的一般撰写方法

【背景技术】

一种深水勘探平台应急升降装置。

目前，市场中绝大部分的深水勘探平台升降系统都采用电动齿轮齿条式，其工作原理是通过变频器驱动电机，带动齿轮箱上的小齿轮与桩腿齿条做啮合运动，实现桩腿和平台的升降动作。该发明要解决的技术问题是：现有的平台升降系统缺乏应急控制装置，当某一个至两个驱动电机损坏失效后，若短时间内不能及时更换或检修，平台无法正常作业，将会造成巨大的经济损失。在驱动电机上的齿轮与齿条能够正常啮合时，齿轮的转动能够产生挤压齿条的力，若强行使用损坏的驱动电机，则齿条的力不再平衡，从而导致桩腿发生形变，进而引发安全事故。

【具体实施方式】

实施方式一：深水勘探平台应急升降装置，包括桩腿，桩腿上设置固定齿条；驱动套，驱动套能够套设在桩腿外侧，驱动套能够相对桩腿滑动，驱动套上设置有多个驱动电机，且驱动电机的个数为偶数，多个驱动电机以第一预设方式在驱动套上排布；驱动电机的动力输出轴上设置有驱动齿轮，驱动齿轮与固定齿条啮合；多个驱动电机的第一预设方式为分布两列设置，且总是具有两个驱动电机处于同一水平高度；固定齿条的两侧均设置有齿槽，多个驱动电机上连接的驱动齿轮同时啮合固定齿条；还包括调节块和调节槽，调节槽贯穿驱动套设置，调节槽与固定齿条平行设置；调节块设置有多个，每个驱动电机固定连接一个调节块，每个调节块沿一个调节槽滑动设置，在桩腿与驱动套相对固定时，驱动电机的启动能够改变调节块的所在位置排布；驱动电机的动力输出轴上设置有驱动齿轮，驱动齿轮与固定齿条啮合。

实施方式二：深水勘探平台应急升降装置，包括桩腿，桩腿上设置固定齿条；驱动套，驱动套能够套设在桩腿外侧，驱动套能够相对桩腿滑动，驱动套上设置有多个驱动电机，且驱动电机的个数为偶数，多个驱动电机以第一预设方式在驱动套上排布；驱动电机的动力输出轴上设置有驱动齿轮，驱动齿轮与固定齿条啮合；多个驱动电机的第一预设方式为分布两列设置，且总是具有两个驱动电机处于同一水平高度；固定齿条的两侧均设置有齿槽，多个驱动电机上连接的驱动齿轮同时啮合固定齿条；包括螺杆，螺杆固定设置在驱动套上，与驱动套平行设置，螺杆的外侧套设有与其螺纹连接的导套，导套还连接输出块，输出块与驱动电机连接，在桩腿与驱动套相对固定时，通过驱动第一螺杆转动，使输出块的位置转动，从而能够改变驱动电机的位置。

【撰写方法】

根据这两个实施例来撰写独立权利要求。

第一步，根据说明书要解决的技术问题，分别确定对应各个具体实施方式的独立权利要求的必要技术特征。

权利要求1：一种深水勘探平台应急升降装置，包括桩腿，桩腿上设置固定齿条；驱动套，驱动套能够套设在桩腿外侧，驱动套能够相对桩腿滑动，驱动套上设置有多个驱动电机，多个驱动电机在驱动套上呈两列设置，且总是具有两个驱动电机处于同一水平高度；驱动电机的动力输出轴上设置有驱动齿轮，驱动齿轮与固定齿条啮合；固定齿条的两侧均设置有齿槽，多个驱动电机上连接的驱动齿轮同时啮合固定齿条；还包括调节块和调节槽，调节槽贯穿驱动套设置，调节槽与固定齿条平行设置；调节块设置有多个，每个驱动电机固定连接一个调节块，每个调节块沿一个调节槽滑动设置，在桩腿与驱动套相对固定时，驱动电机的启动能够改变调节块的所在位置排布；驱动电机的动力输出轴上设置有驱动齿轮，驱动齿轮与固定齿条啮合。

权利要求2：一种深水勘探平台应急升降装置，包括桩腿，桩腿上设置固定齿条；驱动套，驱动套能够套设在桩腿外侧，驱动套能够相对桩腿滑动，驱动套上设置有多个驱动电机，多个驱动电机在驱动套上呈两列设置，且总是具有两个驱动电机处于同一水平高度；驱动电机的动力输出轴上设置有驱动齿轮，驱动齿轮与固定齿条啮合；固定齿条的两侧均设置有齿槽，多个驱动电机上连接的驱动齿轮同时啮合固定齿条；包括螺杆，螺杆固定设置在驱动套上，与驱动套平行设置，螺杆的外侧套设有与其螺纹连接的导套，导套还连接输出块，输出块与驱动电机连接，在桩腿与驱动套相对固定时，通过驱动第一螺杆转动，使输出块的位置转动，从而能够改变驱动电机的位置排布。

第二步，综合考虑两个权利要求，概括得出两个不同的实施例的共同功能。将这两个权利要求所限定出来的技术方案进行对比，发现两个技术方案的区别在于调节驱动电机的驱动机构不相同。权利要求1的技术方案通过调节块在调节槽中移动，从而改变驱动电机的排布。而权利要求2的技术方案通过输出块跟随螺杆的转动而移动，从而改变驱动电机的排布。这两个技术方案虽然具有不同之处，但是其均具有调节驱动电机在驱动套上的排布方式的功能。此外，根据说明书背景技术的记载，该申请要解决的技术问题是现有的平台升降系统缺乏应急控制装置，当某一个至两个驱动电机损坏失效后，若短时间内不能及时更换或检修,平台无法正常作业,将会造成巨大的经济损失。站位本领域技术人员判断得到,通过调节装置来调节电机在驱动套上的排布方式,就能解决该申请所声称的技术问题。

第三步,确定说明书中声称的技术问题是否只能以说明书的具体实施例实现。说明书中的两个具体实施方式所涉及的技术方案分别给出了两种调节手段,第一种是调节块和调节槽的配合,第二种是螺杆和输出块的配合。除了说明书中的这两种具体的调节手段外,本领域技术人员也可采用其他调节方式,以调节电机在驱动套上的排布方式,即该申请说明书实施例涉及的两种具体的实现方式并非穷举。

第四步,以功能性技术特征进行限定的方式撰写权利要求。当判断通过功能概括得出的特征能够解决该申请的技术问题,且说明书具体实施例涉及的实现方式并非该功能性限定的穷举之后,可以采用功能性限定来撰写权利要求书。

独立权利要求1:

一种深水勘探平台应急升降装置,其特征在于,包括:

桩腿,桩腿上设置固定齿条;

驱动套,驱动套能够套设在桩腿外侧,驱动套能够相对桩腿滑动,驱动套上设置有多个驱动电机,且驱动电机的个数为偶数,多个驱动电机以第一预设方式在驱动套上排布;驱动电机的动力输出轴上设置有驱动齿轮,驱动齿轮与固定齿条啮合;

调整组件,调整组件能够根据多个驱动电机的性能状态调整多个驱动电机在驱动套上的排列方式。

该独立权利要求所概括的技术方案能解决该申请的技术问题,在以公开换保护的理念下,这个独立权利要求可体现申请人和发明人的智慧贡献,确保公众的利益不受损,并且其保护范围比之前撰写的两个具体实施方式的权利要求的保护范围都大,能使申请人和发明人的利益最大化。而之前的两个具体实施例,可作为上述独立权利要求的从属权利要求。

我国在侵权阶段采用"限定原则"来解释功能性限定权利要求的保护范围,在《最高人民法院关于审理侵犯专利权纠纷案件应用法律若干问题的解释》第四条中规定:"对于权利要求中以功能或者效果表述的技术特征,人民法院应当结合说明书和附图描述的该功能或者效果的具体实施方式及其等同的实施方式,确定该技术特征的内容。"因此,为了避免各个阶段(包括侵权阶段)时,权利要求的功能性限定得不到说明书的支持,申请人应该尽量在说明书中尽可能多地去阐述能够实现其功能的实施例,并且将实施例中的具体实施方式作为从属权利要求对功能性限定特征的主要权利要求进一步限定。这样既有利于授权过程中缩小功能性限定特征的保护范围,又能防止在无效宣告过程中不允许将说明书的内容加入权利要求对其进行修改,同时在侵权阶段,可将功能性特征限定到说明书的具体实施方式,显然有利于专利权的稳定性。

上述撰写方法分为四个步骤,可将其概括性地简称为"四步撰写法",通过这种方法,可以解决绝大部分的功能性限定类权利要求的撰写难题。

二、撰写功能性限定类权利要求的考虑因素

针对功能性限定类权利要求,在申请文件实际的撰写过程中,最关键的是第二步——概括得出实施例的共同功能。想要明确是否将说明书的具体实施方式进行了概括,以及如何对具体实施方式进行概括,从而得到功能性限定类权利要求,需要考虑以下几个因素。

(一)说明书实施例是否提供了规律性和一致性的教导

当说明书中记载的技术内容以具体实施例的形式存在,并且这些实施例的目的在于阐明发明的技术构思,指引所属领域技术人员按照实施例所反映的技术教导解决问题,而不是将发明仅仅局限于这些实施例本身时,所属领域技术人员在阅读说明书后,应基于实施例理解发明,判断根据这些实施例给出的教导是否足以概括出所请求保护的权利要求。说明书的各个具体实施方式提供的教导具有一致性,使得所属领域技术人员足以得出方向性或规律性的结论,则基于该方向性或规律性的合理概括获得的技术方案能够得到说明书的支持,此时可采用功能性限定来撰写权利要求书。

案例 10-2 说明书实施例给出一致性教导,可采用功能性限定撰写权利要求

【背景技术】

现有技术中存在去表皮皂条或者高水平保湿剂皂条,涉案申请要解决的

技术问题是提供一种能够同时获得保湿和表皮脱落作用的温和皂条。

【说明书实施例】

说明书实施例记载了采用所属领域常见的表面活性剂、保湿剂和表皮脱落剂颗粒的五个不同配方的清洁皂条，并对其使用效果进行了验证。

【案例分析】

实验结果显示，上述不同类别、不同重量范围的"合成洗涤剂表面活性剂""保湿剂"和"表皮脱落剂颗粒"相互配合，能达到预期的技术效果。同时，说明书还描述了可采用的其他已知的合成洗涤剂表面活性剂、保湿剂和表皮脱落剂颗粒。实施例记载的五个具体配方的清洁皂条所含的表面活性剂、保湿剂或表皮脱落剂的种类和含量均有所不同，但各种成分仍然发挥其本身应有的清洁、保湿、润肤和/或表皮脱落等效能。所属领域技术人员依据实施例的结果能够预期采用说明书其他已知的合成洗涤剂表面活性剂、保湿剂和表皮脱落剂颗粒的技术方案应该同样能够解决发明的技术问题并达到发明的技术效果。同时，所属领域中并不存在使用其他种类的合成表面活性剂、保湿剂和表皮脱落剂的组合会产生拮抗或者抵消作用，从而不具有表皮脱落和保湿性能的技术障碍。结合说明书的全部内容，应允许基于说明书中使用的具体不同种类的合成表面活性剂、保湿剂和表皮脱落剂，概括形成权利要求中所述的"合成洗涤剂表面活性剂""保湿剂"和"表皮脱落剂颗粒"。

（二）功能性特征与发明点之间的关联程度

与发明相对于现有技术的改进之处不相关或关联性不大的技术特征通常属于现有技术的范畴，所属领域技术人员容易知晓其替代方式并预见其技术效果，采用功能性特征进行限定可以扩大权利要求的保护范围，并且不会导致得不到说明书的支持；相反，对于那些与发明改进之处密切相关的技术特征，所属领域技术人员通常很难预见其替代方式，如果说明书中针对该技术特征的公开不能达到使所属领域技术人员能够概括得出并预期到其相应技术效果的程度，此时很难概括出共同的功能，且即使概括出了功能，该概括得出的功能限定类权利要求也得不到说明书的支持。

| 案例 10-3 | 功能性特征与发明点息息相关，不宜仅采用功能性限定撰写权利要求 |

【背景技术】

说明书的背景技术提出，目前市场上的壁挂式双导风板空调的导风板，对于单电机驱动方案，如果在组装过程中出现上下导风板之间存在较小的间隙的情况，因传动齿轮的每相邻两齿中心线间的夹角较大，所以通过错位啮合调整角度的手段不能实现上下导风板之间的相对角度的小角度范围内调整。

【说明书实施例】

该申请提出一种新的空调器的齿轮组传动机构来解决上述问题，具体如下：第一导风板与第二导风板之间存在间隙，且需要调整第一导风板与第二导风板的相对角度来消除间隙，此时可以将第二传动轮沿轴向抽出并在再次装配时与内齿圈错位啮合；由于内齿圈与外齿圈的每相邻两齿中心线间的夹角存在角度差，因此第二传动轮与内齿圈错位啮合时，第一传动轮相对于外齿圈将会存在一定角度的错位，则与第一传动轮啮合的第一驱动轮也会相对于与外齿圈啮合的第二驱动轮存在一定角度的错位，从而与第一驱动杆联动的第一导风板也会相对于与第二驱动杆联动的第二导风板产生一定角度的转动，从而消除了第一导风板与第二导风板之间的间隙。

【案例分析】

若将说明书的上述实施例进行功能性概括，则可得到以下功能性限定：传动轮组设置成能够在所述驱动电机无动力输出的情形下调整所述第一导风板与所述第二导风板之间的相对角度。然而，该发明的改进之处在于齿轮组传动机构的设计，这种结构与该发明的发明点息息相关。若采用功能性限定，那么本领域技术人员无法知晓是否还有其他被该功能性限定涵盖的技术手段也能解决该发明的技术问题。因此，此案不宜采用功能性特征进行概括性的限定，其得不到说明书的支持。

（三）考虑技术效果的可预期程度

权利要求能够合理概括的范围通常与技术效果的可预期程度相关。一般而言，技术效果的可预期程度越高，权利要求可合理概括的范围越大。通常情况下，在机械等产品结构与功能之间的关系较为明晰的技术领域中，产品结构变化对功能效果影响的可预期程度相对较高；在化学等侧重实验的技术领域中，当产品结构与功能之间的结构与效果关系不明确时，依据现有技术和所属领域技术人员的常识往往难以确定产品结构变化对功能效果的影响，技术效果的可预期程度相对较低。了解现有技术的状况是把握技术效果可预测水平的重要手段。现有技术公开的相应内容越多，对结构与效果之间的关系揭示得越详细，意味着技术效果的可预期性越高。

案例 10-4　技术效果可预期程度高时，宜采用功能性限定撰写权利要求

【背景技术】

在第 77341 号复审决定（200880014620.3）涉及的案件中，涉案申请要解决的技术问题是，如何灵活地根据需要来提高精度，或者使机器具有良好的可触及性以及在门架移动时具有很高的灵活度。

【说明书实施例】

权利要求 1 请求保护一种自动装配机，包括第一门架单元，其中限定"所述第一门架单元可被第二门架单元替换"，而说明书中给出的实施例公开的是特殊结构的装配机。为解决技术问题，附图 1~6 对应的实施例通过将自动装配机的门架单元设计成可取下和替换，使得自动装配机具有可改装性。另外，附图 3、5 对应的实施例通过将所述第一门架单元替换成所述第二门架单元，可以将具有较高精度的自动装配机改装成具有良好可触及性和移动灵活度的自动装配机，从而满足精度要求或者可触及性和移动灵活度的要求。

【案例分析】

虽然说明书中仅给出了一种包括磁轨、磁性元件、替换区域、导向滑板等用于所述替换的结构及相应的替换流程，但说明书中的具体实施方式仅仅是说明性和示例性的，其并不是为了将涉案申请限于这种具体的实现形式。由于用于实现部件替换的活动机构，例如导轨、插槽、螺栓、其他可锁定和解除锁定的机构等在机械领域是常见的，选用这些常见机构后所产生的技术效果也是所属领域技术人员可以预期的，因此，所属领域技术人员能够预见可以通过何种结构和相应的步骤流程来实现所述门架单元的替换，从而解决涉案申请所述的技术问题。

第二节　参数限定类案件的撰写

要想获得高价值的专利，专利申请文件的撰写十分重要。高价值专利主要特点有以下几个方面，如容易获得授权、难以被宣告无效、容易维权等。在此情形下，参数限定类权利要求的撰写方式成为越来越广泛的撰写方式。但是，如果涉及参数的申请文件撰写不适宜，也会达不到期望的效果。根据参数在撰写过程中可能出现的问题，总结出以下几个方面的注意事项。

一、涉及克服说明书公开不充分的参数限定类案件的撰写注意事项

《专利法》第二十六条第三款规定："说明书应当对发明或者实用新型作出清楚完整的说明，以所属技术领域的技术人员能够实现为准……"对于参数限定类案件而言，也就是说本领域技术人员需要能够轻易地将参数调整至目标的参数范围，从而达到目标的结果。

虽然参数特征容易被测定，并且在撰写的过程中也可以将参数设定在一个范围之内，但是并不代表本领域技术人员能够获得该参数，更不代表本领域技术人员能够容易通过调控得到。如本书第二章案例2-4中，根据说明书中的内容可知，仅文字记载了"形态指数 M 值的大小可以通过改变 U、I、表面温度 TOF、反应气体组成和体积流量的至少一个参数来调控"，但说明书中并未给出清楚的说明或详细的示例告知具体如何通过调整上述参数来调控 M 值，虽然说明书中给出了 M 值的计算公式，但该公式中也并未包含上述控制参数。因此，在撰写说明书的过程中为了克服公开不充分的缺陷，至少应该写明调控获得 M 值的具体方式。

当然，并不是所有的参数均要求写明调控得到的具体方式，上述案件仅仅是由于现有技术中并没有形态指数 M 这个参数，而且现有技术中也没有如何调控形态指数的教导，在这种情况下，就需要申请人在原始说明书中清楚记载实现该参数的手段以及如何调控得到该参数。如果是现有技术中常见的

参数，就无需在申请文件中再详细撰写实现该参数的手段以及如何调控得到该参数。

二、涉及克服权利要求不清楚的参数限定类案件的撰写注意事项

《专利审查指南》对于产品中的技术特征表征方式有着明确的规定。当产品中的一个或多个技术特征难以用结构特征进行清晰表征时，允许借助物理或化学参数来表征这些技术特征。这一规定旨在确保专利申请的准确性和清晰性，同时满足技术领域的技术人员对于技术特征的清晰认知。

在使用参数表征时，需要特别注意所选用的参数是否具备明确且可靠的确定性。这意味着所使用的参数必须是所属技术领域的技术人员能够根据专利说明书的教导或通过所属技术领域的惯用手段来清晰而可靠地加以确定的。对于参数限定类案件，参数的含义必须明确。参数可以分为本领域常见参数和不常见参数两类。对于常见参数而言，由于它们在本领域中已经被广泛使用，因此通常不需要在专利说明书中进行详细的定义。本领域的技术人员通过自身的普通技术知识就能够理解这些参数的明确含义。然而，在某些情况下，即使是常见参数也可能存在多种下位的具体含义。当上位参数包含多种下位含义，而权利要求中又没有明确指明具体采用哪一种下位含义时，就需要在专利中进行明确的界定。例如，对于高分子的分子量这个参数，不同的方式测得的分子量值会有所不同。在这种情况下，为了避免产生歧义和不清楚的情况，需要一并明确测试的条件。对于不常见参数而言，由于其在本领域中的使用相对较少，因此需要对其进行明确的定义。这有助于确保专利审查员和本领域的技术人员能够准确理解这些参数的含义，从而更好地评估专利申请的可行性和创新性。

三、涉及克服三性的参数限定类案件的撰写注意事项

为了避免后续带来的创造性的问题，申请文件应当详细记载采用权利要求限定的参数取值范围的理由以及这个范围相对于现有技术带来的技术贡献，并给出详尽的实验数据加以支撑，为后续修改或者答复审查意见提供充分的支持。

在探讨参数的三性问题时，我们主要聚焦于新颖性和创造性这两大核心要素。对于新颖性而言，它主要体现在两个方面：一是参数的明确公开，即该参数在申请文件中得到了明确的阐述和展示；二是根据现有技术公开的内容进行推定，即我们能够通过现有的技术文献或资料，推断出其也应该有相应的参数。在确保参数新颖性的过程中，充分检索现有技术显得尤为重要。我们需要广泛搜集和阅读相关的技术文献、专利资料以及实际应用案例，以了解该参数在现有技术中的发展状况和应用情况。在此基础上，可以通过选择不同的参数数值范围，来与现有技术形成有效的区分，从而凸显出所申请专利的新颖性。而关于创造性，我们主要聚焦于参数在权利要求技术方案中所扮演的角色。具体而言，当参数作为区别特征出现时，我们需要深入剖析其背后的技术原理和创新点。同时，当参数作为手段参数时，我们也需要关注其如何与其他技术要素相结合，共同实现某种特定的技术效果或解决某个具体的技术问题。

然而，在申请专利的过程中，需要特别注意避免可能出现的创造性问题。由于权利要求通常采用目标参数进行限定，这往往容易导致更多情况下存在不以说明书为依据的问题。对于手段参数，为了避免后续带来的创造性的问题，需要在申请文件中详细记载采用权利要求限定的参数取值范围的理由，以及这个范围相对于现有技术所带来的技术贡献。此外，还应提供详尽的实验数据来支撑这些理由和技术贡献，以便为后续修改或答复审查意见提供充分的支持。

综上所述，对于参数限定的权利要求的三性问题，在申请专利时，需要充分考虑这些因素，并通过充分检索现有技术、深入剖析技术原理和创新点以及提供详尽的实验数据等手段，来确保专利申请的新颖性和创造性得到充分体现和保护。

案例 10-5　涉及克服三性的参数限定类案件的撰写

【权利要求】

一种印刷电路板制造中使用的带绝缘性树脂层的铜箔，其由铜箔和配置于所述铜箔上的绝缘性树脂层组成，所述绝缘性树脂层包含：热固性树脂、球状填料和平均纤维长度为 10 μm 以上且 300 μm 以下的玻璃短纤维，所述绝缘性树脂层的平面方向上的所述玻璃短纤维的取向度（fp）低于0.60。

【案例分析】

说明书中记载：

绝缘性树脂层中的玻璃短纤维的取向度（fp）如果低于0.60，则可以进一步减小绝缘性树脂层的平面方向（XY方向）上的黏弹性等机械特性、（特别是带树脂层的铜箔加热后的）翘曲量和伸缩率的差异。具体而言，如果使用本实施方式的带绝缘性树脂层的铜箔，则可以减小形成绝缘性树脂层时相对于树脂组合物的涂布方向的平行方向和相对于前述涂布方向的垂直方向上的各物性（机械特性、翘曲和伸缩的发生量）的差异。因此，绝缘性树脂层表面的凹凸变少。其结果，使用本实施方式的带绝缘性树脂层的铜箔作为印刷电路板和半导体元件搭载用基板的积层材料的情况下，可以制作各层间的密合力和生产率（成品率）优异的层叠体。另外，取向度（fp）如果低于0.60，则也可以抑制绝缘性树脂层的翘曲的发生量本身。

另外，申请文件在实施例中用实验数据证明了将玻璃短纤维的取向度（fp）选择为低于0.60所带来的技术效果。这样就能够形成比较完备的证明链条，即该发明设置这个参数想要达到什么效果，同时在选择这个参数之后能够达到什么效果。在这种情形下，审查员在进行该区别的评述时，需要认可该参数能够达到的效果，并且根据该参数达到的效果在现有技术中寻找技术启示。

在深入探讨手段参数选择对技术效果的影响时，需参照《专利审查指南》中关于发明取得预料不到的技术效果的相关规定。关于预料不到的技术效果，在发明创造过程中，当改变某个手段参数的设定时，往往期望能够带来某种程度的技术改进或优化。然而，当这种改变带来的效果超出了最初的预期，甚至达到了令人惊喜的程度，我们便称之为预料不到的技术效果。

具体到手段参数的选择，当这些选择能够产生预料不到的技术效果时，便意味着我们在创新过程中取得了显著的突破。这种突破不仅体现在技术效果的"质"上，即产生了全新的、前所未有的技术特性或性能；同时，也可能在"量"上有所体现，即技术效果的提升幅度远超过人们的预期。为了更具体地说明这一点，可以举一个实例。假设在某一领域的发明中，通过对手段参数的精心调整和优化，成功实现了某项技术性能的大幅提升。这种提升不仅超过了同类技术的平均水平，甚至达到了前所未有的高度。这种显著的技术效果超出了人们的预期，因此可以被视为预料不到的技术效果。

此外，这种预料不到的技术效果往往能够为发明带来更为广泛的应用前景和市场潜力。由于这种技术效果具有独特性和创新性，它往往能够满足更多用户的需求，解决更多实际问题。因此，这样的发明往往能够在市场上获得更大的成功和认可。

综上所述，手段参数的选择对技术效果的影响至关重要。当这些选择能够达到预料不到的技术效果的程度时，便意味着在创新过程中取得了显著的突破。这种突破不仅提升了技术的性能和品质，也带来了更广阔的应用前景和市场机遇。因此，在发明创造过程中，应充分重视手段参数的选择，以期实现更为出色的技术效果和更为广泛的应用价值。

四、涉及克服以说明书为依据的参数限定类案件的撰写注意事项

在深入探讨专利申请过程中关于权利要求与说明书之间关系的问题时，我们不难发现，当权利要求采用目标参数来限定时，往往容易陷入没有以说明书为依据的困境。这种情况在实际操作中屡见不鲜，而为了解决这一问题，《专利审查指南》对于功能性限定的相关规定就显得尤为重要。

首先，需要明确功能性限定的含义及其在专利申请中的作用。功能性限定，顾名思义，是指通过描述产品或方法的功能或效果来限定其保护范围。在权利要求中，采用功能性限定有助于更精确地描述发明或实用新型的核心创新点，从而确保其得到有效保护。然而，这也带来了一定的风险，即可能导致权利要求的保护范围过于宽泛，从而与说明书中的内容产生偏差。

当权利要求中限定的功能是以说明书实施例中记载的特定方式完成时，则需要特别关注这一特定方式是否唯一。如果所属技术领域的技术人员能够明了此功能还可以采用说明书中未提到的其他替代方式来完成，那么权利要求中采用功能性限定是可行的。然而，如果技术人员无法明了其他替代方式的存在，那么权利要求中就不得采用覆盖了上述其他替代方式或不能解决发明专利或实用新型专利技术问题的方式的功能性限定。

以第二章中案例 2-5 为例，说明书仅给出了一种达到相应性能的聚酰亚胺。在这种情况下，如果权利要求中仅采用参数限定来描述该材料的性能，而未提及具体的实现方式，那么很可能导致后续的问题。因为审查员和其他

技术人员可能无法确定除了说明书中的聚酰亚胺外，是否还存在其他可以实现相同性能的替代材料。因此，在原始申请文件撰写的过程中，为了避免后续修改范围过于狭窄，申请人应尽可能多地给出实现这些性能的具体方式。

为了实现这一目标，申请人可以在说明书中详细描述不同实现方式的原理、步骤和效果。例如，除了聚酰亚胺外，还可以尝试采用其他类型的聚合物、复合材料或纳米材料等来实现相同或相似的性能。此外，申请人还可以提供实验数据、性能测试结果等实证材料来支持这些替代方式的可行性。

总之，在专利申请过程中，正确处理权利要求与说明书之间的关系至关重要。通过充分描述具体实现方式和提供实证材料，申请人可以确保权利要求的保护范围既不过于宽泛，也不过于狭窄，从而有效保护其创新成果。